ARMED MERCHANTMAN, with full underbody, flat soles and sharply turned bilges for maximum cargo capacity.
JAMES'S BAY
BLOCKHOUSE:
A The Portholes for Cannon.
B The Loopholes for Muskets.
C The Door.
D The Fireplaces.
E The Ladder of Communication to the upper storey.
F The Trapdoor.
G The Platform that serves as a parapet, and for the Men to sleep on.
ORIGINAL SURVEY.
Begun in 1783, two sets of townships were laid out. Townships 1-8 fronted on the St. Lawrence River from Pointe au Badet to Elizabethtown. These were the Royal Townships, allotted mainly to Johnson's Royal Yorkers. The Cataraqui Townships stretched west, were settled by some of Jessup's Corps, some Royal Highland emigrants, some King's Royal Regiment and troops of German background. Concessions were laid out into lots of two hundred acres each, with every four lots having a mile of frontage.
SIR GUY CARLETON (1724-1808), Governor of Canada out of Montreal (1768-1778). Commander of all British troops in Canada until 1777. Appointed Commander of all British troops in America in 1782, in charge of the evacuation of New York City in 1783. Created Baron Dorchester, Governor-in-Chief, British North America, 1786.
COMMON THEODOLITE (TRANSIT)
W. and S. Jones, London, C.1780.
Together with the surveyor's compass, this theodolite, on a tripod mount, was used in early British surveys in America.
The long and Barbarous Names lately given to some of these Northern Parts of Canada and the Lakes we have not inserted, as they are of no use, and uncertain Authority. Jno Mitchell 1755
FRANCE
CANADA
QUEBEC
LAKE HURON
LAKE ONTARIO
LAKE ERIE
IROQUOIS
NEW YORK
NEW ENGLAND
NEW HAMPSHIRE
MASSACHUSETS BAY
CONNECTICUT
RHODE ISLAND
PENSILVANIA
NEW JERSEY
NEW YORK
WESTERN ATLANTIC OCEAN
ABENAQUIS
Montreal
Fort Frontenac
Fort Niagara
BOSTON
PROVINCE OF SAGADAHOOK

Elmar Engel

Hampitt Holbach's Odyssee:
Canada 1896

Meyster Verlag

»Holbachblut ist keine Buttermilch.«

(Familienmotto)

Fotos: Horst Braun
BBC Hulton Library
Archiv Elmar Engel
Glenbow Museum
Ben Hansen
Kanadisches Fremdenverkehrsamt
Archiv Lorig
Heinrich Moritz
Provincial Archive of Newfoundland and Labrador
Provincial Archive of Ontario
Public Archives of Canada
Archiv Richard Scheidt
Heribert Schwarte

Darsteller: Vivien Weise, Till Westermann
Für die Original-Indianerkostüme bedanken wir uns bei Elke und Ulrich Becker, Sigi und Arno Gatz, Köln;
für die übrigen Garderoben bei den Städtischen Bühnen Köln (Frau Lepadima und Herr Heb).

Titelgraphik: NORDIS-concept, Essen
Fotosatz: NORDIS, Essen
Lithographie: Mies & Voswinkel, Köln

1. Auflage 1985

ISBN 3-8131-8211-8

Printed in Germany

Hampitt Holbach's Odyssee:

Canada 1896

Diese Erzählung ist Nunkirchen und allen Nunkirchern gewidmet, insbesondere aber meiner Mutter und den Familien Engel, Holbach, Thomas - sowie nicht zuletzt dem unvergessenen Heinrich Moritz.

Ein paar Worte vorweg ...

»Mutter, ich gehn net in die Grub', ich gehn net ins Hochamt, ich gehn nach Amerika.« - Eine Absichtserklärung von Hampitt Holbach, einem saarländischen Bergmann, der Ende des neunzehnten Jahrhunderts seine Heimat verlassen wollte. Wer Menschen seines Schlages kennt, der weiß, daß es nach einer solchen Aussage kein »Wenn« und kein »Aber« gibt, erst recht kein »Denn« und kein »Gelaber«. Wenn das ein Saarländer sagt, dann ist »alles geschwätzt«: Schluß, aus, fertig, ab! Zurück bleiben »ora et labora«, also Hochamt und Grube.

Donnerwetter! War das eine Entscheidung! Vor allem für einen Saarländer. Diese Spezies Mensch, der so unterschiedliche Charaktere wie Hermann Neuberger, Peter Scholl-Latour, Erich Honecker, die Schlagersängerin Nicole und Oskar Lafontaine angehören, hat ein ganz besonderes Verhältnis zur Heimat. Kein pathetisches, eher ein sinnlich-kulinarisches. Für die Saarländer riecht Heimat nach Lyoner, nach der runden und deftigen Fleischwurst; Heimat schäumt in gefüllten Biergläsern, liegt in der Luft, wenn sich Freunde treffen, um zu essen und zu trinken. Sie ist im wahrsten Sinne des Wortes »in aller Munde«.

Hampitt Holbach ist ein typischer Saarländer, auch wenn er seine Heimat verläßt. Saarländer haben die eigenartige Gabe, Fernweh und Heimweh gleichzeitig zu empfinden. Sie reden im-

mer von »dahemm« und verstopfen jeden Sommer die Autobahn zwischen Dijon und Orange, wo ihnen offensichtlich nichts Angenehmeres passieren kann, als einen Bekannten zu treffen.

Auch Hampitt Holbach macht da keine Ausnahme. Die erste Frau, die er in Amerika trifft, stammt aus dem Saarland. Ein Zufall? - Ich glaube es nicht. Die Saarländer scheinen sich in der Fremde zu riechen. Sie suchen dann einen gemeinsamen Bekannten, den sie spätestens nach einer Minute finden. Und das muß gefeiert werden. Und wie!

Aber lassen wir den augenzwinkernden Chauvinismus für einen Augenblick beiseite: Nicht zuletzt steht das Saarland für alle Gegenden Deutschlands, Europas, ja der ganzen Welt, wo sich noch ein paar Quentchen Individualismus und Originalität behauptet haben. Das Saarland ist überall, auch wenn es ganz anders aussieht. Wer es finden will, braucht nur die ausgetretenen Pfade zu verlassen ... Kehren wir zurück zu Hampitt Holbach. Er ist mit dem Autor gleich zweimal verwandt. Er, sein leiblicher Großonkel, ist jetzt als sein literarisches Kind wiedergeboren. Und wenn dieser Zeitgenosse Jupp Holbach heute die Spuren des Onkels verfolgt und sich dabei immer mehr mit den Gedanken und Gefühlen seines Altvorderen identifiziert, so bestehen hier etliche Parallelen mit dem Schicksal des Autors Elmar Engel - einem jener wenigen glücklichen Menschen, die rechtzeitig aufs schwarze »ora et labora« gepfiffen, die das Weite gesucht und gefunden haben. Aus ihm ist im Laufe der Zeit ein echter Abenteurer geworden, einer, der gleich gut mit Kanu, Schreibmaschine und Angelrute umgehen kann.

Einer, der die Welt mit allen Sinnen erfährt, den aber immer wieder die Heimat einholt: so wie er sich mit Vehemenz auflehnt, wenn er hört, daß sein heimatliches Nunkirchen vom Waderner »Imperialimus« eingemeindet wurde. Einer, der aber über allem Protest nicht vergißt, daß der Lebenskampf die leiblichen Genüsse keinesfalls ausschließt, daß nichts besser das Dampfen der Würste und das Rauchen der Köpfe löscht als ein kühles, schäumendes Bier.

So wie überall in der Welt noch ein Stück Saarland übriggeblieben ist, so wie in jedem von uns ein Stück Hampitt und eine Portion Jupp Holbach steckt, so sollten wir einen Rest von Originalität verteidigen. Mit Klauen und Zähnen, wenn es sein muß.

Saarbrücken, Frühjahr 1985
Gerhard Bungert

Die Blätter der Schulhefte sind brüchig, stockfleckig, eingerissen, die Schrift ist steil, ungelenk, altmodisch. Kleckse, Streichungen, Verbesserungen, Fehler, der mehr als großzügige Umgang mit der Orthographie machen das Lesen nicht leichter. Triviales und Bemerkenswertes sind buntgemischt. Im Laufe der Zeit schleichen sich mehr und mehr englische Ausdrücke ein; im gleichen Maße wird die Sprache flüssiger, anspruchsvoller. Der Tagebuchautor gewinnt mit der Übung auch an Erfahrung und Stil.

Die Schulhefte enthalten die bis dahin einzigen längeren Aufzeichnungen meiner Vorfahren. Sie waren Bergleute, Bauersfrauen; der Umgang mit Hammer, Schaufel, Pickel - mit Kochlöffel, Kartoffelhacke und Mistgabel war ihnen geläufiger als der mit Federhalter und Tintenfaß.

Hampitt Holbach war mein Großonkel, war ein Bruder meines Großvaters. Ich nenne ihn jedoch der Einfachheit halber Onkel. Ich hätte, da ich mich für Genealogie und Ahnenforschung nur mäßig interessiere, wahrscheinlich kaum etwas von ihm erfahren, hätte er nicht die bewußten Schulhefte beschrieben, den Karton mit den Glas-Negativen aufbewahrt.

Den Holbachs wird zwar mitunter ein gebrochenes Verhältnis zur Realität nachgesagt, und manche gehen scheinbar verschlungene Lebenspfade. Aber ist es nicht möglich, daß diese Angehörigen unserer Sippe ganz einfach auf den Takt eines anderen Trommlers hören als die meisten der übrigen Menschen?

Eins ist jedoch gewiß: Onkel Hampitt war ein Vögelchen, das - wie die meisten Holbachs - Probleme und Mißhelligkeiten gerne überflog. Aber zwischendurch mußte er wie alle sterblichen Wesen zurück auf die Erde, und da war - um bei dem Beispiel zu bleiben - manch harte Landung darunter. Immerhin - ist er auf diese Art bis nach Amerika und sogar noch ein gutes Stück darüber hinaus geflattert.

Zum bösen Schluß soll es ein übles Ende mit ihm genommen haben. Doch soweit sind wir noch lange nicht ...

Der Schlüssel zu dem Geschehen liegt vielleicht in einem alten, einfachen Bergmannsmärchen, das Onkel Hampitt aufgeschrieben hatte:

Es ist das Märchen von dem Berggeist, der sich in ein schönes, junges Mädchen verliebte. Obwohl er ihm eine feingetriebene, silberne Rose schenkte, lachte das Mädchen nur und wies ihn ab, denn Berggeister sind zwar gut und weise und besitzen große Schätze, aber sie sind nicht sonderlich ansehnlich und meist recht alt. Das Mädchen wollte nicht einmal die Rose von ihm annehmen, obwohl sie ein kleines Kunstwerk war. Wenn sie aus Gold gewesen wäre ... dann vielleicht ...

Aber auch alle anderen Freier wies das Mädchen ab: Der eine war zu arm, der andere zu häßlich, der dritte zu dumm undsoweiterundsofort. Bis dann eines Tages kein Freier mehr kam, weil das Mädchen selbst zu einer alten Frau geworden war. Jetzt endlich erinnerte es sich an den Berggeist, doch es war zu spät.

In Onkel Hampitts Tagebuch geht die Geschichte weiter:

»Bei der Schlagwetterexplosion auf der Grube Rosseln, am 12. November 1889, wurde ich verschüttet. Das wissen alle meine Kameraden und auch meine Bekannten und Freunde. Sie wissen auch, daß ich einen Kohlebrocken auf den Kopf gekriegt habe. Ich habe schlecht Luft bekommen und wäre wohl bald von dieser in die nächste Welt hinübergewandert, von der niemand wirklich weiß, ob es eine bessere oder eine schlechtere ist. Doch was dann kam - das weiß keiner. Ich habe es keinem erzählt, weil es mir kein Mensch geglaubt hätte, jetzt aber will ich es schwarz auf weiß diesem Papier anvertrauen:

Mir war's ganz leicht, und ich schwebte, wie es schien, über mir selbst, vielleicht war mein Geist schon dabei, sich vom restlichen Holbach zu entfernen. Auf einmal sah ich ein wunderschönes Mädchen, schöner als ich es vorher oder nachher gesehen habe, mit einem Kranz silberner Rosen im Haar, und das Mädchen lächelte mich an.

Es kam auf mich zu und nahm mich bei der Hand, nicht wie ein Engel oder eine Heilige, sondern wie ein Mädchen eben oder eine Frau aus Fleisch und Blut, oder besser aus Milch und Blut. Sie hatte soviel davon, daß es mir durch und durch ging. Mit diesem himmlisch-irdischen Wesen wäre ich überallhin gegangen - doch da erschien ein Berggeist. Er war klein und bucklig und häßlich dazu und verrunzelt wie eine überständige Möhre. Er kam auf uns zu und löste wortlos die Hand des Mädchens aus der meinen und ging ebenso wortlos mit ihm davon.

Erst stand ich wie erstarrt, packte dann in meiner Wut und Enttäuschung einen Kohlebrocken und warf den hinter den beiden her. Ich glaube nicht, daß das ein Frevel war, denn man kann - wie es heißt - weder einen Berggeist noch eine Fee oder einen Engel mit einem Kohlebrocken treffen.

Ich glaube auch nicht, daß sich die beiden viel daraus machten, denn das Silberrosenmädchen drehte sich um, lachte, zwinkerte schelmisch-lokkend mit einem Auge und warf mir eine Kußhand zu. Ich sehe es immer noch vor mir, wie es das tat - und ich wollte schon hinter ihm herrennen - da blendete mich plötzlich ein helles Licht, in dem das Mädchen und der Berggeist verschwanden.

Darauf hörte ich ein fürchterliches Schaben und Kratzen, das mir durch Mark und Bein fuhr. Es war immer noch hell,

und ich sah auf einmal eine schreckliche schwarze Fratze, mit rollenden weißen Augäpfeln und keuchendem Atem, und dachte 'jetzt fällst du vom Himmel geradewegs in die Hölle, und das ist der Leibhaftige, der dich holt!' - aber der Kerl schrie: 'Hol noch ein paar Stempel und Holzklötz', ich muß verbauen, dann krieg ich'n raus!' - Das war mein Kamerad Hanjuschd, und ich kam nicht in den Himmel und nicht in die Hölle - ich kam ins Knappschaftskrankenhaus von Völklingen.

Nach ein paar Tagen war ich wieder auf den Beinen, aber das Mädchen, den Engel oder die Fee, die mir die Kußhand zugeworfen hat, die konnte ich nicht mehr vergessen. Ich habe sie seitdem immer und überall gesucht, aber nicht gefunden. Ich bin auf jede Kirmes gegangen und hab' keine Fastnacht ausgelassen und hab' auf der Suche nach dem himmlischen Manna viel deftiges Schrotbrot vorgesetzt bekommen und auch mit Appetit gegessen - jeder begreift, was ich damit meine - aber vergessen konnte und kann ich das Silberrosenmädchen nicht, ich habe die Wärme seiner Hand gespürt, habe seine Augen gesehen, wie sie mich angeguckt haben, und sie hat mir wirklich eine Kußhand zugeworfen.«

Im Laufe der Zeit und nach der Lektüre einer Reihe von Schulheften interessierte, packte, fesselte mich Onkel Hampitts Schicksal mehr und mehr, nahm in meinem Denken einen immer breiteren Raum ein, wurde zur Besessenheit. Ich hatte gar keine andere Wahl: Ich mußte einfach herausfinden, wie es mit Onkel Hampitt weiterging und wie es endete.

Warum das so war? Ich weiß es nicht. Selbst beim allerbesten Willen finde ich keinen einleuchtenden Grund. Es sei denn, ich suchte über den Umweg Hampitt Holbach nach dem Sinn meines eigenen Daseins. Vielleicht war es das Silberrosenmädchen, das auch mich verzaubert oder gar verhext hat?!

Doch Spaß beiseite: Bei meinen Recherchen kam mir zwar zustatten, daß ich Reporter bin, genauer gesagt, Bildjournalist. Ein Beruf, der mir in dieser Hinsicht eine Fülle von Möglichkeiten bietet. Aber es lauert auch eine schlimme Gefahr: die, meinen eigentlichen Job, den Broterwerb zu vernachlässigen. Nichts ist tödlicher für einen Reporter, als die Nase aus dem Wind zu nehmen und über dem persönlichen Interesse die Witterung für die aktuelle Story zu verlieren.

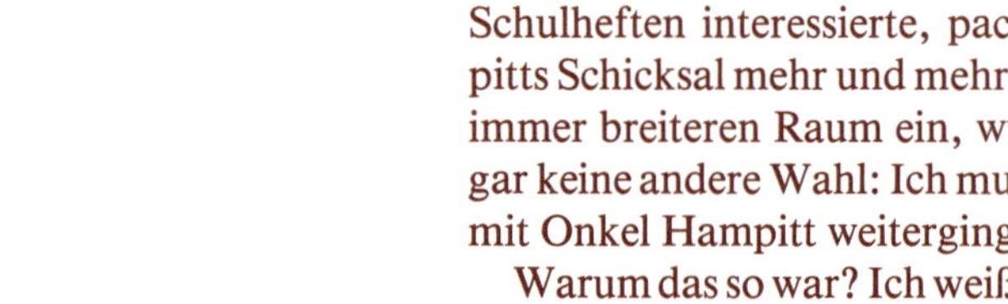
„Oh, was für ein Elend! Ich wollte, ich wäre tot! Jetzt muß ich büßen für meine Sünden! Wäre ich doch ins Hochamt gegangen oder meinetwegen

Wenn ich mich richtig zurückerinnere, begann es ganz banal mit dem Geklingel des Telefons:

»Holbach«, sagte ich.

»Wie lange haben wir uns eigentlich nicht gesehen - zehn, zwölf Jahre? Seit '68 jedenfalls. Mensch, Jupp, waren das Zeiten, und jetzt ... ja, ich bin's, der Willi, ja, der Willi aus Nunkirchen.«

»Tja, Willi, du willst doch keine Leichenreden auf vergangene große Epochen vom Stapel lassen; schieß los, was steckt im Busch, denk an deine Telefonrechnung ...«

»Macht nix, ich ruf vom Büro aus an. Also paß auf: Du bist doch auf dem laufenden, was hier gespielt wird? Nein? Dann spitz mal die Ohren: Du kennst doch das Dorf Wadern, sechs Kilometer von Nunkirchen, von unserem gemeinsamen Heimatdorf entfernt? Ja? Wadern ist also noch genauso wie damals: ein paar hundert Einwohner weniger als Nunkirchen, so um die zweitausend, ein paar Spinner mehr, aber mit Krankenhaus, Gymnasium, Apotheke, Amtsbürgermeister, Notar, Anwalt. So, und jetzt kommt's, jetzt halt dich fest: Dieses Wadern wurde Stadt! Stadt mit Wappen, Rathaus, Bürgermeister, Verwaltung und allem Pipapo. Aber das ist noch nicht alles - das dicke Ende folgt erst. Sie schafften das mit ihren zweitausend Männecken natürlich nicht allein. Deshalb haben sie eingemeindet: Lockweiler, Büschfeld, Noswendel, Bardenbach und - das hältst du im Kopf nicht aus - auch Nunkirchen!«

Die Nachricht traf mich seinerzeit härter, als ich gedacht hätte. Sie traf mich, obwohl ich schon lange in der Kölner Südstadt wohnte und obwohl ich, bedingt durch mein Reporterdasein, mehr als mir guttat in der Weltgeschichte herumflog, vielmehr als ... aber hier ging es um was ganz anderes.

»Sind die Kerle denn total übergeschnappt?« rief ich, »ausgerechnet Wadern! Das kann doch nicht angehen, denen waren wir doch immer eine gute Nasenlänge voraus! Die Nunkircher Frauen trugen doch schon Nylons, da eierten die Waderner immer noch mit ihren zwei-rechts-zwei-links-Gestrickten durch die Gegend. Wir waren doch immer selbstbewußt, es wehte bei uns immer schon ein frischer Wind; das rote, fortschrittliche Nunkirchen hieß es damals ...«

»Auch das hat sich geändert, leider Gottes. Aber das Schlimmste ist, das ganze fiese Spiel geht ohne irgendwelches Aufmucken, ohne Protest, ohne Wandparolen, ohne Demonstration über die Bühne. Die Apathie scheint total zu sein. Jedenfalls sind sie schon dabei, Ortsschilder aufzustelllen 'Stadt Wadern - Ortsteil Nunkirchen'. Statt 'Nunkirchen' steht 'Wadern 12' auf dem Poststempel. Aber Wadern ist nicht allein, auch wir sind der Lächerlichkeit preisgegeben, sind in das Hirngespinst eines größenwahnsinnigen Dorfschulzen miteinbezogen, laden mit dem lächerlichsten Stadtgebilde zwischen Alpen und Nordsee Spott und Hohn auf unser Haupt.«

»Ja«, rief ich, »wenn wir einfach stillhalten! Nunkirchen, ein Dorf, ein Name, der fast ein ganzes Jahrtausend besteht, der für alle Nunkircher einen eigenen Klang hat, darf einfach nicht verschwinden. Damit wäre doch nur wieder ein Stein aus jener Mauer gebrochen, die Identifikation heißt und die uns davor schützt, in der grauen Masse unterzugehen. Ein Versuch, gleichzusetzen mit dem eines dummen, kleinen Wiesels, sich an einem ausgewachsenen Stallhasen zu vergreifen. Ein Bissen, an dem es hoffentlich krepiert«, knirschte ich.

»Gegen den brüllenden Blödsinn einer Stadt Wadern muß ich zu Felde ziehen - obwohl ich zur Zeit andere Sorgen habe - das bin ich mir schuldig. Zumindest ein flammender Protest. Willi, ich komme mit dem nächsten Zug. Die Fleppe hat nämlich - ein Schluck zuviel - die Polizei kassiert.«

»Tut mir leid - andererseits würde ich mich wirklich freuen, dich wiederzusehen, nach all den Jahren, aber ich muß sofort weg, tut mir schrecklich leid. Ich habe ein unaufschiebbares Gewerkschaftsmeeting.«

»Trotzdem - ich komme!«

Ich kaufte im nächsten Farbgeschäft einen Eimer schwarze Farbe, ein paar Spraydosen rote - und dampfte nach Nunkirchen.

»Nicht mal einen Bahnhof hat dieses Wadern,« sinnierte ich. In Nunkirchen gibt es dagegen schon seit 1860 ein »Gasthaus zum Bahnhof«, eine der ersten Bahnhofsgaststätten der Region überhaupt.

»Ein Indiz, wie vorausschauend wir damals schon dachten!« Die Bahn selbst ist erst vierzig Jahre später gebaut worden.

Mit vor Kampfeslust funkelnden Augen und den Farbeimern im Gepäck lief ich, in Nunkirchen angekommen, »Salm's Saloon« an, um mir den Reisestaub aus der Kehle zu spülen - und subversive Vorkehrungen zu treffen.

»Mensch, Holbach, Jupp, gibt's dich auch noch! Wie war's, wie ist's draußen in der Welt« riefen die alten Kumpels, die Biewersch und Beckerhännes heißen, Engstlich, Gelzer, Gimmler und Gustavs Juppa, Kraußen Paul, Lehmon, Preimchen, Scheids Madolla, Tottel Tünn und Zielpitt.

Einige fehlten: Ich wußte, daß Knüppelchen Pesi, Bubbeler, Huyduppert, Maringer, auch der alte, weise Moritz gestorben waren; Priem, Pongo, Poot'schjen waren in alle Winde bis nach Amerika hin verstreut. Die übrigen hatten sich nach und nach eingefunden, um das globalpolitische Geschehen, die lokalen Tagesereignisse zu erörtern, ein paar Bierchen dabei zu trinken und einen Blick auf Salms Hilde oder auf deren inzwischen stattliches Töchterchen zu werfen.

Ich schnupperte den vertrauten Stallgeruch, miefig zwar - aber auch warm. Hier jedenfalls brauchte keiner eine Rolle zu spielen - sie hätte ihm wenig genützt, jeder kannte jeden aus seinen Kindheitstagen, und wenn's um jeden ging, dann auch um Salms Hilde. Sie gehörte zur gleichen Brut.

Ich schmiß ein paar Runden, um den Kampfgeist der alten Sauf- und Raufkumpane wieder hell auflodern zu lassen, der schlachterprobten Veteranen mit - bei rechtem Licht besehen - inzwischen unverkennbaren Bierbäuchen, Hängebacken, Doppelkinn, schütteren Haaren.

»Um Gotteswillen,« dachte ich, »sehe ich auch so aus?«

»Wie denn sonst?« sagte der Spiegel hinter der Theke.

»Scheiß drauf, je grauer das Haar, umso härter das Horn!« antwortete ich ihm trotzig und rief:

»Fünf Saarfürst, zehn Karlsberg!«

Hilde Salm hätte wie eine indische Hindugöttin Sarawathi sechs oder acht Arme gebraucht, um dem Veteranendurst gerecht zu werden.

Ach - fast hätte ich in dem fröhlichen Wiedersehenstumult eine wichtige Erläuterung vergesen: Wadern und Nunkirchen liegen im Saarland, Wadern in einer gott- und menschenverlassenen Ecke, weit abseits im Nordwesten. -

Nunkirchen liegt zwar auch nicht direkt im Zentrum, doch nicht so weit weg wie Wadern. Es gilt als weltoffene Kommune, weshalb in den umliegenden Dörfern anerkennend vom »Nunkircher Wind« gesprochen wird.

Und noch eins: Es handelt sich nicht um *Neun*kirchen, sondern um *Nun*kirchen. Nunkirchen hat noch nie in der Fußball-Bundesliga gespielt - leider.

»Also Leute«, rief ich nach einer Weile, den Tumult übertönend, »Nunkirchen als Stadtteil von Wadern - das können wir nicht auf uns sitzen lassen. Überlegt mal: ausgerechnet Wadern! Kleiner und viel beschissener als Nunkirchen! Wer von uns ist früher je auf die Waderner Kirmes gegangen?«

Ich machte eine Pause, antwortete dann selbst:

»Kein Schwein. Weil auch dann die Mäuse mit Tränen in den Augen herumliefen. Was haben wir im Fußball mit ihnen gemacht! In der Luft zerrissen, sofern sie sich überhaupt anzutre-

ten trauten. Ich könnte noch zwei Dutzend anderer Beispiele anführen. Dann ... die Waderner. Zugegeben, auch da gibt's ordentliche Leute, aber der große Rest: Spießer, wichtigtuerische Hosenscheißer und Schreihälse, Kirchturmspolitiker und Schildbürger; Bürohengste, die, wie ihr Schwielen an den Händen habt, Hornhaut auf den Ärschen züchten.

Und noch eins! Seid ihr nicht in der Tradition aufrechter, nicht Tod noch Teufel fürchtender Sozialdemokraten aufgewachsen? Und jetzt wollt ihr euch von diesen tiefschwarzen, bigotten Opportunisten versklaven lassen? Vergeßt nicht: noch geht alle Gewalt vom Volke aus. Und ich frage euch: seid ihr das Volk oder sind das die aktenstaubfressenden Bürohengste?!«

Zugegeben, das war unverfälschte, rücksichtslose Agitation. Doch wenn das Haus brennt, darf man die Feuerwehr nicht mit der Kleinen Nachtmusik wecken.

Alle schrieen durcheinander : »Nieder mit Wadern!« - »In Schweinepisse ersäufen!« - »Ein paar schn-schnelle Ve-Verbände, u-u-und Wa-Wadern ist im Ei-Eimer!« (das war Tottel Tünn) - »Ob Scheiße oder Exkrement, die Sache schwer zum Himmel stenkt!« - Ein anderer brüllte in einem verzweifelten Anfall von Anarchismus: »Hängt die Pfaffen, fickt die Nonnen!«

»Aber bitte nicht hier, in meinem Lokal!« sagte Hilde Salm mit ungewohnter Schärfe, obwohl sie offen mit uns sympathisierte. Mit einem energischen Ruck stellte sie das eben gezapfte Glas auf die Buffetabdeckung. Es schepperte blechern und autoritär. Alle schwiegen betreten; einige schauten zu Boden.

»Wenn schon Stadt, dann aber bitte richtig«, sagte darauf Priemchen Junior alias Lehrer Haket. »Dann wird das Lehrschwimmbecken in der Schule zum Stadtbad ...«

»... und die Nußhecke zum Stadtpark«, fiel Gelzer ein,

»das Bachloch, wo nur zwei Häuser stehen, das taufen wir um in Bürgermeister-Klein-Boulevard«, schlug Gimmler vor,

»und den Gluckenhof ernennen wir zur Stadtpromenade«, rief Gustavs Juppa.

»Und endlich«, Hilde Salm schien uns verziehen zu haben, »werden wir unser Urania-Kino in Städtische Bühnen umbenennen, unsere Blaskapelle in Städtisches Orchester. Begleitet vom Opernchor - früher Gesangverein - wird dann 'Wo's Dörflein traut zu Ende geht' intoniert!«

Wir brüllten Beifall, orderten ein paar neue Runden. Während Tottel Tünn sein Lieblingslied »Einsam erklingt das

Glöcklein vom Campanile« anzustimmen versuchte, war uns anderen eher nach Piratentum, Überfall, Zündeln, Plundern, ein bißchen Vergewaltigen zumute - Anwandlungen, die wir jedoch als zum größten Teil Verheiratete wie auch verantwortungsvolle Bürger ohne große Mühe unterdrückten. Stattdessen besannen wir uns auf die Melodie des Niedersachsenliedes, denn das mußten wir seinerzeit beim Lehrer Thieser immer als Einzelvortrag singen. Es ist ein Lied, das zwar weder mit dem Saarland noch mit Nunkirchen etwas zu tun hat. Also schmetterten wir statt »Von der Weser bis zur Elbe«: »Von den Weihern bis nach Never, vom Hüwwell bis auf die Flitsch ...«, norddeutsche Landmarken durch Nunkircher Flurnamen ersetzend. Auch vor dem Deutschlandlied, erste Strophe, machten wir nicht halt, tauften Maas in Seelerbach, Memel in Heiligenborn, Etsch in Mühlengraben, Belt in Dörresen Peterchens Weiher um.

Das ging, zugegeben, ein bißchen weit. Es wollte sich auch nicht so recht reimen. Doch wer sollte das einem Nunkircher verargen? Innerhalb von kaum mehr als einer Generation gehörte der Ort zum Kreis Merzig (bis 1918) und damit zum preußischen Saargebiet. Danach kam er zum Restkreis Wadern, der vom Kreis Merzig abgetrennt wurde. Der Restkreis, ein paar Gemeinden nur, verblieb in der Weimarer Republik, während das Saargebiet zur französischen Einflußzone wurde, in der aber die meisten Nunkircher Arbeit und Brot fanden.

Danach kam innerhalb des kurzlebigen »Großdeutschen Reiches« eine Wiedervereinigung mit dem übrigen Saarland zustande, und mitsamt dem Saarland geriet Nunkirchen nach dem Zusammenbruch in das französische Saarprotektorat. Mit ihm wurde es endlich in die aktuelle Bundesrepublik entlassen. Und da ist es heute noch. Vielleicht war dieses Hin und Her der Grund, weshalb die Nunkircher der Einvernahme durch Wadern mit soviel Gelassenheit entgegensahen? Jedenfalls frage ich Sie - die objektive Leserin, sowie den ebenso geschätzten wie unvoreingenommenen Leser: Wie soll bei solchem Vor- und Zurückgeschiebe ein patriotrisches Gefühl aufkommen, wie soll unter solchen Umständen einer Nationalhymne der gebotene Respekt entgegengebracht werden?

Danach wurde an diesem denkwürdigen Abend in Salm's Saloon getrunken wie weiland in den Tagen, als der Baron Karl-Ernst von Piwetzki mit dem Sieur de Talligny um den Geisweiler Hof soff ... und verlor.

Die Stätten besuchen, wo ich als Kind gespielt, die Pubertät, den ersten Liebesschmerz erlitten; mich der Wehmut der Erinnerung in die Arme werfen, den Kater auskurieren - das wollte ich tagsüber, bis meine Mitverschwörer Feierabend hatten, bis wir die Ortsschilder übermalen und »Schulze Klein, du dummes ...« - doch da erinnerte ich mich an etwas ganz anderes: Hatte nicht einer zwischendurch in Salm's Saloon gesagt, daß eine Amerikanerin aus meiner entfernteren Verwandtschaft auf der Bildfläche erschienen war und jetzt bei Tante Trina logierte? Was sie wolle, daraus würde man nicht so recht schlau, da sie nur englisch spräche. Ein Idiom, das mit einer - meiner - Ausnahme in unserer Familie nicht weiter verbreitet ist.

Ich ließ also Nostalgie Nostalgie sein und ging zu Tante Trina, um einen Blick auf jenes exotische Wesen zu werfen, das wie ich zu seinen Wurzeln zurückgekehrt war.

»Hi«, sagte sie, indem sie mir die Hand reichte.

»Hi, I am Susan!« Cousine Susan war jung, hatte ein hübsches, glattes Gesicht, aschblonde, lange Haare und saß stramm in ihren Jeans Marke »full house« oder Größe 48.

Cousine Susan war aus Salt Lake City, Utah, gekommen, um Näheres über John Peter Holbach zu erfahren. Aber sie war nicht nur gekommen, um etwas über ihren Altvorderen herauszufinden, der auch zu den meinigen gehörte, sondern um gleichzeitig Weichen für ihre eigene Zukunft zu stellen, für die Zeit, die nach dem Erdenwallen kommt. Sie hatte in vergilbten Alben, in Schriften und in den Kirchenbüchern geblättert - jedoch aufgrund der Verständigungsschwierigkeiten war bislang nichts Konkretes herausgekommen.

Es ging ihr darum, einen John Peter Holbach selig nachträglich zum Mormonen zu taufen. Der Mormone von heute kann bis zu vier Generationen zurückgehen, um einen ungetauften Vorfahren aufzuspüren, für den dann stellvertretend ein kleines Kind untergetaucht wird und damit den ungläubig Verstorbenen nachträglich in die ewige Seligkeit hinüberrettet. So sollte es auch mit John Peter oder Hampitt Holbach und womöglich der übrigen Sippschaft geschehen. Cousine Susan würde sich damit selbst die Voraussetzungen zum Einzug in den Mormonenhimmel schaffen.

Das ist ein merkwürdiges, aber nicht ungebräuchliches Verfahren einer merkwürdigen Religionsgemeinschaft, für die Amerika mit all seinen Verrücktheiten den einzig denkbaren Unterbau darstellt.

Ich halte mich zwar für einen uneigennützigen, hilfsbereiten, in religiösen Dingen toleranten und selbst Amerikanerinnen gegenüber ritterlichen Menschen. Doch das ging mir zu weit. Schlimm genug, daß man winzige Babies, die nicht wissen, wie ihnen geschieht, ungefragt zu Katholiken oder Protestanten macht. Die Babies jedoch - einmal herangewachsen - können das in ihrem Sinne korrigieren. Einen in Ehren, oder auch in Unehren (letzteres wurde, wie wir gleich sehen werden, im Falle Hampitt alias John Peter Holbach vermutet) Verblichenen zu einem Sektierer zu machen, ohne daß er sich dagegen zu wehren vermag, das ging mir zu weit.

Ich sagte das der Cousine Susan, worauf sie von Onkel Hampitts Seele abließ und sich mit großem missionarischen Eifer auf die meinige warf.

Ich, Jupp Holbach, ein Mormone, ein Heiliger der letzten Tage, ein Anhänger von Joseph Smith - das war unvorstellbar. Nicht einmal die Aussicht, drei, vier, oder gar ein Dutzend Frauen zu haben - etwas, was dieser Glaube als gottgefällig ansieht - konnte mich für das Mormonentum, für Religion überhaupt erwärmen.

Wir, die Holbachs, sind keine religiösen Fanatiker - sondern stehen, wie schon erwähnt, den Weltanschauungen und Glaubensbekenntnissen tolerant gegenüber, erwarten aber, daß man auch unseren Standpunkt respektiert. Trotzdem war meine Neugierde geweckt - ich wollte der Sache auf den Grund gehen.

»Ob Mormon oder Lukull, irgendwo ist Tempel schließlich Tempel. Außerdem sind's bis zum letzteren nur ein paar Schritte ... Erst trinken wir ein kühles, schäumendes Bier, und dann zu den Cuisses de grenouille à la provençale einen '73er Chablis, und dann sehen wir mal, wer letztendlich wen bekehrt ... Sie sind selbstverständlich mein Gast, chère Cousine ...«

»Oh no, no, no!« rief die Amerikanerin, die vorgab, eine Holbach zu sein, und streckte in abwehrendem Entsetzen die Hände von sich.

»Die schreckliche europäische Küche. Frogs - Frösche - by God, das essen nicht einmal die Schwarzen bei uns. Nein, wenn, dann Hot Dogs oder Hamburger und allenfalls Coke, alles andere ist sündhaft, Schweinkram, Gotteslästerung.«

Im »Gasthaus zum Bahnhof« bei Maître Edi Kuhn nach Hamburger und Coke, nach Hot Dogs oder Fanta zu fragen, geht genauso wenig wie in einer Moschee ein Schweineschnitzel zu verzehren. Edi wäre schon bei dem puren Ansinnen in tiefe Depressionen verfallen ...

»Puritanismus, Reagan, Ketchup und Coke. Es ist einfach hoffnungslos mit den Amerikanern«, grummelte ich in meinen Bart, entschuldigte mich und ging allein in Edis Etablissement. Ich hatte einen enormen Nachdurst und trank erstmal ein halbes Dutzend Saarfürst-Biere vom Faß. Kein Wirt westlich der Dardanellen widmet seinem Bier soviel Bedacht und Aufmerksamkeit, behandelt es mit soviel Liebe wie Edi. In einem abgrundtiefen Keller gelagert, reflektiert der edle Saft diese Behandlung, ergießt sich goldschäumend ins Glas, klärt sich dann in Sekunden auf, bis er die Reinheit eines kostbaren Kristalles erreicht hat - zu einem enormen, funkelnden Bernstein geworden ist. Ein Kleinod, gekrönt von einer duftigen, weißen Wolke frischgefallenen Schnees.

Edi widerstand der Unsitte, die Gläser zwischendurch zu spülen, so daß es sich auf dem Bernstein türmte wie weiße Wolken vor einem Sommergewitter. Dazu jedoch Cuisses de grenouille à la provençale zu ordern, wäre Barbarei gewesen. Edi hatte eine andere, eine bessere Idee.

»Weißt du«, rief er, »Metzger Gustav siedet eben frischen Lyoner im Kessel!« Prompt setzte er einen Küchenjungen in Trab, um ein oder zwei dieser herrlichen Würste herbeizuschaffen. *Der* Lyoner, wie es nur scheinbar grammatikalisch unrichtig heißt, ähnelt zwar äußerlich einer Fleischwurst, wird aber in dieser kräftigen, exquisit abgestimmten Form, Würze und Geschmack und appetitlicher, blaßroter Färbung exklusiv im Saarland und einigen direkt angrenzenden Gebieten hergestellt. Fleischwurst zu Lyoner - das verhält sich wie ein Salzhering zu Homard à l'américaine - oder à l'armoricaine, wie es richtig heißt. Heißer, frischer Lyoner, dazu ein von Kuhn-Edi Meisterhand gezapftes Bier, das ist eine der wenigen Möglichkeiten, gleichzeitig die Wonnen des Paradieses *und* des Sündenfalles zu kosten.

An letzteren mochte Edi denken, als er, mit dicken Backen kauend, auf die Schnittstelle der Lyonerwurst deutend, sagte: »Sieht aus wie die sinnlich aufgeworfenen Lippen einer saftigen Negerin.« Edi ist wie alle guten Wirte und Köche ein poesievoller Mensch. Ich vergaß über Lyoner, Bier und Edis Sprüchen Cousine Susan's Problem und auch den Onkel, der zum Mormonen getauft werden sollte.

Es wurde auch in dieser Nacht nichts aus dem geplanten Rachefeldzug gegen Wadern. Wir standen diesmal um Edi Kuhns Theke und Tottel Tünn sang: »Es steht ein Soldat am Wolgastrand - hält Wache für das Vaterland!« Immerhin ist dieses Lied nicht so defaitistisch wie das »Einsame Glöcklein«. Wir verschoben die Revolution auf später.

Am nächsten Morgen suchte ich Tante Trina nochmals auf. Susan habe »hi« gesagt und sei von der Bildfläche verschwunden, bemerkte sie achselzuckend.

»Sag mal, Tante Trina, was hat es auf sich - mit Onkel Hampitt Holbach?« fragte ich. Tante Trina ging zur Tür, schloß sie ab und schob den Riegel vor. »Es geht keinen was an«, flüsterte sie. »Aber jetzt, wo du alt genug bist, will ich dir's sagen.«

Ich neigte mich gespannt vor.

»Bei uns, bei den Holbachs, sitzt bei allen ein Sparren locker, bei einem ein bißchen mehr, bei einem ein bißchen weniger. Beim Onkel Hampitt jedoch - da lag das ganze Gebälk schief. Dem alten Metzgers August, dem Großvater vom jungen Gustav, dem hat er ein Stück von der Nas' abgebiß', weil der ihn beim Fischen geschnappt hat. Das muß so um 1895 gewesen sein.«

Sie nippte an ihrem Kaffee.

»Alle wußten, daß es mit ihm nicht gutgeht; er ging dann ja auch nach Amerika. Und jetzt, jetzt verrate ich dir ein Geheimnis, das keiner kennt. Der alte Nikla Kleinbauer hat's meiner Großmutter, Onkel Hampitts Schwester also, offenbart. Der Nikla war ja auch draußen in der Welt - und der Nikla, der hat meiner Mutter gesagt, den Kopf von dem Holbach, den hat er gesehen, ausgestellt auf der Stadtmauer in Amerika! Der Kopf hätt' ihn ganz dreckig angegrinst und ihm, dem Nikla, noch im Tode die Zunge rausgestreckt.«

Sie machte eine Pause.

»Stell dir vor, der Kopf ist ab, und der Kerl ist immer noch so frech und streckt dem Nikla, der ja auch nicht viel getaugt hat, die Zunge raus!« Tante Trina seufzte. »Aber alle wußten ja, daß es mit ihm ein schrecklich End' nehmen wird! Doch sowas, das hat's sogar bei den Holbachs, wo wir doch vieles gewöhnt, noch nie gegeben. - Wart noch ... Gold soll er gesucht und irgendwo vergraben haben, kein Mensch weiß, wo! Vielleicht findest du es. Aber das wär das erstemal, daß ein Holbach weltliche Güter hinterlassen hätte - es ist ein Kreuz, aber es geht mir ja auch nicht anders. Onkel Hampitt war so ein Bücherwurm wie du. Was noch keinem was eingebracht hat. Aber es is' nix so schlecht, daß es net auch gute Seiten hätt'. Mit was hätt' mer sonst es Feuer anmachen, mit was sonst aufs Häuschen gehen solln? Nach dem Krieg in der schlechten Zeit? Theater hat er auch noch gespielt, und immer hat er Bücher geles', viel' Bücher, und mein Vater, dein Großvater, hat gesagt - das war schon im Ersten Weltkrieg - das viele Bücherlesen taugt nix, das macht ihn noch ganz verrückt!«

Sie trank noch einen Schluck Kaffee.

»Andrerseits hat er manchmal von einer Silbernen Rose gered' und keiner hat gewußt, was er damit meint, was das bedeut' - aber es hat sich ja auch keiner richtig drum gekümmert. Vielleicht hat er damit seinen vergrabenen Schatz gemeint.«

Damit ging Tante Trina zur Tür, schob den Riegel zurück, schloß auf und schlurfte nach oben.

Sie kam mit einer zerfledderten, staubigen, vergilbten Schulkladde zurück.

»Das ist eins von seinen Tagebüchern. Ich wollte es schon ein paarmal verbrennen - das allermeiste is' englisch, kein Mensch kann's lesen. Aber ein Fremder kriegt's nicht in die Hand, weiß Gott, was drinsteht. Ich glaub', oben sind noch mehr, auch noch Glasplatten, Fotos, ich muß nochmal suchen. Heb's auf oder wirf's weg, ich bin die letzte, die was von Hampitt Holbach weiß.«

Zum Teufel mit Farbe, Pinsel und Spraydosen, zum Teufel mit Wadern. Der alte, revolutioäre Schwung, das hatte ich in Salm's Saloon gemerkt, trotz aller Sprüche - der war hin, ebenso die alten Zeiten - unwiederbringlich.

Der Teufel hol's ebenfalls: Immer noch steht »Wadern - Ortsteil Nunkirchen« auf den Straßenschildern; keiner hat die Schrift versprüht »Schulze Klein - du dummes Schwein«. Trotzdem - irgendwann werd' ich's den Waderner Büroärschen heimzahlen, was sie den Nunkirchern angetan haben, heimzahlen mit gleicher Münze, Groschen für Groschen, so wahr ich Holbach heiße!

Danach hockte ich nur noch über dem Tagebuch und versuchte zu entziffern, was ich da aufgeschrieben fand.

Es beginnt einfach und sachlich: »Am 12. März ging ich, der Bergmannn Hampitt Holbach, von Nunkirchen fort. Ich verließ die Heimat in Richtung Amerika. Ich sah mich gezwungen, wegen gewisser Umstände Nunkirchen zu verlassen.«

Onkel Hampitt war damals sechsundzwanzig Jahre alt.

Die Holbachs sind keine alteingesessenen Nunkircher, die Sippe entstammt vielmehr den waldreichen Höhen zwischen der unteren Saar und der oberen Mosel. Der Wald war ihr Lebensraum und ihre Einnahmequelle. - Sie waren als Wildhüter geschätzt und als Wilderer gefürchtet. Weiß der Teufel, wie einer von ihnen nach Nunkirchen kam, weiß der Himmel, wie er es auf vierzehn Kinder brachte. Jedenfalls wartete Hannes Holbach, Hampitts Vater, händeringend darauf, daß wenigstens die männliche Nachkommenschaft heranwuchs - um in der Grube Rosseln anzufahren, die Anzahl der hungrigen Mäuler zu verringern und gleichzeitig einen Beitrag zu leisten, die verbleibenden - es waren immer noch mehr als genug - zu stopfen.

Auch Hampitt Holbach wurde Bergmannn. Das war der natürliche Gang der Dinge. Doch da ist ein Hindernis: Nunkirchen liegt im Norden, an der Peripherie des Saarlands, Rosseln jedoch im äußersten Südwesten - direkt an der Grenze nach Lothringen, die jedoch zwischen den Kriegen 1870/71 und 1914/18 keine war. Glücklicherweise ist das Saarland klein genug, daß es einer, der gut zu Fuß ist, von Ost nach West oder von Nord nach Süd in einem Tag durchmessen kann. Doch wer zwölf Stunden arbeiten muß, für den ist das zu weit. Also hauste Hampitt Holbach die Woche über im grubeneigenen »Schlafhaus«, brutzelte in der Kochküche auf dem »Brums«, dem mächtigen, gußeisernen Herd, seine Bratkartoffeln und Blutwurst - und trank dazu Flaschenbier aus der »Kaffeeküche«, wie sie die Kantine nannnten.

Manchmal - aus einem gewissen Urtriebe heraus, dem die gewieftesten Ethnologen noch nicht auf die Spur gekommen sind - rotteten sich die Nunkircher zusammen und fielen wie seinerzeit Attilas Hunnenhorden in die Umgebung ein, wo sie vor allem in den Kneipen des nachbarlichen Völklingen Angst und Schrecken verbreiteten.

Vater Russ', an sich ein ebenso gewaltiger wie gutmütiger Kerl, pflegte beim »Scheißdreck-Schang« bei solchen Gelegenheiten ein mächtiges Schlachtermesser in die Theke zu rammen und gefährlich mit den Augen zu rollen. Worauf sich Schang meist beeilte, den Russ' und die Seinen zur ersten Runde einzuladen. Wenn sie dann aber zum »Grünen Spatz« hinüberwechselten und dort auf eine Rotte ebenfalls kampfeslüsterner Kolonisten trafen, kam es zur Schlägerei.

Die Polizei, die bald auf der Bildfläche erschien, fand niemand mehr vor, außer Hampitt Holbach. Er hatte als einziger nicht die Platte geputzt, sondern blieb stehen - ein Stuhlbein in der erhobenen Faust, einen Fuß auf dem Kolonisten, den er niedergestreckt hatte. »Hier liegt ein Leichnam - ich bin sein Mörder!« rief er der anrückenden Polizei zu.

Der Kolonist war glücklicherweise nicht wirklich tot, sondern nur benommen, und den Schaden an der Einrichtung des »Grünen Spatz« bezahlten sie gemeinsam. Doch sowas geschah häufiger, und das war nicht der Grund, warum Hampitt Holbach seine Heimat verließ.

Onkel Hampitt war Schlepper auf Rosseln. »Schlepper« - das ist die unterste Stufe in der Bergmannshierarchie. Normalerweise ist man mit sechsundzwanzig Jahren Hauer. Warum das so war? Vielleicht fehlte es ihm an der Gradlinigkeit in der Verfolgung materieller Interessen. Vielleicht beanspruchte ihn das scheinbar Unbedeutende, Abseitsliegende viel zu sehr. Wie es so oft bei den Holbachs der Fall ist. Die aber mitunter auch fähig sind, ganz bestimmte Linien mit gnadenloser Verbissenheit zu verfolgen. Nur liegen diese Linien selten auf breiten, vorgezeichneten Routen. Ein Widerspruch? Widersprüchlich sind nicht nur Menschenwerk und -tun; allein schon durch die Existenz des Menschen ist die Schöpfung in sich widersprüchlich. Und sind nicht absolute Ordnung und rücksichtslose Gradlinigkeit genauso schlimm wie das totale Chaos?

Samstags fuhr Hampitt Holbach wie die anderen Hochwälder Frühschicht; dann arbeiteten sie nur acht Stunden und dampften mit der Bahn nach Beckingen. Von dort waren es nicht mehr als dreieinhalb Stunden zu Fuß oder knapp zwanzig Kilometer bis nach Nunkirchen. Montags dagegen fuhren sie erst zur Nachtschicht an, brauchten also erst mittags loszumarschieren, um den Zug in Beckingen und »die Schicht« zu krie-

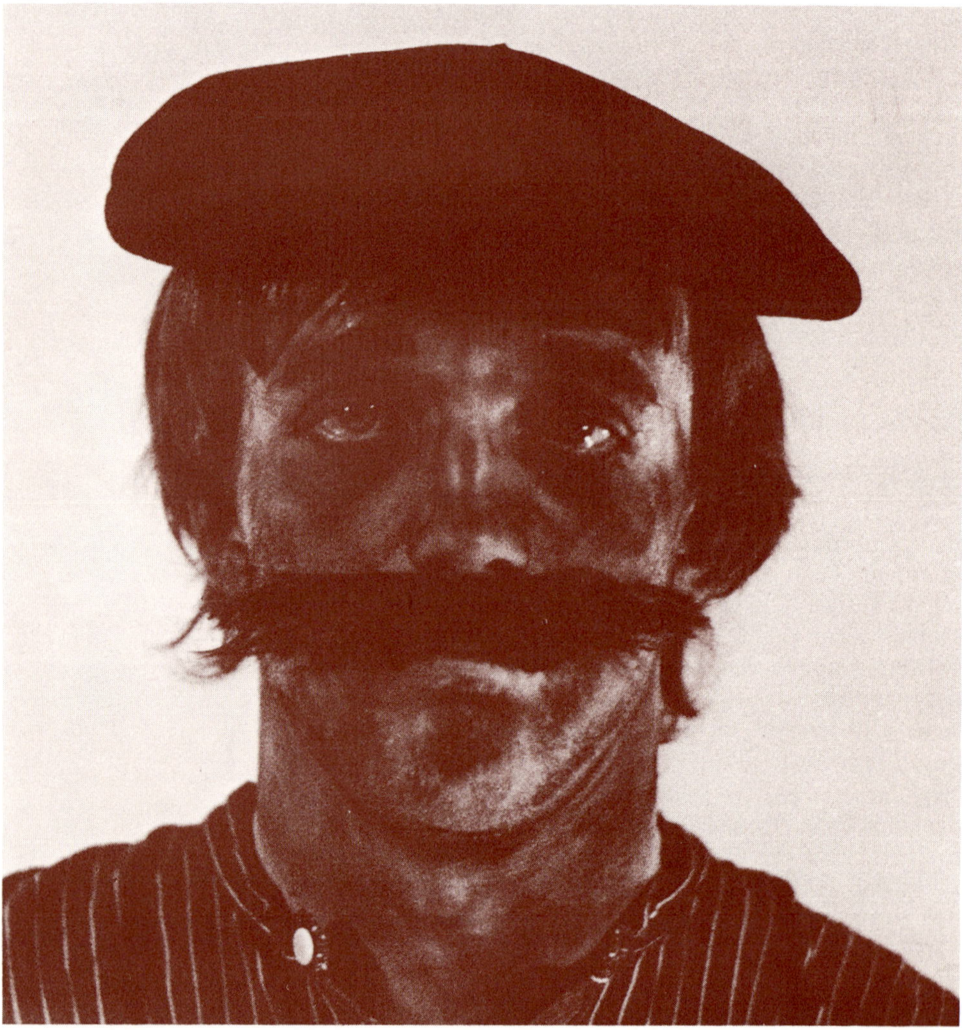

gen. Die »Kolonisten«, die in der Nähe der Grube ansässigen Bergleute, nannten Hampitt Holbach und seinesgleichen »Hartfüßer«, auch »Hochwälder Knuppenspalter«, was diese als Ehrentitel ansahen. Ein »Knuppen«, das ist ein Hügel, ein Holzklotz, das Ende eines Brotes, oder - ein doppelter Schnaps.

Ein Bergmann, der zehn, zwölf Stunden am Tag der Bedrohung schlagender Wetter, abstürzender Hangenden, quetschender Grubenwagen, der Flut der Wassereinbrüche und der gespenstig irrlichternden Bergmännchen trotzt - den kann so leicht nichts aus den Angeln heben. Es seien denn ein paar Knuppen zuviel, die er bei Lohmüllers Ziska kippt.

Die Bergleute, das war eine stolze Elitetruppe, deren Arbeit sich in klingende Münze verwandelte. Bei Beerdigungen, an Fronleichnam, am St. Barbara-Tag - da zogen sie mit ihren schmucken schwarzen Knappenuniformen, mit den schwarzweißbebuschten Tschakos und den gekreuzten Hämmern auf und zeigten den Bauern, was sie für Kerle waren. Doch samstags verwandelten sich die Bergleute einfach in Bauern, denn in ihren Ställen meckerten Ziegen, grunzten Schweine. Nicht wenige verfügten sogar über eine Kuh. Ein halber Morgen Kartoffeln, dreiviertel Morgen Korn, ein paar Wiesen - das gehörte zur Wirtschaft, die die Frauen, die Kinder, die Pensionäre besorgten. An den Samstagen, da mußten die Bergleute auch hier mitanpacken.

Laeis-Kätt, die alte Schrumpelhexe, krächzte, als ich sie gelegentlich eines späteren Besuches auf meiner Spurensuche in Nunkirchen nach Onkel Holbach fragte:

»Ich hab' ihn ja nimmermehr gekannt, awwer mein' Mutter hat von ihm verzählt - dat Pittchen, dat war ein Grimmelwiedich. Wer et probieren wollt, der braucht nur 'Pittchen' zu ihm zu sahn. Er war net groß, awwer giftig. Schon als Kind in der Schul' beim Pastor Fuchs - mein Mutter hat's mir verzählt - da hat er sich am heil'gen Geist versündigt. Was vorher un' hinterher bei allem Frevel der Zeit nie mehr passiert is: - ich will dir was verzählen als warnendes Beispiel - du bischd ja auch so'n Antichrischd, kein Gott un' kein Gebott, wo soll das alles hinführen. Un' immer Bücher, Bücher, gottloses Zeug, von Karl May, von Robinson un' Lederstrumpf un' Ferne« (wahrscheinlich Jules Verne) »un' weiß ich was sonst noch alles - und auch Theater hat er g'spielt - nix war ihm heilig, dem alten Schweinstreiber. 'Die große Kunst macht mich rasen' - steht schon in der

Apostelgeschichte, das führt zu nix, nur zu Zweifel, das macht einen verrrückt im Kopp'. - Was mer gelehrt hat, das behält mer und sonschd nix!

Also - der Hampitt hat den Pastor Fuchs gefragt:

'Herr Pastor, kann der liebe Gott einen kleinen Stein meilenweit werfen?'

'Sicher kann er das, Hampitt?'

'Herr Pastor, kann der liebe Gott auch einen großen Stein meilenweit werfen?'

'Sicher Hampitt, Gott ist allmächtig, der kann alles.'

'Herr Pastor, kann der liebe Gott einen ganz, ganz dicken Stein machen?'

'Auch das kann er, einen Stein machen so dick, wie er nur will - aber was soll das, Hampitt?'

'Herr Pastor, kann der liebe Gott denn auch so einen dicken Stein machen, daß er ihn nicht mehr packt und ihn nicht mehr werfen kann?'

Da hat der hochwürdige Herr Pastor einen Moment überlegt und hat dem Hampitt Holbach eine geschallert, daß der die Funken fliegen gesehen hat. Und später hat sich sogar das Bistum damit befaßt und mit der Familie - das hat das Maria meiner Mutter verzählt un' das is' ja im Pfarrhaus aus- un' eingegang'. Denn was der Hampitt gemacht hat, das hieß nix anneres als sich am heilgen Glauben versündigen.

Un' im sechste Gebot, da war er auch net sauber - ganz bestimmt net, doch dat es immer noch net alles ... dem Herrn Baron hat er die Fisch aus der Groß'Bach geholt un' dem Metzgers August hat er ein Stück von der Nas' abgebiß', der nixnutzige Zigeuner. Jetzt kann er in der Hell' dem Deiwel helfen, 's Feuer schüren, wenn er net grad knüppelvoll is'. Un' du«, giftete sie mich an, »du wirschd noch sehn, wo du endschd, genau wie der wiedisch Hampitt!«

Obwohl das Leben Arbeit, Mühsal und nur ganz wenig Spaß war, gab es für Onkel Hampitt offensichtlich keinen Grund, es nicht schön zu finden. Dazu gehörten auch wohl die Stunden an *der* Bach. (Im Saarland sagt man *die* Bach, *der* Lyonerwurst, *der* Butter.) An *der* Bach bot ihm das Gebüsch Deckung, wenn er dem Hecht eine feine Drahtschlinge überstreifte, den Aal aus der Reuse lockte; wo er es verstand, die Schleie für ein eisernes Häkchen zu entflammen und die Forelle mit der Hand greifen

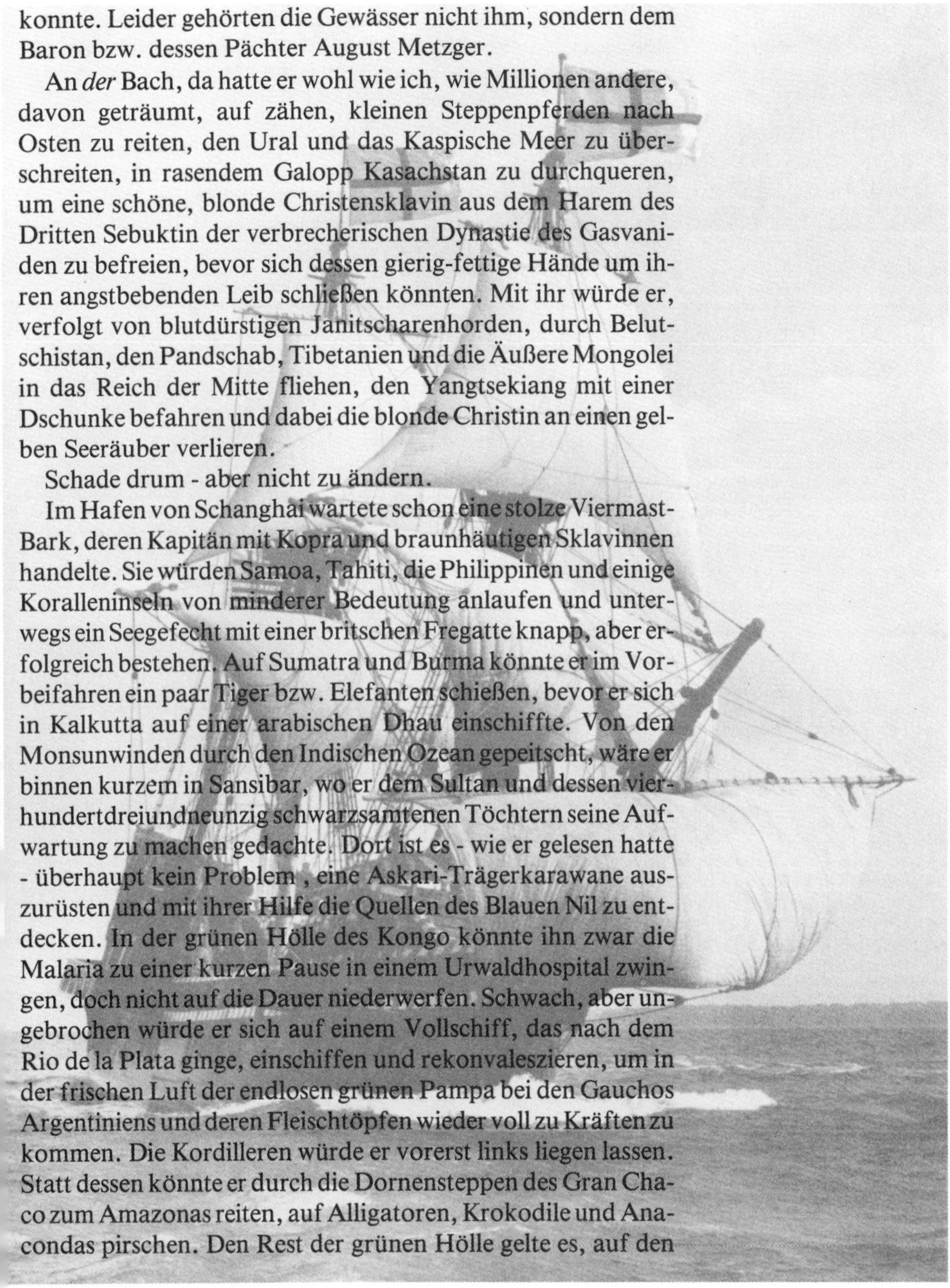

konnte. Leider gehörten die Gewässer nicht ihm, sondern dem Baron bzw. dessen Pächter August Metzger.

An *der* Bach, da hatte er wohl wie ich, wie Millionen andere, davon geträumt, auf zähen, kleinen Steppenpferden nach Osten zu reiten, den Ural und das Kaspische Meer zu überschreiten, in rasendem Galopp Kasachstan zu durchqueren, um eine schöne, blonde Christensklavin aus dem Harem des Dritten Sebuktin der verbrecherischen Dynastie des Gasvaniden zu befreien, bevor sich dessen gierig-fettige Hände um ihren angstbebenden Leib schließen könnten. Mit ihr würde er, verfolgt von blutdürstigen Janitscharenhorden, durch Belutschistan, den Pandschab, Tibetanien und die Äußere Mongolei in das Reich der Mitte fliehen, den Yangtsekiang mit einer Dschunke befahren und dabei die blonde Christin an einen gelben Seeräuber verlieren.

Schade drum - aber nicht zu ändern.

Im Hafen von Schanghai wartete schon eine stolze Viermast-Bark, deren Kapitän mit Kopra und braunhäutigen Sklavinnen handelte. Sie würden Samoa, Tahiti, die Philippinen und einige Koralleninseln von minderer Bedeutung anlaufen und unterwegs ein Seegefecht mit einer britschen Fregatte knapp, aber erfolgreich bestehen. Auf Sumatra und Burma könnte er im Vorbeifahren ein paar Tiger bzw. Elefanten schießen, bevor er sich in Kalkutta auf einer arabischen Dhau einschiffte. Von den Monsunwinden durch den Indischen Ozean gepeitscht, wäre er binnen kurzem in Sansibar, wo er dem Sultan und dessen vierhundertdreiundneunzig schwarzsamtenen Töchtern seine Aufwartung zu machen gedachte. Dort ist es - wie er gelesen hatte - überhaupt kein Problem , eine Askari-Trägerkarawane auszurüsten und mit ihrer Hilfe die Quellen des Blauen Nil zu entdecken. In der grünen Hölle des Kongo könnte ihn zwar die Malaria zu einer kurzen Pause in einem Urwaldhospital zwingen, doch nicht auf die Dauer niederwerfen. Schwach, aber ungebrochen würde er sich auf einem Vollschiff, das nach dem Rio de la Plata ginge, einschiffen und rekonvaleszieren, um in der frischen Luft der endlosen grünen Pampa bei den Gauchos Argentiniens und deren Fleischtöpfen wieder voll zu Kräften zu kommen. Die Kordilleren würde er vorerst links liegen lassen. Statt dessen könnte er durch die Dornensteppen des Gran Chaco zum Amazonas reiten, auf Alligatoren, Krokodile und Anacondas pirschen. Den Rest der grünen Hölle gelte es, auf den

Spuren Alexander von Humboldts zu durchmessen. Danach stünde der Ausbruch und die Flucht von der Teufelsinsel vor der Küste Guyanas ...

Ein Zweig knackte. Onkel Hampitt fuhr herum. Sein Angelfädchen schlängelte sich verborgen im Gras. »Hoffentlich beißt jetzt grad' keiner an«, fuhr es ihm durch den Kopf.

Die Flinte griffbereit in der Hand, schnürte August Metzger durchs dichte Buschwerk am Ufer.

Hampitt Holbach räusperte sich. Der andere fuhr herum.

»Was machst du hier?«

»Siehst doch, ich lern mei' Roll' fürs Theater. Außerdem geht's dich nix an.«

»Sonst machst du nix?«

»Was sonst?«

»Denk dran, das is mein Bach, mein' Fisch'...«

»Aber net dein' Wies'...«

»Paß uff!« Es war kein guter Blick, den der Pächter Onkel Hampitt zuwarf, als er grußlos, die Flinte schulternd, weiterging.

Was war schon Metzgers August gegen die großen und gefährlichen Abenteuer, die ihn über Westindien und New Orleans mit einem Raddampfer den Mississippi und Missouri hinauf endlich bis in das Herz des Wilden Westens führen würden? Wo der letzte alte Sioux-Häuptling Wippende Adlerfeder ergriffen die Hand seiner schönen, schwarzäugigen Tochter Wehende Wolke nur noch in Hampitt Holbachs Hand zu legen brauchte.

Wehende Wolke würde - er war sich sicher - von der kupfernen Hautfarbe einmal abgesehen, dem Silberrosenmädchen zum Verwechseln ähnlich sein, dessen himmlisch-irdische Gestalt er, von Dreck und Kohlen verschüttet, vom Staub halb erstickt, seinerzeit so deutlich vor sich gesehen hatte.

In der Prärie gelte es indessen, einen Indianerstaat zu gründen. Jetzt könnte er mit den roten Kriegern von morgens bis abends das Kriegsbeil schwingen, auf schnellen Mustangs Büffel jagen und abends, nachdem er am Lagerfeuer einen gehörigen Braten verzehrt hatte, mit Wehender Wolke das Fellager teilen.

Vielleicht würde er die Reise auch umgekehrt machen, die Erdkugel westwärts umrunden, Wehende Wolke für eine gewisse Zeit verlassen, um erst, nachdem er tausendundein Abenteuer bestanden hatte, zu ihr, der in treuer Sorge Wartenden, zurückzukehren.

Australien, die Osterinseln und Neu-Guinea könnten warten bis nach seiner Pensionierung.

Denn: Hampitt Holbach war auch ein Mann, der die harten Realitäten des Lebens nicht außer acht ließ. Vielleicht, so dachte er während seiner Träume an *der* Groß'Bach, müßte er hier und da Abstriche machen, vielleicht später sogar nochmal in der Grube Rosseln anfahren. Doch das erschreckte ihn nicht. Was würde er alles erlebt haben, was würde er alles erzählen können!

Nun, es gab damals noch genug weiße Flecken auf der Landkarte, um sie mit allen nur erdenklichen Menschen, Tieren und Pflanzen der Vorstellungswelt zu bevölkern, und auf den Sieben Meeren harrte tausendundeine Insel der Entdeckung. Für das hochgetakelte Vollschiff der Phantasie existierten keine Horizonte.

»Oh, wie wunderschön ist Gottes Erde und wert, darauf vergnügt zu sein!« rief Onkel Hampitt aus und spuckte seinen Priem in *die* Groß'Bach.

Hampitt Holbachs Angelei, seine Tagträume gewannen eine gänzlich neue Dimension, als ich erfuhr, daß er nicht nur Mitglied des Nunkircher Bühnenvereins »Thalia« gewesen war, sondern daß er sogar das Theaterstück »Blut im Brautkranz« geschrieben hatte.

Und wo sollte er - angesichts seiner dreizehn Geschwister - die Ruhe und Muße finden, ein solch ebenso anspruchsvolles wie schwieriges Unterfangen zu bewerkstelligen? Und da wir Holbachs uns nicht allein mit der grauen Theorie begnügen - und sei sie in so hehren Höhen wie die Dichtkunst angesiedelt -, war das Holzstückchen, das so unschuldig im Kehrwasser dümpelte, schon mal durch ein dünnes, fast unsichtbares Fädchen mit Onkel Hampitts barem, großen Zeh verbunden - während von dem Klötzchen ein anderes Fädchen hing, auf dem wiederum ein armes Würmchen aufgespießt war, nach unten in den Kolk führte, in dem nicht nur der Nöck hauste.

Während der Onkel im breiten moselfränkischen Dialekt mit den rollenden R's vor sich hindeklamierte:

»Es fiel der ... Reitersmann vom Päeerd
er zerbrach dabei sein Schwäert -
und riß, zerriß sein ... sein ...«,

da zupfte es am baren, großen Zeh, worauf Onkel Hampitt flugs die Deklamation unterbrach, ein paar Augenblicke gespannt wartete, bis der Haken fest im Maul der Schleie saß. In Sekundenschnelle zappelte der silberne Fisch im feuchten Gras, Hampitt Holbach löste ihn rasch und geschickt vom Haken, setzte ihn in den mit einem Stein beschwerten Kescher, der wohlverborgen unter der unterspülten Weidenwurzel im Wasser hing, worauf er den Ariadne-Faden wiederaufnahm, der ihn aus dem Labyrinth der Reime hinausführen sollte:

»... zerriß sich dabei sei' Kläeed,
wie ist die Welt so voller Läeed«

Das Drama »Blut im Brautkranz« geriet zu einem solchen Skandal, daß der Tumult Lauers neuerbauten Saal in seinen Grundfesten erbeben ließ und man auch heute noch davon redet, obwohl selbst die ganz Alten das Geschehen gar nicht mehr miterlebt haben.

Kein Wunder — der Vorwurf, das Drama war wirklich vor zwei, drei Generationen über die Bühne der lokalen Historie ge-

gangen: Der arme, aber fleißige und stattliche Kohlenbrenner Krischan, der tief im Großen Lückner hauste, freite einst eine blitzsaubere, hübsche Bauerstochter, Schmittlatzen Malchen. Trotz des anfänglichen Widerstands des alten Schmittlatzen Pitter, Malchens Vater, der seine Tochter lieber an Gelzer Schengel's Seite gesehen hätte, »womit Sach' zu Sach' gekommen wär«, wie er sich auszudrücken pflegte, gab der besorgte Vater nach einigem Sträuben der Verbindung seinen Segen. Der Hochzeit und dem Glück der Liebenden schien nichts im Wege zu stehen. Doch wie dunkeldrohende Gewitterwolken an einem sonnigen Sommertag nahte das Unheil: Kasimir von Piwetzki, Baron auf Schloß Gunschhausen, der sich am Vorabend der Hochzeit, besoffen wie ein halbes Dutzend Dragoner, an das uralte »droit du seigneur« erinnerte und prompt sein Vorhaben in die Tat umsetzen wollte, polterte grölend in das Schmittlatzen-Haus, wo Malchen entsetzt in ihre Kammer floh. Ein Junge indessen rannte hinüber zur damals schon existierenden Lohmüllers Wirtschaft, demselben Lokal, in dem heute Latzen Peter hinterm Zapfhahn steht und in der Krischan mit seinen Kumpanen den letzten Junggesellenabend feierte und wo es hoch herging.

Krischan erbleichte ob der Nachricht, griff seinen alten, aber treffsicheren Vorderlader, jagte hinüber zum Schmittlatzen-Haus, während dort Kasimir auf wackligen Beinen herumtorkelte und einen Zugang zur Kammer der Braut suchte, um die Rose zu pflücken, bevor die Mißhelligkeiten des Alltags sie entblättert hatten ...

Der alte von Piwetzki war eben im Begriff, mit seinen Bärenkräften die Tür aus den Angeln zu reißen, hinter der Malchen weinend und flehend auf den Knien lag, da erschien Krischan außer Atem in der Haustür, stellte den Baron mit angelegter Flinte. In seinem Suff hätte der sich auch durch einen Sechzehnpfünder nicht beeindrucken lassen, worauf Krischan abdrückte und der Herr Baron mausetot war.

Daß Krischan Hochzeit mit des Seilers Tochter statt mit Malchen feiern mußte, half dem Baron auch nicht mehr; auch nicht, daß Malchen nach angemessener Trauerzeit erneut in den Brautstand trat, um diesmal ihrem Vater Pitter zu willfahren und Gelzer Schengel zu heiraten, womit letztendlich doch »Sach' zu Sach' kam«.

Die von Piwetzkis nahmen nach der Bluttat ihr verbrieftes Recht, das »droit du seigneur«, nicht mehr wahr. Indessen hatte in Frankreich die Revolution einiges durcheinandergerüttelt, was die auf Gunschhausen de iure, aber nicht de facto entmachtete. Trotzdem ging's mit den Herrschaften langsam, aber stetig bergab. Auch die Preußen, die nach den Franzosen kamen, änderten nichts mehr daran. Doch zu Onkel Hampitts Zeiten, da waren die von Piwetzkis immer noch stärker als Pfarrer, Lehrer und Metzgers Gustav zusammengenommen.

Weder vorher noch nachher ist einem Stück in der langen und großen Theatertradition Nunkirchens ein solches Interesse entgegengebracht worden.

Der Saal war krachend voll.

Längst hatten die Schauspieler auf der Bühne ihre Alltagspersönlichkeiten abgelegt; sie spielten nicht mehr ihre Rollen, sie lebten und litten sie:

— Schmittlatz, der Bauer, dargestellt vom langen Hüwweler;
— Laura, die Bäuerin, verkörpert von Rosenknoppis Res'chen;
— Amalie, oder Malchen, die Braut, eine Rolle, die Lohmüllers Ziska auf den Leib geschrieben war;
— Krischan, der strahlende Held, alias Hampitt Holbach;
— Freiherr Gunz von Gunzelin, von dem jedermann wußte, daß er Kasimir von Piwetzki, dem längst verblichenen Wüstling von Schloß Gunschhausen, bis ins letzte Detail nachempfunden war, Krischans Gegenspieler, den Metzgers August überzeugend wieder zum Leben erweckte;
— sowie eine ganze Reihe niederer Chargen, die ihre Aufgabe mit einer Vehemenz erfüllten, die jedem Staatsschauspieler zur Ehre gereicht hätte.

Die Szene: eine Stube, der Schmittlatz, die Bäuerin; Amalie, die Braut; eine Freundin, die ihr silberne Rosen ins Haar steckt. Frohe Erwartung. Sogar der alte Schmittlatz macht ein freundliches Gesicht. In die trauliche Szene kracht das Gepolter vor der Tür wie der erste Donner an einem sonnigen Frühsommertag, von daußen Stimmengewirr. Die Tür wird aufgerissen. Die in der Stube Versammelten schauen erschreckt auf.

Über die Schwelle taumelt Freiherr von Gunzelin. Den Zuschauern läuft es eiskalt über den Rücken; für sie ist der uralte Kasimir von Piwetzki aus dem Grab entstiegen. Metzgers August sucht schwankend am Türpfosten Halt und deklamiert mit Donnerstimme:

»Gevatter Schmittlatz, alter Bauer, 's ist Sitt' und Brauch im Land,
ein Usus, seit Urzeit etabliert,
die Juffer, eh' sie einen andren Mann entflammt,
vom Freiherrn erschdmal wird eschdamiert.«

Der Bauer sitzt da mit offenem Maul, weiß nicht, was er sagen soll, in den Augen der Frauen spiegelt sich das blanke Entsetzen. Währenddessen dreht sich der Freiherr zum Publikum:

»Am Kaneisfloß-Weiher sah ich das kecke Weibchen
ganz ohne Hemd und ohne Leibchen,
wie's feucht dem kühlen Bad entstieg.
Ein Menu, das auf der Kart' so trefflich gut gefällt,
gehört geprüft, ob's - was' verspricht - auch hält.«

Amalie erwacht langsam aus ihrer Erstarrung, richtet sich auf, sieht den hohen Herrn furchtlos an:

»Herr Gunzelin - es wird Euch wohl verdrießen,
doch diesen jungen Mädchenleib
werdet Ihr nicht in Eure Arme schließen.
Ich bin nicht da zum Zeitvertreib,
ich hab doch in mein dunkles Haar
den Kranz von Rosen eingedrückt.
Ich bin so schön wie ich wohl niemals war,
doch zu Eurem Opfer bin ich nicht geschmückt.
Wenn vom heißen Leibe gleitet mein Brautkostüm,
wenn die Glut, die meinen Leib entflammt,
gelöscht sein soll -
dann bleibt Ihr, Baron, wohl anonym,
den Brand löscht nur der Ehestand.«

Sie erhebt die Stimme, ihre Augen schleudern Blitze:

»Mein' Unschuld, Gunzelin, wird Euch nicht verkoppelt ...«

Ausgerechnet in diesem entscheidenden Augenblick verlor Amalie den Faden - sie wurde wieder zur Ziska; ihr Gesicht erblaßte, der Blick irrte hilflos von einem ihrer Kollegen zum anderen. Um das Unglück vollzumachen, war Bäbchen Molitor, die Souffleuse, eingeschlafen. - Bauer Schmittlatz stampfte zwar krachend mit dem Fuß auf, die Pflichtvergessene zu wecken, doch

Gunz von Gunzelin, alias Metzgers August, erlag einer plötzlichen Einflüsterung der verletzten Eitelkeit und Eifersucht, wie sie bösartiger nicht von Mephistopheles persönlich hätte kommen können. Bloßstellen wollte er sie — samt dem Rivalen, bloßstellen vor allen im Saal. Noch bevor Bäbchen Molitor sagen konnte:

»Den Krischan lieb ich nicht einfach,
nein, ich lieb ihn doppelt ...«

hatte Metzgers August der Ziska zugeraunt:

»Der Hampitt ist es, der mich moppelt...«

Die Mimin griff verzweifelt nach dem Strohhalm und merkte den Bruchteil einer Sekunde zu spät, daß es der trügerische, der falsche war.

»Der Ha-Ha...« das konnte sie eben noch abbiegen, doch dann kam's mit der Wucht eines Schmiedehammers:

»... nein, der Krischan ist es, der mich moppelt ...«

Der Satz platzte in den Saal wie die Explosion des Gaskessels von Neunkirchen, auch wenn das ein paar Jahrzehnte später geschah. Das Publikum, das bis dahin den leidenschaftlich lodernden Ausbruch Amaliens atemlos verfolgt hatte, war einen Moment erstarrt, prustete befreit los; der alte Lohmülller brüllte wie ein verwundeter Stier: »Sowas nennt sich in aller Öffentlichkeit meine Tochter!«

Der Baron Rudi von Piwetzki, der der Aufführung beiwohnte, meckerte: »... dumme, impertinente Bauerntrampel, eine Katastrophe das Stück ...« - während die Lehrerin Fräulein Schalbalke die Hände vors Gesicht schlug und seufzte: »Nein, nein und nochmals nein, wer hätte das von der Ziska gedacht ...«

Doch Onkel Hampitt brachte das Ensemble wieder zur Raison, der Lärm im Publikum ebbte ab, während Amalie jetzt in verzweifelter Leidenschaft richtig ausrief:

»Den Krischan lieb nicht einfach ich, ich lieb ihn doppelt ...«

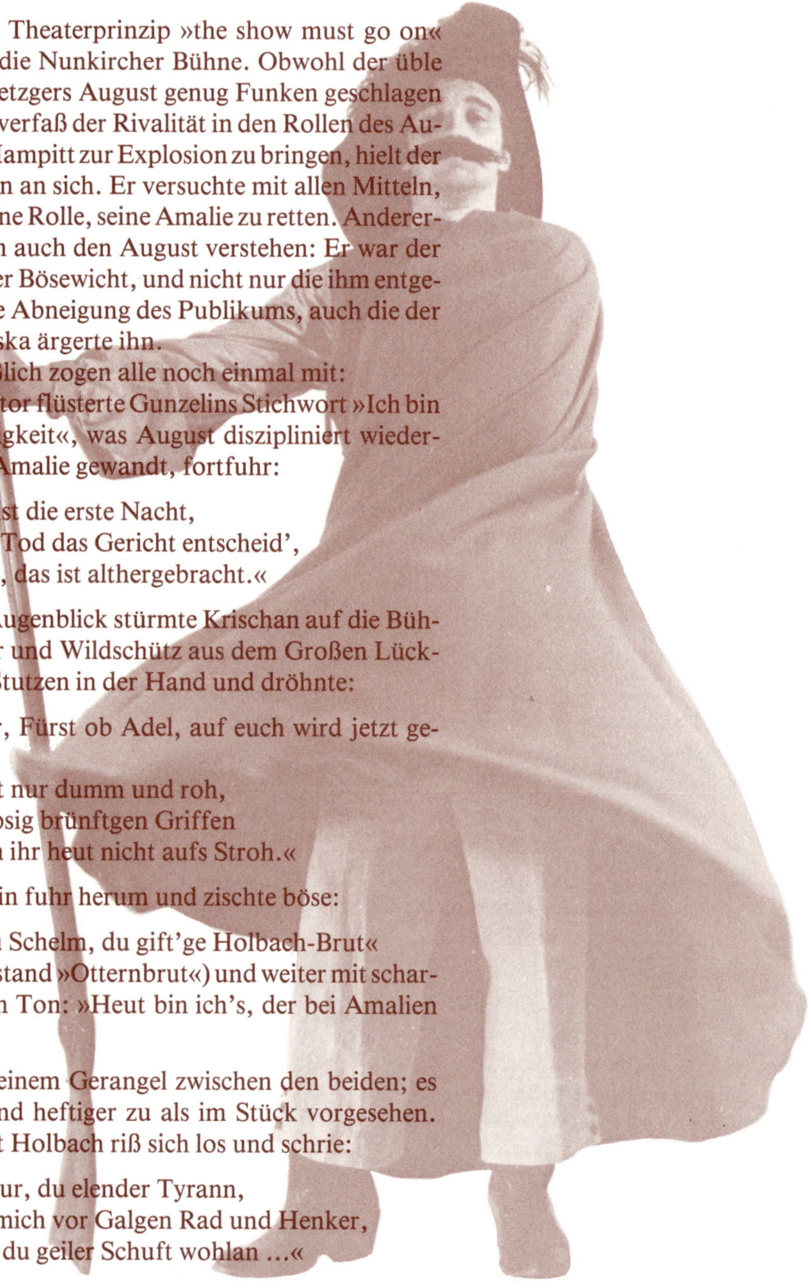

Das eherne Theaterprinzip »the show must go on« galt auch für die Nunkircher Bühne. Obwohl der üble Streich des Metzgers August genug Funken geschlagen hätte, das Pulverfaß der Rivalität in den Rollen des August und des Hampitt zur Explosion zu bringen, hielt der Holbach eisern an sich. Er versuchte mit allen Mitteln, sein Stück, seine Rolle, seine Amalie zu retten. Andererseits muß man auch den August verstehen: Er war der Finsterling, der Bösewicht, und nicht nur die ihm entgegenschlagende Abneigung des Publikums, auch die der Lohmüller Ziska ärgerte ihn.

Und schließlich zogen alle noch einmal mit: Bäbchen Molitor flüsterte Gunzelins Stichwort »Ich bin die hohe Obrigkeit«, was August diszipliniert wiederholte und an Amalie gewandt, fortfuhr:

»Mein Recht ist die erste Nacht,
so Leben und Tod das Gericht entscheid',
lieg ich dir bei, das ist althergebracht.«

In diesem Augenblick stürmte Krischan auf die Bühne; der Köhler und Wildschütz aus dem Großen Lückner hielt den Stutzen in der Hand und dröhnte:

»Ob Fronherr, Fürst ob Adel, auf euch wird jetzt gepfiffen,
Euer Leben ist nur dumm und roh,
mit Eurem tapsig brünftgen Griffen
werft Amalien ihr heut nicht aufs Stroh.«

Der Gunzelin fuhr herum und zischte böse:

»Heb dich, du Schelm, du gift'ge Holbach-Brut« (im Textbuch stand »Otternbrut«) und weiter mit scharfem herrischen Ton: »Heut bin ich's, der bei Amalien ruht.«

Es kam zu einem Gerangel zwischen den beiden; es ging gröber und heftiger zu als im Stück vorgesehen. Doch Hampitt Holbach riß sich los und schrie:

»Ha, komm nur, du elender Tyrann,
nit forcht ich mich vor Galgen Rad und Henker,
probier's nur, du geiler Schuft wohlan ...«

Da ging eine Verszeile zu früh hinter der Bühne der Böller los, den der Grobschmied Billenmatz entzündet hatte. Gunz von Gunzelin bzw. August ließ sich geistesgegenwärtig fallen, Amalie zog sich flugs den silbernen Brautkranz vom Haar und warf ihn über den hingestreckt Liegenden, der indessen auf die mit Rotrübensaft gefüllte Schweinsblase drückte. Bühnenersatzblut floß rotsprudelnd über die silbernen Rosen.

Krischan trat zu dem Liegenden un[illegible] finster:

»Hingestreckt auf dieser Schwelle,
liegst du, elender Despot,
weggeschwommen sind dir die Fel[illegible]
da liegst du nun und bist so to[illegible]

In diesem Augenblick — Holbachs Blut ist keine Buttermilch! — brach sich der Ärger über die vorhergegangene Unverschämtheit des Metzgers August bei Onkel Hampitt Bahn. Er trat dem hilflos ausgestreckten Rivalen mit aller Kraft in den Hintern.

Eher wäre es möglich gewesen, eine unter Volldampf heranbrausende Lokomotive als den jetzt endgültig einsetzenden Skandal aufzuhalten: Der »Tote« brüllte auf wie ein angestochener Stier, sprang auf die Füße, stürzte sich auf Hampitt Holbach. Unten schnarrte Baron Rudi: »Unerhörte Beleidigung des Adels, des Piwetzki-Geschlechtes, von so einem verdammten Stinkstiefel, nicht einmal sanktionsfähig ist der Hundsfott ...« Er erhob sich, warf einen Handschuh auf die Bühne, rückte sein Monokel zurecht und schritt - jeder Zoll ein von Piwetzki, erhobenen Hauptes hinaus, während auf der Bühne eine Schlacht geschlagen wurde, an der sich auch ein Teil des Publikums beteiligte. Es war eine furchtbare Schlägerei, die später als das »Brautkranz-Gemetzel« in die Chronik Nunkirchens einging.

Das alles, wie auch das überlieferte Holbach'sche Zitat
»Gott bewahre Wilhelm, unseren Kaiser,
und uns vor ihm!«
ließ auf einen fatalen Hang zu einer ganz eigenen Sorte von romantischem Anarchismus schließen. Eine ererbte Charaktereigenschaft, die auch mir, dem Chronisten, mitunter zu schaffen macht.

Eine der Folgen war, daß Hampitt Holbach beim Lohmüller-Wirt Lokalverbot bekam, obwohl hierzu kein direkter Anlaß vorlag, und daß zwischen ihm und Metzgers August eine noch tiefempfundene Feindschaft schwelte.

Als August in seiner Eigenschaft als Pächter des von Piwetzkischen Fischwassers endlich Hampitt Holbach beim Fischfrevel ertappte, kam es nicht nur zu einem neuerlichen Ausbruch handgreiflicher Feindseligkeiten, in deren Verlauf August eine kapitale Bißwunde an seiner großen Nase davontrug. Das alles hätte man arrangieren können. Doch da geschah das Unerhörte, noch nie Dagewesene: Metzgers August meldete die Gesetzesübertretung dem Baron Rudi von Piwetzki auf Schloß Gunschhausen. -

»Dieser Stinkstiefel von Holbach war das, schau an, schau an«, schnarrte Baron Rudi, »den werden wir gleich haben.«

Zu seinem Bruder Falko gewandt, soll er bemerkt haben: »Wenn Onkel Kasimir wüßte, was er im nachhinein noch anstellt, wo er schon den Geisweiler Hof verspielt und sein Geld in Saarbrücken und Trier durchgebracht hat ... statt sich wie unsereins damit zufriedenzugeben, die Domestiken hier im Haus zu vögeln ...«

Rudi von Piwetzki eilte spornstreichs zu seinem modernen Sprechapparat, dem Telefon, kurbelte entschlossen - kurz, lang, kurz -

»Wadern? Gendarmerie? Ja, hier von Piwetzki«, knarrte er. Dann erläuterte der Oberst des Kaiserlichen Heeres in Reserve der Frau Anschütz das Geschehen und schloß mit der Anweisung, den Gendarmen Anschütz stehenden Fußes nach Nunkirchen in Marsch zu setzen, um den anarchistischen Stückeschreiber und fischfrevelnden Übeltäter zu verhaften.

Als in Wadern das Telefon klingelte, rang Frau Anschütz erstmal die Hände, schrie durchdringend nach ihrem Mann, dem Gendarmen, obwohl sie wußte, daß er sich weit außerhalb der Hörweite befand, band dann mit fliegenden Händen eine frische, weißgestärkte Schürze um, griff nach dem Apparat, bekam schließlich den Hörer in die bebende Hand und rief, so laut sie nur konnte »hallo, hallo«. Als sie hörte, wer sich am anderen Ende der Leitung befand, machte sie in ihrer Verwirrung erstmal einen Knicks und verstand überhaupt nichts mehr. Endlich kam das erlösende »Ende« aus der Apparatur, worauf Frau Anschütz »danke« sagte, wieder knickste und ihre feuchtnassen Hände an der frischgestärkten Schürze abwischte.

»Jesus Maria, Herr im Himmel, steh mir bei!« rief sie,nachdem sie sich gesammelt hatte, gab zwei Buben aus der Nachbarschaft den Auftrag, so schnell sie die Füße nur trugen, zum Hasenberg zu laufen, um den zu dieser Zeit in der dortigen Wirtschaft sitzenden Gendarmen Anschütz nach Haus zu zitieren. Den beiden Knaben jedoch war es nicht darum zu tun, den Gendarmen während seines Nachmittagsschoppens zu stören, worauf dieser erfahrungsgemäß unwirsch reagierte. Außerdem laichten in den Primswiesen die Frösche, deren Strämpelchen damals schon zu den größten Delikatessen gehörten. Während

der Laichzeit sind die einstigen Bewohner sumpfiger Wiesen und Gräben - es geht ihnen nicht viel anders als den meisten Menschen - besonders unvorsichtig und leicht zu fangen.

Die Knaben fingen aber nicht nur Frösche, die sie an den Hinterbeinen packten und mit dem Kopf gegen die Absätze ihrer Nagelschuhe schlugen, so daß die Amphibien das Zeitliche segneten, bevor sie ihnen die Gehwerkzeuge abschnitten. Sie steckten ihnen auch Strohhalme in den Hintern und bliesen die armen Tiere auf, bis sie rund wie ein Ballon waren.

Das ist roh und widerwärtig - aber symptomatisch für Wadern, das sich immer schon wie ein aufgeblasener Frosch gerierte.

Schicksal - eine Kette von oft zufälligen Ereignissen. Im Falle meines Onkels spielten so verschiedene Dinge wie die Erfindung des Telefons, das mangelnde Pflichtbewußtsein der beiden Waderner Knaben und der Nachmittagsschoppen des Gendarmen Anschütz eine unvorhersehbare Rolle.

Mit der Erfindung des Telefons hatte sich eine der vielen Prophezeiungen eines Nunkirchers, des alten Hanna Ornau, bewahrheitet:

»Es werden Zeiten kommen, in denen man auf der ganzen Welt hören kann, wenn der Esel in Bethlehem schreit.«

Andere Prophezeiungen wie »Wagen, die ohne Pferde fahren« und »Vögel, auf denen Menschen sitzen« sind ebenfalls eingetroffen. Wieder andere stehen noch aus, und ich kann nur hoffen, daß der alte Hanna wenigstens einmal unrecht behält, denn eine der noch nicht eingetroffenen Voraussagen lautet: »Es wird zu einem Unglück kommen, bei dem soviel Menschen sterben, daß man die Übriggebliebenen mit dem ernähren kann, was im Reichentälchen wächst.« Das Reichentälchen ist die kleinste der Nunkircher Gemarkungen und umfaßt nicht einmal ein Dutzend Morgen Ackerland.

Schon aufgrund der Ornau'schen Prophezeiungen wurde in Nunkirchen viel über das Piwetzki'sche Telefon geredet. Zudem hatte der Baron die Angewohnheit, seine seltenen Anrufe vor einer würdigen Kulisse abzuwickeln, die sowohl aus Familienangehörigen wie auch aus Bediensteten bestand. Und jeder Anruf war eine interessante Nachricht, die manchmal - auch in diesem Falle - die Ohren des Betroffenen, also Hampitt Holbachs, eher und direkter erreichte als durch den neuzeitlichen telefonischen Draht.

Die Tat hatte sich am Samstag ereignet. Das wiederum gab Hampitt Holbach die Zeit, nachzudenken, zu überlegen,

— ob er für ein paar Tage ins Waderner Kittchen ging,
— die Geschichte dadurch aufschob, indem er schon am Sonntag nach Rosseln ins Schlafhaus fuhr, wo er erstmal sicher war,
— oder nach der Devise verfuhr: »Die Welt ist rund, drum Brüder, laßt uns wandern!«

Er wählte die letzte Möglichkeit.

Als ihn seine Mutter fragte, ob er denn ohne Not und Anlaß am heiligen Sonntag in der Grube anzufahren gedenke, sagte Hampitt Holbach:

»Mutter, ich gehn net in die Grub', ich gehn net ins Hochamt, ich gehn nach Amerika!« Dieser Ausspruch ist überliefert und gehört seitdem ebenfalls zu dem klassischen Zitatenschatz unserer Familie. Holbach warf sein Bündel über die Schulter, streckte seiner Mutter die rechte Hand hin, die diese in ihrer Überraschung ergriff, packte seinen Grubenstecken, sagte »auf Wiedersehen« und zog die Tür hinter sich zu. Er neigte - wie alle Holbachs - in familiären Situationen nicht zum Überschwang.

Seine Schritte lenkte er in Lohmüllers Wirtschaft, bevor er den Weg in die Welt unter seine Nagelschuhe nahm. Denn Lohmüllers Ziska Lebewohl zu sagen, vielleicht auch, sich für die weite Reise zu stärken, schien ihm wichtiger, als eine ergreifende Abschiedsszene im Kreise seiner zahlreichen Geschwister und der Eltern durchzustehen. Daß er Hausverbot hatte, das kümmerte ihn jetzt nicht mehr. Er war zu einem Outlaw - zu einem Miniatur-Schinderhannes geworden.

Ziska wienerte den Zapfhahn, als Hampitt Holbach die Wirtstube betrat.

Es irritierte sie nicht, daß Onkel Hampitt das Lohmüllersche Wirtshaus dem des lieben Gottes vorzog, sondern die Tatsache, daß er keinen Sonntagsstaat, statt dessen seinen »Hin-und-Her-Anzug« trug. Die Werktagskleidung, die er sonst auf dem Weg zur und von der Grube anzog. Außerdem schien ihr Holbachs Bündel dicker als sonst.

»Gehschd du net in die Kirch'?« fragte sie überflüssigerweise.

»Nä«, sagte Onkel Holbach, legte eine Mark auf den Schanktisch, trank seinen Knuppen, den ihm Ziska, die seine

Gewohnheiten gut kannte, unaufgefordert hingestellt hatte - ließ sich noch ein Bier zapfen. Er trank, griff sein Bündel und sagte, als Ziska sich an der Kasse zu schaffen machte: »Behalt den Rest, ich geh'n jetzt in die Welt. Wenn Menschen auseinandergehen, dann sagen sie Auf Wiedersehen!«

Nur dieser banale Satz war übriggeblieben von all dem, was er ihr mitzuteilen gedachte. Ursprünglich wollte er Shakespeare zitieren, der seinen Hamlet sagen ließ:

»Zweifle an der Sonne Klarheit,
zweifle an der Sterne Licht,
zweifle, ob lügen kann die Wahrheit,
nur an meiner Liebe nicht.«

Und er hatte gehofft, daß Ziska antworten würde:

»Treu wie Penelope auf ihres Gatten Odysseus
Rückkehr wartet, werde ich deiner harren.«

Doch das alles blieb wie sovieles im Leben auf der Strecke des Ungesagten.

Während das Blut wild durch seine Adern pulste, von dem es zu Recht heißt, es sei keine Buttermilch, reichte er der wie Lots Weib zur Salzsäure Erstarrten die Hand, die diese ebenso überrascht wie vorher die Mutter ergriff. Aber es blieb in der düsteren Lohmüllerschen Wirtsstube nicht beim Händeschütteln: Holbach umschlang in einer plötzlichen Aufwallung die Ziska, küßte sie heftig, worauf diese ebensoschnell ihre Erstarrung überwand, sich in Sekunden von der Salzsäule zum lebendigen Weibsstück zurückverwandelte, das wiederum schneller als ein Haufen Schwarzpulver einen Mann zu entflammen imstande ist. Onkel Hampitts Hände glitten ganz tief an Ziska herunter, fuhren unter ihre Röcke und wieder hinauf, fanden an ihren Hinterbacken Halt. Indessen gaben die Schenkel des Weibes nach wie die Butter an einem heißen Sommertag. Dann war es nur noch ein einziger Hosenknopf, eben angenäht an dem derben Sergetuch der Hose, der die drohende Unzucht am Sonntagmorgen vereitelte - ein lächerliches Hindernis an und für sich und erst recht für einen Holbach, aber angesichts der dramatischen Umstände und der damit verbundenen Erregung doch ein Hindernis, das sich gewissermaßen wie der letzte Spartaner in der Schlacht an den Thermopylen den Persern entgegenstemmte.

In diesem Augenblick, als die Flamme der Leidenschaft und Sinnenglut auch ihn dahinzuraffen drohte, als Onkel Holbachs zu allem entschlossene Finger endlich das elende Nichts dieses

Hosenknopfes ... da ertönte von der Tür her ein gequältes Quietschen, ein tiefes Seufzen und Stöhnen. Es war die Haustür, deren Angeln nach der Erbarmung eines Tropfen Öl schrien, dann tappende Schritte, denen ein hüstelndes Räuspern folgte.

»Schneiders Jäbchen«, flüsterte Ziska mit fliegendem Atem und wischte wie der Blitz hinters Büffett - indessen Hampitt Holbach seinen Hosenladen wieder zu schließen versuchte, was sich aus anatomischen Gründen, verbunden mit dem widerspenstigen Tuch, kaum leichter als das Öffnen erwies. Doch Jäbchen steuerte, nichtsahnend und »gudden Mörjen« krähend, den Schanktisch, das Büffett an, und lange bevor die schwachen Augen des versoffenen Meisters Zwirn sich an die Düsternis von Lohmüllers Wirtschaft gewöhnt hatten, hatte Onkel Holbach seine Beinkleider geordnet, da hatte aber auch Moira, die Schicksalsgöttin, den bereits geschürzten Knoten schon wieder gelöst.

Jäbchen, der mit ein paar Schnäpsen das Zittern seiner Hände beschwichtigen wollte, hatte die Absicht der hohen Frau, die die Fäden spinnt, vereitelt. Er hatte etwas getan, was sonst nicht einmal dem Göttervater Jupiter anstand.

Nichts und niemand konnte Hampitt Holbach jetzt noch zurückhalten: »Ziska, - also nochmals Wiedersehn, - ich geh'n in die Welt!« Damit drehte er sich auf dem Absatz um, ging zu dem auf der Bank liegenden Bündel, packte es, griff den Stock, kam zurück, trat dem nichtsahnenden Jäbchen wortlos in den Hintern und marschierte zur Tür hinaus. Das Klacken seiner Nagelschuhe auf den Flurfliesen, das diesmal jähe Aufschreien der sich unter seinen entschlossenen Händen öffnenden Tür - das war das Letzte, was Lohmüllers Ziska, was Nunkirchen von Hampitt Holbein hören sollte.

So kam es, daß zwei Fußtritte gewissermaßen wie Ausrufezeichen dastanden. Fanale, mit denen Onkel Hampitt sein Schicksal in völlig neue Bahnen lenkte. Für die Holbachsche Zukunft zwei Fensterstürze zu Prag sozusagen.

Rufen wir in unsere Erinnerung zurück:
Reisen war zu Hampitt Holbachs Zeiten etwas ganz anderes als heute. Der Reisende erlitt und erlebte die Distanz. Da aber an Not und Mühe gewohnt, übersah er die Leiden und hielt sich an das Erlebnis. Schon in den Nachbardörfern, in Weiskirchen,

Reimsbach, aber auch in Wadern sprachen die Leute einen anderen Dialekt. Allerdings fuhr kein Nunkircher, der halbwegs richtig im Kopf war, ohne Not nach Wadern - damals so wie heute.

Wadern, das bedeutete schon seinerzeit Krankenhaus, Polizei, Behörde, Notar, Steuereinnehmer, Anwalt, Gefängnis. Wenn ein Nunkircher zu seinem Vergnügen reiste, dann ging er nach Reimsbach oder Weiskirchen auf die Kirmes. Er kam sich dabei sogar ein bißchen wie Marco Polo vor, denn unterwegs hatte er allerlei Gefahren zu bestehen:

Auf dem Weg nach Reimsbach mußte er einen riesigen, unheimlichen Buchenwald, den »Großen Lückner«, durchqueren, während zwischen Nunkirchen und Weiskirchen der kleine Ort Thailen liegt, mit einer rebellischen Bevölkerung, wo schon die Kinder mit Steinen nach durchziehenden Kirmes-Wallfahrern schmissen. Aber - die Mädchen aus Thailen waren weithin berühmt für ihre Schönheit sowie für ihre wilde, ungezügelte Leidenschaft und frequentierten ebenfalls die Weiskircher Kirmes.

Manchmal unternahmen die Männer regelrechte Expeditionen in eine gänzlich fremde, aufregende Welt - zwanzig und noch mehr Kilometer weiter weg. Bei solchen Anlässen rangen dann die Frauen die Hände und riefen:

»Kinder, bet', euer Vater geht ins Bohnenthal!«

Wie hieß doch das kleine Gedicht, das die Alten den heranwachsenden Burschen als Ratschlag mit auf den Weg in die Fremde gaben:

»Die Nunkircher, paß auf, die foppen -
die Thailener, halt dich raus, die kloppen -
in Weiskirchen, da wird gedudelt -
in Reimsbach wirst du genudelt -
doch in Wadern, da wirst du auf den Kopf gestellt -
in Wadern, paß auf, da halt fest dein Geld.«

Vor diesem Hintergrund gesehen ist Onkel Hampitts Entschluß, »in die Welt« und gleich nach Amerika zu gehen, einem schneidigen Bravourstück ersten Ranges gleichzusetzen.

Amerika - das war noch weiter weg als Hermeskeil, Koblenz und Köln zusammengenommen.

Amerika - das lag schon so weit in der Welt, daß ihr Ende zum Greifen nahe sein mußte. Hampitt Holbach konnte sich nicht vorstellen, daß es jemanden gab, dem diese Welt nicht gefiel.

Er zog aber nicht mit dem Lauf des Wassers, nicht mit den breiten Bach- und Flußtälern, durch die sich meist die Wanderung des Menschen, der Zug der Kriegsheere und Zivilisationen zieht. Hätte er das getan, wäre er, durch die Nußheck' gehend, an der Groß' Bach vorbei auf die Prims gestoßen, wäre ihrem Lauf bis Dillingen gefolgt und hätte sich dann dem Tal der Saar anvertraut, die ihrerseits in die Mosel mündet. Ob er auf seiner Wanderung zwischen den lieblichen Rebhängen zu beiden Seiten der Mosel tatsächlich Koblenz erreicht hätte, da wo der Vater Rhein seine schöne Tochter Mosel in die Arme schließt, ist fraglich. Nicht, weil er sich womöglich in den Fußangeln der preußischen Justiz verfangen hätte - sondern weil es dort Versuchungen und Fallstricke mannigfaltigster Art gibt, die den Fuß eines Holbach nachhaltig zu hemmen imstande sind. Onkel Hampitt vielmehr schritt wacker nordwärts aus. Er umging Wadern, folgte danach ein Stück der zwischen mächtigen Buchen rauschenden Wadrill und widerstand mannhaft der Versuchung, unter den Steinen nach Forellen zu greifen.

Wollte er seine Spuren verwischen, die Obrigkeit irritieren? Oder war es sein Abenteuerblut, das ihn diesen Weg wählen ließ? Seine Liebe zu allem fließenden Wasser, aber auch zum Meer, die vor allem im Herzen des Menschen aus dem Binnenland so hoch und hell lodert? Und das, obwohl er sowenig von der Seefahrt verstand, daß er glaubte, mit »Backbord« sei die Schiffsbäckerei gemeint und mit dem Kommando »Schotten dicht« das Ende eines Marinegottesdienstes.

Niemand weiß es, niemand wird es je erfahren. Also rechnen wir die Antwort auf diese Frage auf das Konto der bereits erwähnten, unverständlichen Widersprüche, die einem Menschenleben die frische Farbe und überraschende Vielfalt verleihen.

Als er einige Dörfer passierte, wo ihm die Bauern mit offenen Mäulern nachstarrten, wie sie jeden anstarren, an dessen Schuhsohlen kein zweipfündiger Kuhfladen hängt, und wo die Frauen die Kinder von der Straße riefen, als er durchzog, da schlug er sich lieber in die Wälder, bis er, immer noch bergan steigend, Hermeskeil erreichte. Danach war er im Hunsrück und fühlte sich endgültig sicher. Hatten diese endlosen Forste nicht schon dem Schnapphahn Schinderhannes und seinen Spießgesellen Schutz und Zuflucht geboten?

Thalfang, Morbach, Kirchberg hießen die nächsten Stationen seiner Reise oder Flucht.

Von Kirchberg wäre er in ein paar Stunden in Koblenz und am Rhein gewesen. Aber nein - Hampitt Holbach schlug wieder einen Haken, ging weiter nach Gemünd, kaufte dort einen kleinen Nachen und ruderte mit diesem den Hahnen- und Kellenbach hinunter bis zu deren Zusammenfluß mit der Nahe unterhalb von Idar-Oberstein, weiter über Sobernheim, Münster am Stein, Kreuznach nach Bingen - wo er sich endgültig den Fluten des Rheinstromes anvertraute und sich von diesen bis nach Rotterdam in Holland tragen ließ.

In Rotterdam verkaufte Hampitt Holbach seinen Nachen für 12 Gulden, bezahlte den Passage-Preis von seinen Ersparnissen und schiffte sich an Bord der »Carpathia«, eines britischen Dampfers ein, »bound for New York«.

Er sprach, wie sollte er auch, kein Wort englisch. Doch der erste Ingenieur, Nikolaus oder »Nick« Lang, war ein Deutscher, der ihm nicht nur half, die Formalitäten zu überstehen, sondern ihn auch mit hinunternahm in den Bauch des Schiffes - und ihm die mächtigen Kessel zeigte, die gewaltigen Schwungräder, die zischenden Ventile und die stampfenden Kolben, wo verrußte Heizer mit schweißglänzenden Rücken unermüdlich Kohlen in die offenen Feuerschlünde schaufelten.

Einer der Heizer war ein junges, schwächliches Kerlchen, das nur mit Mühe die volle Schaufel bis hin zur Glut brachte; dem die Kraft fehlte, auf die der richtige Schwung folgt, der die Kohlen flach über die fast weiße Glut verteilt. Er sah kläglich aus, der Junge. »Hoffentlich hält er durch!« schrie Nick Lang durch den Lärm, der sich anhörte, als jagten sieben langgeschwänzte schwarze Teufel eine verschreckte arme Seele in einer Kesselschmiede herum.

»Zwei Heizer liegen im Lazarett. Eine wilde Bande. Die sind mit den Feuerhaken aufeinander losgegangen. Deshalb brauche ich jede Hand hier unten vor den Kesseln. Zwei, drei Tage - dann wird sich zeigen, ob er durchhält, der Harper, ob ihm Muskeln wachsen. Aber bis dahin ist es für ihn die Hölle.«

»Das kann ich nicht mit ansehen«, rief Onkel Hampitt und hängte seine Jacke über ein eisernes Geländer, spuckte in die

Hände, nahm dem Kerlchen die Schaufel aus der Hand und begann seinerseits, Kohle in den Feuerschlund zu schaufeln. Ratsch - fuhr das Blatt über das Riffelblech in den Kohlenberg, wobei Hampitt locker in die Kniebeuge wippte. Im Strecken drehte er sich halb herum, gab einen Schwung, als wolle er sein Werkzeug ins Feuer werfen, hielt es aber fest, so daß die Kohlebrocken sich wie ein schwarzer Sprühregen über den gesamten Rost verteilten. Nick Lang lachte anerkennend, während sich der Junge ächzend aufrichtete. Hampitt Holbach schippte noch eine Weile weiter. Für ihn war das nichts weiter als ein Spaß: die glatte Sohle, die nicht zu groben Kohlen, der Schaufelstiel in der richtigen Länge, in der Biegung passend ...

»Das ist sehr anständig von dir, Holbach«, schrie der Ingenieur, »das ist aber den Passagieren nicht gestattet!«

»Thank you, Sir, thank you very much!« sagte der Junge und gab Holbach die Hand, wobei er sich verbeugte.

»Hoffentlich hält er durch«, wiederholte Nick Lang auf dem Weg nach oben.

Dann hieß es »all respects ready to sea«, was »fertig zum Auslaufen« heißt.

Als sie nochmals in Southampton anlegten, bevor sie die große Reise über den Atlantischen Ozean antraten, da ging der Passagier Hampitt Holbach von Bord, und der Heizer John Peter Holbach heuerte an. Der Junge Johnny Harper erhielt einen Job in der Küche.

»Die Merchant Navy Britanniens hätte nicht mal Vasco da Gama als Navigator angeheuert, wenn er nicht von ganz unten, auf der alleruntersten Sprosse der Stufenleiter, heute als Heizer also, begonnen und sich nach und nach hochgearbeitet hätte. Ich hab auch in der 'Black Gang' mein Lehrgeld bezahlt. Also - nur Mut, Holbach!« erklärte Nick.

»Pah -« sagte der, »auf der Grube war ich Schlepper. Wer auf der ersten Leitersprosse steht, kann nicht tief runterfallen.«

Die meisten Heizer waren nach Liverpool abgewanderte Iren. Wild und doch sentimental, cholerisch, roh, versoffen, gotteslästerlich und tiefgläubig und zu aufrichtiger Freundschaft fähig, repräsentierten sie das komplizierteste, was es in Europa an menschlichem Temperament gab und gibt, eben das irische.

Sie waren stark. Mit Händen und Armen ausgestattet, die imstande waren, fünf Tonnen Kohle pro Wache in die ewig hungrigen Mäuler der Feuerschlünde unter den Kesseln zu werfen. Sieben Minuten waren ihnen vorgegeben, um die Kohle in die Feuerung zu schaufeln, sieben Minuten, um mit langen Stangen die Asche von den Rosten zu lösen, sieben Minuten, den Brennstoff in der Feuerung zu verteilen.

Dann folgte eine kurze Pause, in der die Heizer unter den Ventilatoren Luft schöpfen konnten, und es begann die nächste Runde der sieben maledeiten, hunderttausendmal verfluchten Minuten - eine Ewigkeit in vier langen Stunden, in einer Wache.

Hampitt Holbach hatte als Trimmer die Aufgabe, die Heizer mit einer Schubkarre mit einem adäquaten Kohlevorrat zu versorgen. Eine Arbeit, die ihm trotz allem leichter als die eines Schleppers auf Rosseln erschien. Schon nach zwei Tagen rückte er auf, wurde »Stoker«-Heizer, und da er erst ein paar englische Brocken aufgeschnappt hatte, prallten die unflätigen Verwünschungen der Liverpool-Gang von ihm ab wie Wasser von dem Federkleid einer Ente. Ihren Respekt hatte er ohnehin schon nach den ersten Minuten gewonnen. Die Schubkarre unter den Bunkern füllen, sie richtig ausbalanciert führen, die Kohlen mit Schwung dem Heizer schaufelgerecht zum akkuraten Zeitpunkt vor die Füße zu kippen, dafür brauchte er weder Anweisung noch Lehrbuch. Auch später nicht, als er zum »fire man« aufrückte.

Es war zwar heiß hier unten, doch nicht heißer als auf der sechsten Sohle in Rosseln. Aber hier hatte er zusätzlich eine glatte Ebene zum Schippen, Kopffreiheit und helles elektrisches Licht - und eine Schicht, die nur vier Stunden dauerte. Als Heizer auf einem Dampfer zu fahren, das war zwar alles andere als Zuckerlecken, war aber für einen Schlepper von der Grube Rosseln noch lange nicht die schlechteste aller dunklen Welten.

Obwohl das Wetter anfänglich gut, das Meer ruhig war, erschreckte ihn dessen unendliche Weite. Wenn sein Blick vergeblich einen Halt suchte und den erst wieder fand, als er unten war vor den Kesseln und mit nacktem, schweißglänzenden Rücken Kohle schippte, dann schrieb er in sein Tagebuch:

»Wasser, Wasser und nochmals Wasser. Wasser, soweit ich sehen kann. Wasser vorneraus und Wasser hintenraus. Rechts Wasser und links Wasser. - Wenn die Welt schon groß ist, das Meer ist sicherlich noch viel größer. Und ich, Hampitt Holbach, mittendrauf! Und nix zum Festhalten als das Schiff. Luft und Himmel zählen ja nicht. Eins steht jedenfalls fest - wer das Meer nicht gesehen hat, der weiß nix von der Welt.« Und weiter: »Wenn ich nicht im dunklen Bauch des Schiffes das Feuer schüren müßte, würde ich das alles für geträumt halten.«

Das Gefühl des Ausgeliefertseins dauerte und bedrückte ihn einige Tage.- Er dachte zurück an Lohmüllers Ziska, und er stellte sich vor, wie es gewesen wäre, wenn - und es beschlich ihn eine leise, pricklige Wehmut. Andererseits brauchte er sich nur die unabwendbaren Folgen auszumalen, wäre Schneiders Jäbchen nicht im entscheidenden Augenblick in die Gaststube geschlurft. Der alte Lohmüller wäre schon schlimm genug als Schwiegervater; die Grubenlampe mit dem Zapfhahn vertauschen zu müssen, noch schlimmer; die gesamte Lohmüllersche Bagasch' als unabweisbare Mitgift am allerschlimmsten. Keine Zeit mehr zum Fischen, das Thekenstehen nicht mehr als Vergnügen, sondern als Pflicht ...

Bevor er den Gedanken weiterspinnen konnte, gesellte sich Johnny Harper zu ihm. Der Junge sprach ein paar Worte Deutsch, Holbach radebrechte die ersten Brocken Englisch. Nick Lang hatte das Seinige zu dem »Sprachunterricht« getan und die Wachen entsprechend verteilt.

Johnny war ein netter, gescheiter Junge, im Gegensatz zu Hampitt Holbach viel zu früh von zu Hause ausgerissen, lange, bevor Körper und Seele soweit gehärtet waren, daß ihnen die Unbilden der Welt nichts mehr anhaben konnten. Hampitt Holbach achtete sein Wissen; seine Herzlichkeit half ihm, wenn er zusammenzubrechen drohte unter der Rohheit der Seeleute, und er erntete dafür die Zuneigung des Jungen und die Kenntnis des Englischen.

Hampitt Holbach lernte schnell. Er lernte, weil er die Notwendigkeit des Lernens einsah, weil ihn keine andere Autorität als die des Wissenmüssens dazu zwang. Dabei kamen ihm die Auftritte im Theater gut zupaß. Auswendiglernen, deklamieren, das konnte er. Er wunderte sich, wieviele Worte im Deutschen und Englischen fast gleich klangen: father = Vater, mother = Mutter, arm = Arm, hand = Hand, finger = Finger, garden = Garten, undsoweiterundsofort. Während er Kohlen schaufelte, repetierte er Vokabeln, übte er Konjugation und Deklination, jonglierte mit Präpositionen und Zeiten. »My father« - ratsch machte die Schaufel; »your father« - swisch, die Kohlen fegten vom Blatt; »his father« - ratsch; »her father« - swisch; ratsch - »our father«; swisch - »your father«; »their father« - ratsch.

»Uns begegneten ein paar mächtig qualmende, schwarze Dampfer. Doch das ist nichts im Vergleich zu dem Anblick eines Segelschiffes. Der Unterschied zwischen einem altgedienten, breitärschigen Grubenpferd und einem feurigen Araberhengst könnte nicht größer sein«, steht im Tagebuch.

Zwar kam es immer noch zu Mißverständnissen und viel Spott und Hänseleien auf seine Kosten, wenn der Maat »Turn to, lads!« - also »Aufgepaßt, Leute!« - kommandierte und er kehrtum machte oder nicht wußte, was zu tun war; wenn das Kommando »Splice the main brace!« ertönte, was auf britischen Schiffen seit altersher das Signal zum Empfang der Rumration ist; oder auch, wenn von »donkey's breakfast« die Rede war, vom »Eselsfrühstück«, womit der Strohsack, auf dem sie schliefen, gemeint war. -

Als Onkel Hampitt mal wieder seine Kohlen mit nicht zu knappem Schwung in den offenen Feuerrachen unter seinem Kessel schaufelte und, ein wenig außer Atem zwar, aber auch im Ratschen des Schaufelbleches und Fauchen des Feuers gut hörbar »I go, you go usw.« konjugierte; als er, ebenso konzentriert auf Hand- wie auf Kopfarbeit, den Rücken, die Schultern und Arme krümmte und streckte; da traf ihn das plötzliche Brüllen und Grölen wie ein Stich in die Brust. Die übrigen Heizer hatten sich ihm unbemerkt genähert und hielten sich vor Lachen die Bäuche. Onkel Hampitt richtete sich kerzengerade

auf, hielt in einer Hand die Schaufel wie Napoleon den kaiserlichen Säbel in der Schlacht bei Austerlitz. Seine Augen blitzten, als er schrie:

»You fucking bunch of motherfucking ape asses, you should go to hell!« - was soviel heißt wie: »Zur Hölle mit euch, ihr mutterschänderischen Affenärsche!« Da rissen auch die wildesten und bösartigsten unter den Liverpoolern staunend die Mäuler auf und nickten anerkennend.

»Der scheint in Ordnung zu sein«, sagten sie, »wer einen solch schönen, langen Fluch in einem Zug heruntersagt, der verdient allen gebotenen Respekt.«

Von diesem Zeitpunkt an knufften, stießen und boxten sie zwar an und mit ihm herum, doch das war ihre rohe Art, sich gegenseitig Sympathie und Wohlwollen zu bezeugen.

Das Nebelhorn blökte wie ein Ochs vorm Gewitter. Das bißchen Wasser, das rund um das Schiff zu sehen war, lag bleiern wie unter einer schweren Last. Die Bugwelle lief flacher aus als sonst. Die »Carpathia« machte nicht einmal mehr halbe Fahrt. Sie befanden sich über den Grand Banks. Jede Sekunde konnte vor ihnen ein Eisberg, ein fischender Schooner aus dem Nebel auftauchen.

Johnny Harper deutete nach Steuerbord: »Irgendwo dort drübcn licgt Ncufundland«, sagte er, »das ist eine ganz merkwürdige Insel. Sie ist förmlich eingekreist vom Fisch; Dorsch oder Kabeljau in erster Linie. Aber die Leute sind bettelarm. Viele sind aus Schottland, aus Irland hierhin gekommen. Doch in der Hauptstadt, in St.John's, gibt's mehr Millionäre als sonstwo in der Welt. Sie haben das Auspressen der Zitronen besonders gut verstanden. Einer der Boys auf der Public School stammte aus jenen Zirkeln.«

»Ist Neufundland schon richtig Amerika?« fragte Onkel Hampitt.

»Es ist schwierig: geographisch gehört es zu Nordamerika, politisch jedoch ist es eine unserer britischen Kolonien, und mit dem großen Kanada dahinter hat es auch so recht nichts zu tun, das ist nämlich eines unserer Dominions. Das heißt, das Ruder drehen und dafür sorgen, daß auf dem Schiff alles in Ordnung ist, ist Aufgabe der Kanadier, während der Kurs allein vom Kapitän bestimmt wird, und das ist das Parlament in Westminster und unsere Queen Victoria. Aber den Fischern ist das wahrscheinlich egal und den Indianern in den Wäldern hinter der

Küste ebenfalls. Die Fischer sind die zweitärmsten Schweine der Welt.«

»Und die ärmsten?«

»Das sind die Indianer.«

Onkel Hampitt schüttelte nachdenklich den Kopf, während sie ins Vorpiek hinabstiegen.

Die Indianer - die stolzen, freien, roten Krieger, die Reiter in der unendlichen Weite der Prärie - das sollten arme Schweine sein? Da mußte doch einiges nicht stimmen von dem, was er in den Büchern des Borromäus-Vereins gelesen hatte. Das Schicksal der Indianer interessierte ihn viel stärker als der schwer zu durchschauende politische Status der einzelnen Bestandteile des britischen Weltreiches.

Der aufkommende raume Wind, ein erst strammer, dann stürmischer Nordoster drückte die See bei dem anliegenden Westkurs halb achterlich, halb steuerbords auf die Flanke der »Carpathia«. Der mächtige Dampfer stampfte, schlingerte und rollte, taumelte in eine unablässige Schraubenbewegung; er holte über und torkelte durch die höllentiefen Wellentäler schlimmer als die Liverpool-Gang nach zwei Tagen Liegezeit im Hafen von Surabaya.

Onkel Hampitt wurde seekrank und schrieb mit zittrig-ungelenken Buchstaben in sein Tagebuch:

»Oh, was für ein Elend! Ich wollte, ich wäre tot! Jetzt muß ich büßen für meine Sünden. Wäre ich doch ins Hochamt gegangen oder meinetwegen nach Wadern ins Kittchen. Nirgends auf der Welt kann es so schlimm sein wie auf diesem Schiff. Zuerst hat man Angst zu sterben, dann hat man Angst, nicht zu sterben, was noch viel schlimmer ist. Und warum das alles?! Sollte ich, was ich nicht glaube, das Ufer des Meeres lebend erreichen, so werde ich dir, oh Heilige Barbara, Beschützerin der Bergleute, eine dreipfündige Kerze stiften. Ich verpflichte mich, nicht mehr zu rauchen, nicht mehr zu trinken, nicht mehr gegen das sechste Gebot zu verstoßen und nicht mehr unflätig zu fluchen. Das ist ein Gelübde.«

Auf hoher See, am 23. Mai 1896
gez. Hampitt Holbach
Zeuge: Johnny Harper

Ich, der Chronist Jupp Holbach, empfand bei dieser Tagebuchpassage Verständnis und Mitgefühl. Aus eigener schlechter Erfahrung konnte ich mir vorstellen, wie es um Onkel Hampitts Psyche und Physis bestellt war. Doch das erste, wenn auch von ihm noch unbemerkt trotzige Symptom einer Besserung fand ich bereits in der Eintragung des folgenden Tages, eine Entweder-Oder-Entschlossenheit, die tief im Holbach'schen Familiencharakter wurzelt. Da stand, in Anbetracht des rauhen Wetters in sehr stabilen Lettern geschrieben, mit einem Ausrufezeichen, das einem flammenden Fanal glich:

»Widerruf!
Hiermit kündige ich mein gestern abgelegtes Gelübde auf. Da weder St. Barbara noch sonst irgendein Heiliger sich um mich, den Bergmann und Heizer Hampitt Holbach, kümmert, soll meinetwegen der glühende Satan meine Seele holen. Wenn nur die verfluchte Kotzerei endlich auf...hört.«

Auf hoher See, am 24. Mai 1896
gez. Hampitt Holbach

Zwischen »auf« und »hört« war ein Abstand, eine Unterbrechung, lag ein anderes Opfer für Neptun.

Auf einen Zeugen hatte Onkel Hampitt diesmal verzichtet. Wie gern hätte ich ihm gesagt, daß St. Barbara für ihn nicht mehr zuständig sei, sondern die Heilige Mutter Anna, die Beschützerin der Seeleute, oder gar Petrus persönlich, wenn der auch mehr für die Fischer da ist. Doch wie soll sich ein Schiffsheizer, dem nicht einmal Seebeine gewachsen waren, der noch viel eher Bergmann war, in dieser verworrenen und auch nicht wenig hierarchischen, christlichen Mythologie zurechtfinden? Immerhin: Trotz ist ein untrügliches Zeichen wiedererwachenden Lebenswillens. -

Der Schlag traf die »Carpathia« brutal, plötzlich, fatal: In Sturm, Nacht und Nebel war der Dampfer der riffestarrenden Ostküste Neufundlands zu nahe gekommen; eine Grundsee hatte das Schiff auf einen der Felsen, die im lokalen Sprachgebrauch »Sinker« heißen, geschmettert und - wie es schien - mit Mann und Maus in »Davy Jones' Locker« geschickt. So nennen die britischen Seeleute seit altersher das nasse Grab auf dem Meeresgrund.

An ein Stück Treibholz geklammert, wurde Hampitt Holbach von einem der Caventsmänner in Richtung Ufer gerissen. Wie ein Blitz durchfuhr ihn das Gefühl des blanken Entsetzens, als er merkte, daß nicht nur sein letztes Stündlein geschlagen hatte - sondern daß er auch prompt zur Hölle fahren würde. Er hatte es dem Teufel schriftlich gegeben. Noch bevor er den Gedanken zu Ende führen konnte, brach die See über ihn; er schluckte gräßliches, salziges Meerwasser, er spuckte, er hustete, rang, wieder an der Oberfläche, nach Atem. Die Schwärze der mondlosen Nacht, das Tosen der Brecher, der wie ein sizilianisches Klageweib heulende Wind, der schreckliche Geschmack, den das Salzwasser an seinem Gaumen zurückließ, die Nässe, die Kälte, die seine Glieder gefühllos machte - seine Chance war die des Mäusleins in den gewaltigen Löwenpranken.

Aber der Löwe war satt.

Ganz unvermutet und erst nach und nach begreifend, fand Onkel Hampitt Grund unter seinen Füßen; er stolperte aus irgendeinem Instinkt heraus, das allen Wesen innewohnt, die in den Frühzeiten der Evolution dem Meer entstiegen sind, den Strand hinauf - und taumelte erst dann nieder, als ihn der Zorn des bösen, alten Löwen nicht mehr erreichen konnte.

Ob die Rettung dem guten, verzeihenden Gott zuzuschreiben war, ob der Satan sich von Hampitt Holbachs Erdenwallen ein besseres Geschäft versprach?

Ich, der Chronist, neige zu der Ansicht, daß überhaupt keine metaphysische Kraft ihre Hand im Spiele hatte, denn:
— wessen Haupt fürs Schafott bestimmt ist, der wird wohl kaum ersaufen (man vergesse nicht Tanta Trinas Bericht vom »Kopf auf der Mauer«);
— welcher Autor nimmt seinen Helden von der Bühne, bevor das Geschehen richtig in Schwung kommt?

Hampitt Holbach war dem Zorn des Meeres zwar entkommen, nicht jedoch seiner heimtückischen Gefährtin, der Kälte. Seine Zähne schlugen in klapperndem Stakkato aufeinander, seine Glieder schlotterten, er krümmte sich über einen nassen, glattgeschliffenen Felsblock, kotzte den allerletzten Rest der Seele aus dem wie unter schwerer Marter zuckenden Leib.

Bevor er jedoch die Augen für immer schloß, erblickte er das Licht!

Wie und in welcher Zeit es Hampitt Holbach gelang, zu der Fischerkate auf den nassen Felsen hinaufzustolpern, sich an den Holzwänden entlang zu tasten, eine Tür zu finden, diese Tür aufzustoßen - daran konnte er sich später nicht mehr erinnern. Irgendwann stand er in der Stube, stand im Scheine einer stinkenden, trüben, blakenden Funzel, die statt mit Petroleum mit geschmolzenem Dorschlebertran gefüllt war. Er stand da, ein geschundenes, halb ersäuftes Bündelchen Mensch mit salzwasserentzündeten Augen.

»St- St- Steamer Ca- Ca- Carpathia, Ha- Ha- Hampitt Holbach, H- Heizer, Glückauf!« stieß er hervor und rumpelte auf den Fußboden, hinein in die Wasserlache, die aus seinen Kleidern geronnen war.

Die Frauen schrien vor Entsetzen, die Kinder brüllten, versuchten sich in den Röcken der Frauen zu verstecken; die Männer glotzten mit offenen Mäulern - die Uralte im Schaukelstuhl kreischte:

»Ein Wrack, Boys, ein Wrack, los, packt euch, runter zum Strand, bevor die Bastarde, die Campbells von Come-by-Chance da sind und abräumen!«

Die Männer klappten ihre Mäuler zu, rissen ihre dicken Schafwollpullover über die struppigen Schöpfe, zogen die Gummistiefel an die Füße, stiegen in ihr schweres Ölzeug; einer

schnappte sich eine Sturmlaterne. Sie polterten hinaus. Die Alte blickte böse zu dem Holbach-Häuflein auf dem Boden hinüber.

»Schafft ihn raus«, keifte sie, »legt ihn in den Regen, eine halbe Stunde, dann isser hin - und wischt den Boden auf!«

»Nein, Grandma, das ist nicht so wie früher; Barmherzigkeit mit den Schiffbrüchigen - hat der Father noch am Sonntag gepredigt, versündige dich nicht!«

»Der alte Bibelbumser war doch immer der erste, der denen vom Wrack die Riemen über die Schädel gehauen hat, bevor wir MacGregors ...«

»Grandma, bitte, das ist schon lange her - Jesusmaria, steh uns bei und vergib ihr!« Die Frauen bekreuzigten sich. Die Alte schaukelte hin und her, her und hin, und nestelte einen Tabaksbeutel aus den Rockfalten, griff sich ihre Stummelpfeife, stopfte sie.

»Reich mir den Kienspan, Priscilla!« Während zwei der älteren Frauen Hampitt Holbach auszogen und trockenrubbelten, und die Priscilla Gerufene siedendes Wasser, Butter, Zucker,

Melasse und einen Schnaps, den sie »moonshine« nannten, in einer Viertel-Gallonen-Tasse zu einem starken, dampfenden Trank mischte, ein Gebräu, das jede noch halbwegs warme Leiche zum Leben wiederzuerwecken imstande war, paffte die Alte ihre Pfeife und murmelte unverständliche, aber gewiß nicht freundliche Worte.

»Gib ihr auch einen, Priscilla«, sagte eine der Frauen, »dann hält sie wenigstens Ruhe.«

Sie steckten Onkel Hampitt in warme, trockene Sachen, hüllten ihn zusätzlich in Decken, setzten ihn neben den Ofen und hielten ihm den dampfenden Grog solange unter die Nase, bis er mit einem fürchterlichen Nieser zu sich kam. Dann flößten sie ihm den Trank ein, und der war so stark, daß es nur eine Sekunde dauerte, bis er Onkel Hampitts Verdauungstrakt verlassen und sich unter sein Blut gemischt hatte, bis er ihn von innen heraus wärmte und vollends dem Leben zurückgab.

Die gebratene Dorschleber, die eine Fischerküche mit einem so ungeheuren Duft erfüllt, daß die Fliegen tot von der Wand fallen, und schwächere Charaktere alle Mühe haben, sich auf dem Stuhl zu halten; die gedünsteten Backpflaumen, die getrockneten Smelts, das Weißbrot, die halbe Gallone Kaffe und das ordentliche Maulvoll »moonshine« - das Frühstück also, das Hampitt Holbach am nächsten Morgen auf dem Ehrenplatz der MacGregors unter dem Bild des schottischen Volkshelden Bonnie Prince Charlie einnahm, war der rechte Klebstoff, Körper und Seele wieder zusammenzukitten. Und als Priscilla nicht lange danach erhitzt, mit roten Backen und kleinen Schweißtröpfchen auf der Oberlippe, das Mittagessen auftrug, das mit einem kräftigen Muschel-Chowder begann, mit in heißem Fett gebackenen Dorschzungen seinen Fortgang nahm, in einem Berg aus Salzfleisch, Speckgrieben, Klippfischen, Kartoffeln, Kohl und Steckrüben gipfelte und mit süßem, klebrigen Siruppudding, Tee und einem nicht zu knappen Schluck »moonshine« ausklang, - da fühlte sich Hampitt Holbach wieder so weit in Ordnung, daß es ihn nicht mehr in der warmen, dumpfen Stube bei den Frauen hielt.

Er schlüpfte aus den Decken und in seine inzwischen trockenen, wenn auch salzverkrusteten Kleider, ging unsicheren Schrittes und ein wenig schwindelig im Kopf mit den Männern zum Strand hinunter.

»Wird auch Zeit, daß er was tut. Wenn das alles ist, wenn er das einzige Strandgut bleibt ...« Die Alte spuckte verächtlich aus.

»Grandma, bitte ...« flehte Priscilla.

Hampitt Holbach sah sich um: Eine rohe, wilde, bizarre Felsküste, Inseln, Riffe, das Meer beherrschten die Szene. Die Felsen standen scharfkantig in der unablässig und mächtig heranrollenden Brandung; erst hoch über dem Spülsaum klammerte sich graubraunes Flechtwerk fest. In den Mulden duckten sich eine Handvoll verlorener, dicht aneinander gedrängter, kaum weihnachtsbaumhoher Fichten, deren Zweige der Wind auf der Luvseite abgesägt hatte. Erst viel weiter weg nach Westen, dem Landesinneren zu, in den Schluchten zwischen kahlen Bergköpfen standen struppige, zerzauste Nadelbäume.

In eine der weniger engen Senken zwischen den Küstenhügeln hatten die MacGregors ihre Wohnhäuser gebaut, ein gutes halbes Dutzend ausgebleichter, schmuckloser Holzkaten, die wie verwaschene Bauklötzchen zwischen den riesigen Felsquadern und überall da standen, wo sich ein paar Quadratfuß halbwegs ebener Boden zeigte. Dazwischen kleine, halb im Moos versunkene, windschiefe Schuppen, Brennholzstapel, Gerümpel, hochaufgeschossenes, saures Gras; herumtobende, verstruwwelte, zerlumpte, rotznasige Kinder, Hunde, während die weidenden Schafe das alles nichts anzugehen schien. Granit und nicht Menschenwerk prägt das Bild von Heart's Delight. So und nicht anders heißt die Siedlung, die Ian MacGregor vor hundert Jahren gegründet hatte und die seine Nachkommen jetzt bevölkerten.

Unten am Ufer der geschützten Bucht schien das zerbrechlich wirkende Stelzenwerk der Anlegestege, die kleinen Schuppen für den Salzfisch direkt an die Felsen geklebt; davor schwammen die hellgrauen, hochbordigen Boote, die Dory's. Wie ein Schwarm wassernder Möwen hielten sie den Bug in den Wind gesteckt.

Welch ein Schicksal, so fragte sich Hampitt Holbach, muß ein Mensch hinter sich haben, wenn er diese Armseligkeit »Heart's Delight«, des »Herzens Entzücken« nennt? Oder wenn es dem Menschen egal ist, wie das Land aussieht, wenn es ihm nur aufs Meer ankommt?

Ein Teil der Passagiere und der Besatzung der »Carpathia«, so hieß es, sei von einem vorbeifahrenden Küstendampfer aufgenommen und in St. John's an Land gesetzt worden. »Wenigstens sind ein paar gerettet!« Onkel Hampitt atmete tief durch.

Unten an der Pier nahm das Leben seinen Lauf. Leichen waren glücklicherweise nicht angetrieben, noch nicht.

»Mit denen gibt's die meiste Arbeit«, murmelte ein großer, vierschrötiger Kerl mit dem struppigsten Bart, den Hampitt Holbach je gesehen hatte. »Erstmal heißt es, einen Platz mit genug Erde finden und dann genug Holz für die Kiste, damit die verdammten Schlittenhunde sie nicht gleich wieder ausgraben!«

Die Fischer schoben ihre Ruderboote, die Dory's, ins Wasser und sagten, sie würden zum Pilken rausfahren, hochgehende Dünung störte und stört immer noch keinen Neufundlandfischer. Hampitt Holbach sah ihnen nach, wie sie sich rhythmisch pullend entfernten, bis sie endlich aussahen wie Papierschiffchen, die in der Regenrinne auf und nieder tanzen.

»Weit weg von daheim, Sir?« fragte der Alte, der die ganze Zeit von Holbach unbemerkt und unbeachtet auf einem entzweigesägten Faß auf der hölzernen Pier gesessen hatte.

»Ja - ein paar tausend Meilen werden's schon sein -«

»Soweit weg und dann so ein Unglück, ist das nicht schrecklich?! Die Schiffe werden immer größer, und wenn eins zu den Fischen abfährt, dann kommen viele, viele Leute um, viel zuviele der armen Kerle. Tausende gehen an Bord, und nur wenige kehren zurück. Was hatte der Dampfer denn geladen? Stückgut, Lebensmittel, Whisky womöglich ...?«

Das vordem gleichmütige Gesicht des Alten verriet Aufmerksamkeit, Interesse.

»Ich weiß es nicht«, sagte Hampitt Holbach, »ich war Heizer, hab' mit den Ladeluken nichts zu tun gehabt.« Der Alte murmelte irgendwas - es klang wie »Scheißgeneration, die jungen Kerle, wissen noch nicht mal, was der Kahn geladen hat, mit dem sie über die sieben Meere schippern, da waren wir andere Burschen, wir früher.« Es könnte auch was anderes gewesen sein, was er sagte. Er spuckte jedenfalls verächtlich aus, wechselte das Thema.

»Wie war denn der Winter in dem Land, wo du herkommst, ich meine, die Seehundsjagd?«

»Bei uns gibt es keine Seehunde, wir leben hundert oder gar zweihundert Meilen vom Meer entfernt.«

»Zweihundert Meilen vom Meer? Keine Seehunde?« Der Alte schaute Onkel Hampitt zweifelnd an.

»Mein Junge«, belehrte er ihn nach einer Weile, »zweihundert Meilen vom Meer weg, da kann kein Mensch existieren, nicht einmal die Deserteure, die sie 'masterless men' nannten, konnten das, auch nicht die Indianer. Niemand«, er sagte das mit Nachdruck, »kann mehr als hundert Meilen vom Meer weg leben, absolut niemand, no Sir!«

»Sag mal - Mister...« — »Ich bin kein Mister, ich bin Onkel Burr!«

»Sag mal, Onkel Burr, wo sind die Indianer jetzt, kann ich mal einen sehen?«

»Die Roten? Die sind alle da oben - « er deutete zum Himmel, »nein - besser, sie sind da unten, in der Hölle, und da und sonst

nirgends gehören sie hin, yes Sir. Als ich jung war, da hab ich auch 'n paar auf'n Weg dorthin gebracht. Gesindel, dreckiges, - klauten wie die Raben. Boote, Fische, Netze, Anker, alles klauten sie. Aber wir gaben's ihnen mit unseren Seehundsflinten, Kaliber 10, mit durchgefeilten Sechszoll-Nägeln, alten Schrauben und allerhand Schrott geladen. Jetzt braten sie in der Hölle. Geschieht ihnen recht, yes Sir.«

»Einfach so erschossen - ?«

»Yes Sir, bis sie alle waren! Bis sich nichts mehr regte in den Wäldern. Wir haben's ihnen gegeben, den verdammten Bastarden.« Als Hampitt Holbach nicht gleich antwortete, den Schock erstmal verdauen mußte, zog ihn der Alte am Ärmel und flüsterte:

»Ist ein schlechter Ort hier, keine guten Leute, die MacGregors, das sind Katholiken, Strandräuber, Schafsdiebe von altersher, Gesindel, schon damals in Schottland. Du solltest gut aufpassen oder besser mitkommen nach Come-by-Chance, dort drüben, vier Meilen nach Osten, hinter Prunellas Buttocks, da leben rechtschaffene und gottesfürchtige Anglikaner, die Campbells.«

Hampitt Holbach ließ den Alten, der sich Onkel Burr nannte, sitzen und ging wortlos weg.

»Der Feind der tapferen Indianer ist auch mein Feind , und die MacGregors haben mich gut aufgenommen, bei rechtem Licht besehen mir sogar das Leben gerettet. Auch wenn sie Schafe haben mitgehen lassen, damals in Schottland - ich hab ja auch mal Fische gew... gefangen, zu Hause, beim Baron von Piwetzki.«

Am Abend, als sie in der warmen Stube um den Tisch saßen und die getrockneten Smelts knabberten, die hier »Capelins« heißen, und dazu Melasse-Bier tranken, fragte einer der Männer, 'Braham, eher beiläufig: »Was wollte er von dir, der alte Jacketar Burr?« Hampitt Holbach berichtete, wie er ganz harmlos begann und dann wissen wollte, was die »Carpathia« geladen hatte und enttäuscht gewesen war, daß er ihm keine Auskunft geben konnte.

»Geschieht ihm recht, dem alten Spion. Hier rumschnüffeln, weil uns die Ehrfurcht vorm Alter verbietet, ihm eins überzuziehen, wie er's verdient. Aber sag mal - weißt du wirklich nicht, was der Dampfer geladen hatte?«

»Nein, ich schwör's beim Grabkreuz meiner Großmutter!«

»Jetzt schwört er, jetzt versündigt er sich auch noch, dieser nichtsnutzige Kerl, ihr hättet auf mich hören sollen, ihn in den Regen legen sollen«, keifte die Alte aus ihrem Schaukelstuhl. »Ein unnützer Fresser, womöglich so ein Sauhund von Engländer, oder gar ein Campbell - es gibt viele Schafsfelle, in denen sich der Wolf verbirgt, nach allem, was sie unseren Altvorderen damal schon in der Heimat, in Schottland angetan hatten, in Glencoe, wo sie die Mannesblüte unseres Clan hinschlachteten, Gott strafe England, diese elenden Ketzer und Schafsdiebe, der Herr stoße sie in die ewige Verdammnis, ins Höllenfeuer!«

»Grandma, willst du nicht lieber jetzt deinen 'moonshine', dein Schnäpschen?« Es war Priscilla, die sie unterbrach. »Ja gib mir ein Glas her, bevor er alle ist - seit der Kerl hier im Hause lebt, kommt die Flasche ja nicht mehr vom Tisch.«

»Bitte, Grandma, bitte«, Priscilla sah Hampitt Holbach mit einem Verständnis heischenden Blick an. »Entschuldigen Sie, Sir, Grandma ist schon vierundneunzig und vergißt manchmal, was sich gehört.«

Onkel Hampitt nickte und zitierte aus Schillers »Maria Stuart«:

»Es kann der Brite dem Schotten nicht gerecht sein,
das ist ein uralt Wort ...
Die Hand am Schwerte, da schau'n sie sich drohend
von beiden Ufern an, seit tausend Jahren.«

»Was hat er gesagt, der hergelaufene Kerl?« Die Alte wandte sich an Priscilla.

»... daß sie seinerzeit ja auch schon Maria Stuart hinmordeten«, erklärte Onkel Hampitt.

»Das ist ihr recht geschehen, die hat ja auch nicht viel getaugt, in jedem Korb ein fauler Apfel ...«

»Bitte, nochmals, Grandma, hier ist dein Schnaps ...« Sie griff gierig nach dem Glas und grummelte dann nur noch unverständliches Zeug.

Als zwei Tage vergangen waren, fand sich Onkel Hampitt auf jenem Element wieder, das nicht nur keine Balken hat, sondern ihn um Haaresbreite mit Stumpf und Stiel verschlungen hätte. Erst hatte er gezögert und ein paarmal geschluckt, um den säuerlichen Geschmack, der tief aus seinem Magen kam, wieder runterzubringen. Doch solch dicke Fische zu fangen, wie er sie auf der Pier hatte liegen sehen, dafür hätte er selbst mit des Leibhaftigen stinkender Großmutter Polka getanzt ...

Allein schon das Gezäh, das Werkzeug, mit dem die Neufundlandfischer Dorsche fingen, war imponierend. Das waren keine winzigen Messingdinger, die der geringste Luftzug davonwehte, sondern bleibeschwerte, pfundschwere Lorbasse mit Haken, rostig zwar, aber imstande, eine geschlachtete Mastsau zu tragen. »Jigger«, Pilker nannten die Neufundländer diese Köder.

Hampitt Holbach hielt sich eher an den Riemen fest, als daß er damit arbeitete, doch sein Dory-Partner 'Braham war ein gutmütiger Riesenkerl, und wenn der sich ins Zeug legte, schoß das Boot förmlich am Ufer vorbei. Danach kamen sie in den Bereich der mächtigen Dünung des Atlantik mit ihren beeindrukkenden, langgezogenen Wellen. Onkel Hampitt wäre am liebsten weggelaufen, irgendwohin wo Bäume wachsen und der Boden stabil, fest und solide ist. Doch - hélas - das war nicht möglich.

Während Hampitt ein schiefes, verkrampftes Lächeln versuchte, peilte 'Braham die bereits beängstigend weit entfernten Landmarken an, stopfte sich eine Pfeife und rief: »Hier ist der Platz - runter mit dem Jigger!«

Die Bleibatzen spiralten in die blaugrüne Tiefe, zogen die starken, geteerten Handleinen hinter sich her. »Wenn du Grund spürst, zieh den Haken anderthalb Fuß hoch und mach mir's nach - es ist kinderleicht!« 'Braham stand jetzt breitbeinig im Dory, riß mit dem Arm die Schnur hoch, ließ sie wieder sinken, hoch und runter, immer wieder. Zwischendurch legte er den Kopf schief, als lausche er ins Meer hinein. Onkel Hampitt machte es ihm nach, war aber vorsorglich sitzengeblieben. Da lief auch ein Zucken durch die Leine an seine Finger, er spürte einen Widerstand, dann mußte er ordentlich festhalten.

»Fisch - ?« fragte 'Braham.

»Fisch!« strahlte Onkel Hampitt, stemmte die Füße gegen die Bootsspanten, zog den sich mächtig wehrenden Dorsch vom dunklen Meeresgrund herauf ans Tageslicht. Ein letzter Ruck, und dann zappelte das dickköpfige Ungeheuer im Boot; es mochte einen Meter lang und gut vierzig Pfund schwer sein.

»Jesus Maria - was für ein Mordskerl, aber was jetzt?«

»Die dicksten nehmen den Köder zuerst!« erklärte 'Braham. Als er merkte, daß sein Partner in Not war und nicht wußte, wie er sich dem Riesenmaul gefahrlos nähern bzw. den Fleischhaken herausziehen sollte, griff er mit der Linken dem Dorsch zwischen die Glubschaugen, drehte mit der Rechten mit einem

Ruck den Köder heraus und warf den Fisch achtlos auf den Boden des Dory's.

Dann rief auch er »Dorsch« und begann, Hand über Hand schnell und immer schneller die Leine über die Bordwand zu ziehen. Onkel Hampitt sah, wie erst ein dunkler Schatten auftauchte, aber rasch Kabeljau-Konturen annahm, der in engen Spiralen heraufkam und im Bruchteil von Sekunden bei seinem Kumpel in der Bilge herumzappelte. Seiner war größer, das hatte Onkel Hampitt mit einem raschen Blick aus den Augenwinkeln bemerkt, aber da zuckte, zerrte es schon wieder an der Schnur, und auch 'Braham lachte das Angelglück. Fisch auf Fisch flog über die Bordwand, manche Dorsche warteten nicht einmal ab, bis der Pilker den Meeresgrund erreicht hatte. - Es gibt nichts Gefräßigeres unter der Sonne als einen Kabeljau.

Hampitt Holbach schrie in heller Begeisterung, klatschte sich mit der freien Hand auf die Schenkel; das steckte den immer ein wenig traurig blickenden 'Braham so sehr an, daß dessen vorsichtiges Grinsen sich zu einem schallenden Lachen auswuchs, als er einmal einen Dorsch am Schwanz gehakt hatte und dieser im Rückwärtsgang die Bordwand passierte.

Hampitt Holbachs Angst vor den lauernden Gefahren der See hatte sich angesichts dieses biblischen Fischzuges wie ein Nebelfetzen in der warmen Morgenbrise verflüchtigt.

Doch was war das schönste und erfolgreichste Pilken gegen die Spannung und Aufregung bei der Arbeit mit der Langleine, die die Neufundlandfischer »trawl« nennen! Zwar mußten sie dafür noch weiter hinaus aufs offene Meer rudern, weit hinter die Barriere der Sinker, aber Onkel Hampitt machte sich nichts mehr draus, inzwischen waren ihm wieder Seebeine gewachsen. Oft überfiel ihn eine tiefe Wehmut, wenn er daran dachte, daß seine Freunde Johnny Harper, Nick Lang, die Liverpool-Gang dort unten ihr nasses Grab gefunden hatten. Aber viel Zeit blieb ihm dazu nicht: Hunderte von Haken mußten mit Heringsfetzen bestückt, Leinen entwirrt, Steinanker, die »Killiks«, verlegt werden.

Und wenn sie die Leinen, den Fang einholten - das war für Onkel Hampitt wie das Aufreißen von unendlich vielen Zaubertüten. Oft gab es zwar Nieten, leere Haken, aber nicht selten auch dicke Gewinne: rotgepunktete Flundern, größer als die Abtrittsdeckel zu Hause, gelbgefleckte Quappen, die sich wie Aale mit ihren Schwänzen um die Unterarme wickelten, Meerschnecken, Kuttendeckel - die geflügelten Rochen, grimmige, meterlange Steinbeißer, ab und zu mal ein breitköpfiger Katzenhai, zwischendurch eine langbeinige Meerspinne, die sich nicht schnell genug von ihrer Beute lösen konnte. Meist waren es jedoch Dorsche, manche so lang und dick wie ein Mastschwein. Einmal fingen sie einen zentnerschweren Heilbutt, dem sie erst eins mit der Keule, dem »Priester«, über den Kopf gaben, denn ein großer Heilbutt hat mit seinem muskulösen

Schwanz schon manchem Fischer den Arm oder das Bein gebrochen, oder sogar die Bootsplanken zertrümmert.

Der junge, flinke Hamish MacGregor, den der alte Seamus als Kundschafter auf dem Landweg zu den Campbells nach Come-by-Chance geschickt hatte, kam außer Atem angerannt, das Teleskop wie den Stab eines Staffelläufers in der Hand schwenkend. »Sie bringen schwere Ki- Kisten an Land, sie haben sie in Calvin Campbells Fischschuppen getragen!»

»Hab ich mir's doch gedacht«, murmelte Seamus. »Es ist Neumond-Springtide, das Wrack hat sich verschoben, da sind sie bei tiefster Ebbe in die Ladeluke des Dampfers gekrochen - vor einem Campbell ist nichts und niemand sicher. Früher waren's die Schafe, heut' ist es das Strandgut. Aber das hast du rechtschaffen gemacht, mein Junge, du wirst noch ein richtiger MacGregor. Gib mir das Fernglas wieder!«

Die Neuigkeit hatte und machte flinke Beine. Mehr und mehr Fischer fanden sich auf der Pier ein. Die wildesten Spekulationen über den Inhalt der von den Campbells geborgenen Kisten flogen hin und her. Banknoten, Tafelsilber, wertlose technische Apparate, Goldmünzen oder gar Whisky; ein Gruß vielleicht aus längst vergangenen, aber in der Überlieferung unvergessenen Highland-Tagen, womöglich ein Glenfiddich oder ein Cardhu oder ein süßer Drambuie, an dem auch die Frauen mal gerne nippen?

Hampitt Holbach stand am Rande der Runde und biß sich auf die Lippen. Der alte Burr hatte Recht! Er hätte wissen müssen, was die »Carpathia« nach Amerika transportierte. Man schippert einfach nicht wochenlang auf einem solchen Kahn übers weite Meer und weiß nicht einmal, was er geladen hat!

Das Wrack hatten sie inzwischen bei den Bun Rocks ausgemacht, zwar nur etwa sechs Meilen von Heart's Delight entfernt, doch in Gewässern, die die Campbells für sich beanspruchten, jenseits von Come-by-Chance. Da unbemerkt heranzukommen, wäre allenfalls nachts möglich gewesen, aber nicht einmal der tapferste MacGregor würde sich in der schwarzen Neumonddunkelheit in den Bauch des toten Schiffes trauen, in dem die Seelen all der eben erst ertrunkenen Seelords herumspukten.

Wenn man wenigstens eine Ahnung gehabt hätte, was die Luken bargen ... Die Blicke, die Onkel Hampitt trafen, waren voller unausgesprochener Vorwürfe.

»Es ruft uns jetzt der Hörnerklang, das Vaterland zu verteid'gen!« Onkel Hampitt trat entschlossen in die Runde:»Ich rudere rüber - heute nacht - ich werde rausfinden, was in den Kisten ist!«

Die Fischer riefen aufgeregt durcheinander: Es ist zu gefährlich, schrien die einen, halb so schlimm, die anderen; einige erklärten, sie würden selbst rüberrudern, wenn nicht gerade zu diesem Zeitpunkt dieses oder jenes unaufschiebbar anläge, aber es wäre schon gescheiter, wenn Holbach es machte; einen Fremden aus dem fernen Europa würden die Campbells vielleicht mit einer Tracht Prügel davonkommen lassen.

Doch da tauchte ein anderes Problem auf: Wie mochte es Onkel Hampitt gelingen, der Aufmerksamkeit des zwei oder drei Dutzend Köpfe starken Aufgebots der Campbellschen Hunde zu entgehen? Das waren halbwilde, riesengroße Bestien, die im Winter schwere Schlitten zogen, jetzt aber von jeder Aufgabe freigestellt, voller böser Absichten in Come-by-Chance herummarodierten.

Sie würden jeden Fremden mit großem Gekläff und Gebell ankündigen, soweit ihnen nicht der Sinn danach stünde, diesen gleich in Stücke zu reißen. Die Hunde würden jedenfalls auf die fremde Nationalität, Untertan des Kaisers hin, Untertan des Kaisers her, nicht die geringste Rücksicht nehmen.

»Wer von euch hat eine Hündin, die gerade heiß ist?« fragte Onkel Hampitt in die Runde.

»Mein Turnover Girl ist soweit, ein bißchen spät dran, dieses Jahr, warum?« fragte Crooked Nose Josuah zurück.

»Ich nehm sie mit, sie wird die Rüden aus Come-by-Chance ablenken, ihre Hündinnen werden hinterherlaufen.«

»Nein, nie und nimmer«, rief Crooked Nose Joe, »und hinterher hab ich all die Campbell-Hundebrut am Hals, nein, von denen möchte ich nicht einmal einen Wurf Welpen, no Sir!«

»Zieh ihr einen Kartoffelsack über den Hintern, dann kommt kein Rüde dran - Turnover Girl ist die einzige heiße Hündin in Heart's Delight, sie muß ihre Pflicht tun!« erklärte Seamus ungerührt. Die anderen nickten mit ernsten Mienen.

»Und wenn kein Whisky in den Kisten ist, sondern irgendein unbrauchbares Zeug, dann ist das Opfer meines armen Turnover Girls vergeblich gewesen. Sie werden sie in Stücke reißen, wie damals in Glencoe ...«

»Halt's Maul und bring den verdammten Hund runter zur Pier, so um Mitternacht, zwei Stunden vor Hochflut!«

Als Pfadfinder und Lotsen hatten die Männer den fixen Hamish ausersehen, den Kundschafter mit dem Teleskop. Noch am Nachmittag war eines der Dory's schwarz geteert worden - jetzt trugen Hamish MacGregor und Hampitt Holbach schwarzes Ölzeug, ihre Gesichter hatten sie mit schwarzem Ruß bemalt, nur das Weiße in den Augen, die Zähne leuchteten im trüben Schein der Tranlampen. Hamish bibberte vor Aufregung, Hampitt Holbach ebenfalls - aber er zeigte es nicht.

Endlich kam auch Crooked Nose Joe mit dem kokett schwänzelnden Turnover Girl. Die Hündin steckte in einem Mehlsack, in den hinten ein Loch geschnitten war, durch das der Schwanz herausragte. Auch für die Läufe waren Löcher herausgeschnitten; zwei Bänder, über Hundebrust und Hundebauch gekreuzt, hielten den Sack an Ort und Stelle. »Five Roses Wheat Flour« stand auf der Flanke der Hündin.

»Gebt ihnen einen ordentlichen Dram moonshine, vielleicht ist es ihr letzter!« Jung-Hamish stürzte die Nervenverstärkung in einem Zug herunter. Das hätte er nicht tun sollen. Um ein Haar wäre er schon vor dem Spähtruppunternehmen außer Gefecht gesetzt worden. Aber nach ein paar Minuten schrecklicher Husterei und einigen kräftigen Schlägen auf den Rücken kam er wieder zu sich. Seamus reichte eine Petroleumlampe »mit gekauftem Petroleum«, das besser leuchtete als der blakende, rußende Dorschlebertran, und ein Brecheisen, eine rostige Seehundsflinte Kaliber 10 ins Boot.

»Sie ist geladen«, sagte er, »ein Viertelpfund Pulver und ein halbes Pfund kleingeschlagener Eisenstücke, - ein Schuß muß reichen.«

Ein schwarzes Dory, zwei schwarze Gestalten; sie ruderten mit schwarzen Riemen lautlos durch die schwarze Nacht. Nur da, wo die Ruderblätter ins Wasser tauchten, phosphoreszierte das Meer wie funkelnde Diamanten auf schwarzem Samt. Turnover Girl fiepte leise.

Die trüben Lichter von Heart's Delight waren längst verschwunden. Sie pullten durch Osim's Tickle, rundeten Wreck Point Cape, das die Heart's Delight Bay von der Come-by-Chance-Bucht trennt. Damit befanden sie sich in feindlichen Gewässern. Jimmy gab der Hündin eine ordentliche Kopfnuß, um das enervierende Fiepen abzustellen. Sie jaulte kurz auf.

Zur Küste hin hätte man jetzt eigentlich die Lichter der Campbellschen Häuser sehen müssen. Aber da war nicht der geringste Schimmer; Come-by-Chance schien fest zu schlafen.

Turnover Girl hatte sich erhoben, schnupperte über die Bordwand hinweg.

»Ich glaube, wir setzen sie hier aus«, flüsterte Hamish. »Dann sind die Köter hier, und wir dort drüben.« Er deutete irgendwohin in die undurchdringliche Dunkelheit.

Turnover Girl heulte gotteserbärmlich hinter ihnen her, doch das erweckte nur die Aufmerksamkeit und das Mitgefühl der Campbellschen Schlittenhunde. Aus dem verschlafenen Gekläff einiger weniger erhob sich ein dröhnender Chor rauher Rüdenkehlen. In Nullkommanichts würden sie sich in Bewegung setzen, um den Ursprung des klagenden Hündinnengesanges und des betörenden Duftes in Augenschein zu nehmen und nicht nur das ...

Daß Hunde aus irgendeinem Grunde mitten in der Nacht bellen, passiert auf Neufundland immer wieder, beunruhigt jedoch kaum jemanden. Es kommt darauf an, wie die Hunde bellen. Normalerweise dreht man sich auf die andere Seite und schläft weiter. Diesmal klang es nicht, als habe sich etwas Außergewöhnliches ereignet.

Mit lautlosen Ruderschlägen näherte sich das schwarze MacGregor-Dory Calvin Campbells Fischschuppen. Wie der Junge dorthin fand, bleibt ein Geheimnis. Es war nichts zu sehen, und wenn, dann allenfalls eine pechschwarze Kontur, noch einen Ton, eine Schattierung schwärzer als die übrige Nacht. Irgendwelche in der übrigen Welt verschütteten Instinkte, die den Neufundlandfischern erhaltengeblieben waren, mochten Hamish den Weg gedeutet haben.

Sie legten vorsichtig an der hölzernen Pier an, warteten eine Weile. Nichts war zu hören, außer dem jetzt fernen Gebell der Hunde.

»Bleib hier und paß auf!« flüsterte Hampitt Holbach, schnappte sich die Petroleumlampe, ein Brecheisen und stieg auf die Plattform. Die Tür zum Schuppen war nun angelehnt.

Als er hineinschlüpfte, schlug ihm ein Gestank entgegen, wie er nur bei der Metamorphose von Dorsch zu Salzfisch entstehen kann. Er zündete die Lampe an, drehte aber den Docht herunter, soweit es eben ging.

»Wahrscheinlich stecken die Kisten unter diesem Fischberg, also an die Arbeit!« sagte sich Onkel Hampitt. Es dauerte nur Minuten, da kam ein Holzdeckel zum Vorschein, dann noch einer, undsoweiter. Mit dem Brecheisen stemmte Onkel Hampitt erst die Quer-, dann die Längsbretter auf, wühlte die Hand, den Arm hinein. Mmhh, das war Blech, irgendwelche Blechteile. Er öffnete die übrigen Behältnisse, hob die Lampe: Blech, Blech und normales Blech in allen fünf Kisten, nichts außer Blech.

»Verdammt und zugenäht«, Hampitt Holbach fluchte leise. »Aber da steckt doch noch was dahinter ...«

»Licht aus, Sir, bitte schnell«, zischte Hamish vom Dory herauf. Hampitt Holbach pustete die Flamme weg. Die Schwärze der Nacht war absolut - schwärzer war nur die Hölle. Er packte das Brecheisen fester.

»Da drüben - ich seh was, ein Dory, Sir!« wisperte es aus dem Boot. Unter den fernen Lärm der Hunde mischte sich ein leises Platschen von Riemen, der Ton gedämpfter Stimmen.

»Die rudern rüber zu Calvin Campbells Wohnhaus!« Jetzt konnte auch Hampitt Holbach den Schatten ausmachen, der sich in Richtung hintere Bucht bewegte. Offensichtlich hatten die Insassen der Boote nichts von dem Licht bemerkt, das durch die Ritzen des Fischschuppens gefallen war. Vielleicht hatten sie's für Meeresleuchten gehalten oder waren zu sehr damit beschäftigt, in der ägyptischen Finsternis Kurs zu halten.

»Es sind drei Mann im Boot!« flüsterte Hamish. Das Ablenkungsmanöver!

Jetzt war's klar. Die Kisten unter dem stinkenden Salzfisch, das war der Köder, der auf die falsche Spur führen sollte - doch warum die Heimlichkeiten den übrigen Campbells gegenüber? »Vielleicht - weil sie Whisky nicht trinken dürfen, wenn sie den an Land bringen. Weil sie dreckige Anglikaner sind und ihr Reverend hat's ihnen verboten«, mutmaßte der junge MacGregor.

Vorsichtig folgten sie dem Campbellschen Boot, hielten sich nahe unter Land, blieben unsichtbar im Schatten von dessen Konturen. Die Flut stand kurz vor ihrem Höchststand. Sie beobachteten, wie die drei Gestalten ächzend und zwischen den Zähnen Verwünschungen hervorstoßend, schwere Kisten auf's

Trockene hievten. Während die Campbells wieder ins Dory stiegen und mit energischen Riemenschlägen in die Bucht hinaus pullten, machte sich Hampitt Holbach mit dem Brecheisen über die eben gelandeten und jetzt verlassenen Behältnisse her, griff hinein - und zog eine Flasche heraus.

»Aha, Freundchen, das ist es. Ihr wollt den Stoff alleine austrinken. Aber bei dieser Mahlzeit werden wir mitessen, und das nicht zu knapp.« Er stemmte mit einem rostigen Nagel den Korken heraus, kostete. »Mmh«, sagte Onkel Hampitt, und schnalzte mit der Zunge, »schmeckt wie flüssiger Bernstein«, er nahm noch einen Schluck, »ein Tröpfchen, einen wandernden Gott zu laben, aber los jetzt, ins Boot, und rüber zum Salzfisch! Wir tauschen die Waren aus!« kommandierte er.

So schnell es nur ging ruderten sie zum Schuppen zurück. Trotz der Hochflut, die das Dory hoch aufschwimmen ließ, war es ein hartes Stück Arbeit, die Kisten mit dem Blechkram zu verfrachten. Das Wasser gluckste fast bis an die Duchten.

Sie legten sich in den Schatten einer Felseninsel und warteten, bis die Campbellschen Strandräuber vorbei gerudert waren.

»Auch wenn der Fuchs zum Beten die Hände faltet, sollte die Henne auf Distanz bleiben. Stimmt's nicht, Sir?!« flüsterte der Junge.

Die Come-by-Chance-Männer ächzten mit zwei weiteren Kisten an Land.

Als sie wieder weg waren, erklärte Hampitt Holbach: »Offensichtlich kommen sie nur noch einmal, sonst hätten sie auch jetzt drei Kisten gebracht; das erstemal drei, dann zwei und zwei. Sonst geht's nicht auf. Also - an die Arbeit!«

Sie schufteten wie die Berserker, stapelten die in Stroh verpackten Flaschen ins Dory, brachten sie zurück zum Fischschuppen, trugen die jetzt leichten Behälter hinein, stapelten mit fliegenden Händen Salzfisch darüber. Es sah aus wie zuvor. Nur die Köderkisten im Fischschuppen waren jetzt leer, und die echten Whiskykisten waren - wenn auch mit Blech - voll.

»Schnell, wir müssen uns beeilen, wenn sie merken, daß was mit ihrem Schnaps passiert ist, dann gibt's Zunder!«

Draußen zog das Campbell-Dory zum letzten Mal lautlos vorbei.

»Darf ich auch mal einen Schluck, Sir?« fragte Jung-Hamish.

»Okay, wenn ein Junge seinen Mann steht, darf er auch wie ein Mann trinken.« Hamish hob die Flasche an den Mund, nahm einen ordentlichen Schluck, unterdrückte mit Mühe ein Husten. »Schmeckt wie - wie gekaufter Whisky, Sir.«

Hampitt Holbach kannte zwar alle heimischen Obst- und sonstigen Schnäpse, doch Whisky hatte er noch nie getrunken.

»Wir werden sehen«, schnitt er Hamish das Wort ab. »Laß uns jetzt abhauen!«

»Einen Augenblick noch, nur einen winzigen Augenblick!« Damit verschwand der Junge hinter den Schuppen.

»Verdammtnochmal, was soll das denn?« zischte Holbach, als Hamish, unter einer schweren Last keuchend, wieder erschien.

»Dort drüben, nur ein paar Schritt, da ist ein Pferch mit Schafen - und eins, nur eines, mußte ich den Campbells einfach wegnehmen. Wenn sie auch nochmal rübergehen und auch eins holen wollen, Sir?«

»Nein, nein, ich bin doch kein Schafsdieb, du verdammter Himmelhund. Der Apfel fällt nicht weit vom Stamm, aber jetzt vorwärts.« Sie legten das gefesselte und geknebelte, quiemende, zappelnde Schaf oben auf die Ladung, vertäuten es mit ein paar Seilen auf den Duchten. »Wo sind die Ruder?« zischte Hampitt Holbach.

»Was, wo, welche Dinger?« fragte der junge Viehdieb. Er errötete ein wenig, aber das sah man nicht in der Nacht.

»Die Riemen, Junge, die Ruder!«

Hier und jetzt muß ich als Kommentator eingreifen und dem geneigten Leser, der geschätzten Leserin, eine Erklärung abgeben:

Das Wort »oar« heißt im Englischen »Ruder« oder Riemen. Das Wort »whore« heißt - warum drumherum reden - »Hure«. Nun haben aber die Neufundländer die Angewohnheit, einem Vokal am Anfang eines Wortes ein »h« voranzustellen. Sie sagen also für »onion« = Zwiebel »honion«, für »oar» also »hoar«. Das klingt, wie wenn ein englischer Gentleman das Wort »whore« aussprechen würde.

Doch damit nicht genug: Die Neufundländer sind große Individualisten und freiheitsliebende Menschen, daß sie diese Eigenschaften, die gepaart sind mit einem ausgeprägten demokratischen Gerechtigkeitssinn, auch auf die Sprache übertragen. Damir also die »h's« nicht überhandnehmen, lassen sie diese da, wo sie eigentlich hingehören, einfach weg: »happy« wird da zu »appy«, »heavy« zu »eavy«, »heart« zu »eart«.

Bei verschiedenen Brgriffen wie »air«, »hair« oder »hare« (Hase), vor allem aber bei »oar« und »whore« kann das bei Zugereisten leicht zu Mißverständnissen führen.

Eine aus England zugereiste »sister« - heute würde man sie als Sozialarbeiterin bezeichnen - war vor einigen Tagen nach Come-by-Chance gekommen, um den armen Neufundlandfischern in ihren Nöten beizustehen, aber auch, um gegen den Teufel Alkohol zu Felde zu ziehen. Sie hatte etwas von dem geplanten Raubzug in Richtung »Carpathia« läuten hören, doch aufgrund des raffinierten Ablenkungsmanövers des Calvin Campbell nicht gewußt, wo die Glocken hingen.

Sie war eine Florence Nightingale der Blaukreuzler-Bewegung und mutterseelenallein und unerschrocken in finsterer Nacht gegen den Flaschenteufel zu Felde gezogen. Keine der Frauen aus Come-by-Chance hatte sie bei dieser delikaten Angelegenheit begleiten mögen, die Anwesenheit eines Mannes hatte sie - nachts - aus moralischen Gründen abgelehnt. Sie hatte sich bebenden Herzens, aber entschlossen, hinunter zu Calvins Fischschuppen getastet, sich dort die Riemen des MacGregorschen Dory's geschnappt, das sie für ein Campbellsches hielt. Sie schien ihrem Ziel sehr nahe, die Alkoholsünder in ihren Bewegungen zu behindern und diese bei Tagesanbruch zu identifizieren.

Onkel Hampitt und der junge Hamish MacGregor hatten natürlich von dem mutigen Vorhaben nicht den geringsten Schimmer. Der fixe Hamish hatte zwar nach ein paar Sekunden kapiert, daß es sich um die Riemen handeln mußte und nicht um Huren.

»Ich hab sie ins Boot gelegt, die .... Riemen, ganz bestimmt, Sir, ich schwöre es Ihnen.«

»Wir müssen sie finden, sie können sich doch nicht einfach in Luft aufgelöst haben. Jetzt geht's auf Biegen und Brechen. Her mit der Laterne. Wir haben noch ein paar Minuten, bis die Campbells zurückkommen.« Onkel Hampitt fuhr durch den Sinn: »Es ist der blutige Schatten Darnleys, der zürnend aus dem Gruftgewölbe steigt.« Ohne Ruder waren sie, war ihre Beute verloren. Aber dann fluchten sie sich in die Realität zurück. Der junge Hamish ließ dabei Worte hören, die einem Bewohner der Hölle die Schamröte ins Gesicht getrieben hätten. Es häuften sich die Begriffe »whores« und »oars«.

Einen Augenblick später erspähte der scharfäugige MacGregor im Schein der Laterne eine hagere, langberockte Gestalt.

Eine Gestalt, die krampfhaft ein Bündel Riemen festhielt. Das Blut fror dem Jungen förmlich in den Adern, als das Wesen plötzlich aufschluchzte.

»Tun sie mit mir, was sie wollen, töten sie mich, aber nennen sie mich nicht mehr eine ... eine ... nein, nein!« Der Rest ging in einem entsetzlichen Schreikrampf unter, der den beiden Männern die schiere Gänsehaut über den Rücken trieb.

Hamish stand eine ganze Weile da mit offenem Mund. Dann rief er: »Jesusmaria, die Ruder«, was für die Engländerin wieder wie »whore« klang.

»Eine Gotteslästerung, er hat die Mutter Gottes beleidigt, Hilfe, Hilfe, sie bringen mich um!« gellte die Frau. Onkel Hampitt fegte wie der Blitz um den Schuppen, riß der Frau die Riemen aus der Hand und die Tür des Schuppens auf und schubste sie hinein. Er fand einen schweren Anker, zog ihn vor die Tür, warf ein paar Säcke mit Fischsalz drauf.

Schreckliches Gekreische, nur wenig gedämpft durch die Holzwände des Fischschuppens, das Stakkato der Fäuste gegen die Bretter - das alles schallte weit über die Bucht. In Come-by-Chance leuchteten Lichtpunkte auf; Rufe echoten von den Hängen rechts und links.

Onkel Hampitt und der junge Hamish pullten, was ihre Arme hergaben. Irgendwo in der Bucht mochten sie den Kurs des zurückkehrenden Campbell'schen Dory's gekreuzt haben, doch das feindliche Boot verhielt sich recht passiv - befürchteten doch dessen Insassen das Eingreifen der unerschrockenen Streiterin aus dem fernen England.

Der MacGregorsche Marine-Spähtrupp ruderte wie besessen um das Wreck Point Cape herum und durch Osim's Tickle. Endlich erreichte er die Heart's Delight Cove und die Sicherheit heimatlicher Gewässer. Da erst gönnten sich die Beiden eine Pause, einen Schluck aus der Flasche. Ihre Hälse waren trocken wie die schiere Sandwüste, über die seit sieben Jahren kein Regen niedergegangen ist. Erst danach gaben sie sich dem Wonnegefühl hin, das der gelungenen Untat folgt, und zogen den zweiten Korken.

Im Osten zeigte sich bereits der erste helle Schimmer, als sie am Strand anlegten. Sie machten das Dory nicht einmal fest, die Ebbe ging raus, sie ließen es einfach trockenfallen.

Als sich die Morgensonne über den runden Hügeln im Osten erhoben hatte, die »Prunella's Buttocks«, Prunellas Arschbacken also, heißen, beschien sie ein Idyll, wie es die alten Augen des Seamus MacGregor schöner und ergreifender noch nicht gesehen hatten: Da lag ein schwarzes Dory hoch auf dem inzwischen trockengefallenen Strand, da schnarchten die schwarzvermummten Gestalten des Hampitt Holbach und des jungen Hamish mit schwarzverschmierten Gesichtern, friedlich ausgestreckt auf ihrem goldenen Lager strohumhüllter Whiskyflaschen, der Junge auch im tiefen Schlummer das geraubte Campbell-Schaf halb umarmend, halb festhaltend, während neben dem Boot eine mit den Fetzen eines Mehlsacks unvollkommen bekleidete Hündin mit ihrem Hintern auf kühlem Seetang lag, um deren Mundwinkel ein eigenartiges, entrückt nach innen gekehrtes Lächeln spielte.

»Nur den Lebenden gehört das Leben - aber wer sagt, daß man erst sterben muß, um einen Blick auf das Paradies werfen zu können?« murmelte der alte, weise Seamus MacGregor und zog vorsichtig eine Flasche unter den Schlafenden hervor.

St. John's war 1896 eine geschäftige Hafenstadt, wohl dreißigtausend Einwohner groß - mit einem der besten, wenn auch engsten Häfen der Welt. Zwar klafften immer noch große Lücken, die die Brandkatastrophe von 1892 gerissen hatte, bei der fünfzehntausend Menschen Hab und Gut verloren hatten, doch es wurde allenthalben gebaut, und bald würden die letzten Breschen geschlossen sein.

Die Passagiere der »Carpathia« wurden, soweit sie überlebt hatten, im Hotel »Bristol«, die übriggebliebenen Besatzungsmitglieder im Seemannsheim untergebracht. Johnny, die Liverpool-Stoker, Nick Lang waren nicht unter ihnen. Die Reederei war telegraphisch von der Katastrophe informiert worden, und ihre Versicherung beauftragte einen lokalen Agenten mit der vorläufigen finanziellen Abwicklung des Unglücks.

Nach und nach wurden die Überlebenden zu dem Agenten gerufen, mußten die Angaben zur Person und Sache machen, ihre Verluste, Reiseziele etc. angeben.

»Name, Heuervertrag, Nationalität, Seemannsbuch - die Heuer - Sie können gehen!« Alles lief wie am Schnürchen. Schiffsuntergänge gehören in diesem Teil der Welt zu den Alltäglichkeiten.

Hampitt Holbach wunderte sich jedoch, als er kurz danach zum zweitenmal zu dem Agenten bestellt wurde.

Der Agent begegnete ihm diesmal mit ausgesuchter Höflichkeit:

»Bitte, nehmen Sie Platz, Sir!« Er sah ihn eine Weile an, räusperte sich und fragte: »Hatte ich nicht bereits irgendwann das

Vergnügen - äh - pardon, die Verwirrung, die schrecklichen Umstände.«

»Yes«, sagte Holbach und suchte nach englischen Worten, die er nicht gleich fand.

»Was soll's, Sir - man sieht viele Menschen - äh - Ihre Verluste, Sir?« Hampitt Holbach zählte nochmals auf, was er verloren hatte. Seinen Sonntagsanzug, seinen Hin- und Her-Anzug, Wäsche, ein paar Münzen.

»Kein Schmuck, Uhren, weitere Garderoben?«

Ach ja, die Taschenuhr, die war auch weg.

»Mmh«, sagte der Makler, »habe ich Sie nicht vielleicht im St. George's Club gesehen? Nein? Die schreckliche Vergeßlichkeit, ja, die vielen Menschen. Also, ich habe den Auftrag, Ihnen eine Entschädigungssumme im Auftrag der Reederei von einhundertzwanzig Pfund vorzuschlagen, einschließlich des Passagepreises nach New York. Einverstanden? Wenn Sie hier quittieren wollen?«

Hampitt Holbach unterschrieb - er kapierte das alles immer noch nicht, empfing einhundertzwanzig Pfund und wurde mit einer eleganten Verbeugung verabschiedet. Schon in der Tür, rief ihn der Makler nochmals zurück: »Übrigens - wir haben ein Zimmer für Sie im »Bristol« reserviert, bis zur Abfahrt des Dampfers nach New York. War wohl ein Versehen, daß Sie im Seemannsheim logierten, jaja, der Schock, das Durcheinander, wir bitten untertänigst um Vergebung, Sir. Einen passablen Schneider finden Sie übrigens in der Water Street, Renfrew's.«

Während Holbach so reich wie nie zuvor das Maklerbüro verließ, beschloß er, erstmal die nächste Bar anzusteuern - den »Hinkenden Kabeljau«. Später wollte er dann - Anweisung ist Anweisung - den Strohsack (»donkey's breakfast«) mit der Himmelbettmatraze (»beauty rest«) im »Bristol« vertauschen.

Von einigen Gläsern Whisky befeuert, begann er eine Unterhaltung mit seinem Nachbarn. Das war alles noch ein wenig holprig; es führte zu viel Gelächter, Rückfragen und Erklärungen. Doch als der Thekenkumpel erfuhr, daß Holbach einer der Überlebenden der »Carpathia« war, da konnte der sich kaum noch all der Drinks und Cheers erwehren, die ihm hingestellt und auf ihn ausgebracht wurden. Das Schiff, pardon, die Bar geriet in eine spürbare Schlingerbewegung, und wo die Worte nicht ausreichten, untermalte er die Geschichte des Untergangs mit einer Menge unterstreichender und erklärender Gestik.

Doch dann drifteten die Gespräche wieder zurück zu den alten, alltäglichen Themen, und das war und ist in Neufundland der Fisch, so wie das im Saarland die Kohle war und ist.

»Ihr Zimmer ist eben hergerichtet, No. 217, Bad und Toilette selbstverständlich, Sir«, sagte der smarte Gentleman in der Portiersloge des »Bristol«.

»Wenn Sie sich einen Augenblick gedulden wollen, Sir ... Sie entschuldigen, aber die vielen unerwarteten Gäste ... angesichts der Katastrophe ...«

»Papperlapapp!« rief Onkel Hampitt, nach all den Drinks im »Hinkenden Kabeljau« in bester Stimmung. »Nur her mit dem Schlüssel!«

»Wie Sie wünschen, Sir - der Boy, Ihr Gepäck, Sir?«

»Auf dem Meeresgrund, bei den Fischen, sorry ...«

»Sehr wohl, Sir.«

Ein livrierter Boy führte Onkel Hampitt an Plüsch und Topfpalmen vorbei zum Lift.

»Wie auf Grube Rosseln, der Lift - eine Art Förderkorb - noch nie was von Rosseln gehört, Kleiner?«

»Nie was gehört, bedaure, mit Verlaub, Sir.«

Sie schritten einen Gang entlang.

»Hier, Ihr Zimmer, Sir.« Der Junge öffnete mit einer Verbeugung die Tür, ließ Onkel Hampitt vorgehen.

»Jesus Maria«, rief das hübsche Mädchen, das gerade seine Locken vor dem Spiegel eindrehte.

»Sorry«, sagte Onkel Hampitt. Sie standen alle drei eine Sekunde unschlüssig herum, bis Hampitt Holbach dem Jungen ein Geldstück gab. Der verbeugte sich tief.

»Thank you, Sir, das Zimmer ist in einer Minute soweit, Sir, das Zimmermädchen ist schon fertig, wünsche guten Aufenthalt, Sir.«

Doch da stutzte Onkel Holbach: Hatte das Zimmermädchen nicht »Jesus Maria« gesagt, und zwar »Jesus Maria« auf deutsch?

»Moment mal«, sagte Onkel Hampitt, als sie mit einem angedeuteten Knicks an ihm vorbeihuschen wollte.

»Jesus Maria, wenn das nicht deutsch ist ...«

Das Mädchen erschrak. »Yes, Sir, yes, deutsch«, stotterte sie verlegen.

»So, dann sagt mal, Fräulein, wo seid Ihr denn her?« fragte Onkel Hampitt freundlich - in seiner Muttersprache.

»Ich bin aus Vaudrevange bei Saarlouis im Saargebiet«, antwortete das Zimmerfräulein ein wenig affektiert, das letzte S bei Saarlouis betonend, so wie eine Saarländerin spricht, wenn sie sich bemüht, hochdeutsch zu sprechen.

»Nä, das gibt's ja garnet, aus Wallerfangen seid Ihr, bischd du, ich sag einfach du; und ich, ich bin aus Nunkirchen, aus'm Hochwald. Mensch Maier, St. John's, Rosseln, Wallerfangen, Nunkirchen - überall Saarländer, Wallerfangen - da war ich schon mehr als hunnertmal auf der Kirmes - da hab ich ein 'Kollech', den Lorrangs Willy - den Schrämer, wie wir ihn nennen. Da müsse mir doch einen druff trinken!«

»Mein Gott im Himmel, er kennt den Willy!« Fräulein Kammerkätzchen riß die Augen auf und rang vor Überraschung die Hände.

Der Frage, was sie ausgerechnet in St. John's mache, und wie sie hierhergeraten war, wich sie aus - sie habe »zu tun un' ihr guddes Einkommen, awwer mittrinken könne sie jetzt doch keinen, obwohl es sonst net drauf ankäm, dat dürft sie net«.

Onkel Hampitt schloß die Zimmertür. »Klar darfschd du ein' mittrinken«, sagte er bestimmt. »Ich bin doch Gast im 'Bristol' hier, und du bischd Gast bei mir!«

»Nä, sonst fliege ich hier raus - awwer komm nach Feierabend, inner Stund' zwei, zu mir, Barters Hill 17, Miss Louise Demange ..., bis dann, un wie heischd du eigentlich?«

»Holbach, Hampitt Holbach.« Verwirrt knickste sie nochmals und huschte »vergeß es net« zur Tür hinaus.

Hampitt Holbach warf sich zuerstmal lachend auf's Bett, gestiefelt und gespornt wie er war. Sich den Bauch reibend, dachte er: »Isses die Möglichkeit - isses denn wirklich wahr, sowas, sowas.« Er konnte sich nicht genug wundern. Das Zimmer, das Hotel, der Luxus, das Mädchen von daheim. Er träumte wohl eine Stunde vor sich hin. Doch dann spürte er auf einmal ein fürchterliches Rumoren, einen plötzlichen Drang, er mußte sich dringend die Hose aufknöpfen.

Toilette - da gab's wohl eine Toilette, hatte der Kerl von der Rezeption gesagt. Onkel Hampitt riß die Tür auf, ließ noch unterwegs die Hose runter. Verdammt, da war die Badewanne, das war klar, doch die beiden runden Dinger, welches war jetzt das Klosett? Das eine hatte einen Deckel, das andere nicht. Er probierte an dem Ding ohne Deckel - da spritzte Wasser. Er hatte zwar schon von einem Spülklosett gehört, aber noch keins gesehen. Egal - er durfte keine Zeit verlieren.

Es war eine ungeheure Erleichterung. Er fühlte sich beschwingt und befreit.

Dann drehte er an einem der beiden Hähne herum. Wasser spritzte warm in die Schüssel, doch nicht mit so starkem Strahl, daß ... Er drehte an dem anderen Hahn, es spritzte nochmals, aber kalt und wieder nicht genug. Verflixt und zugenäht - da war gar kein richtiger Abfluß! Das konnte überhaupt nicht klappen. Der Kerl in dem Topf stank bestialisch.

Jetzt hob er den Deckel von dem anderen Sitz, zog an dem silbernen Kettchen. Das Wasser rauschte mit mächtigem Schwall - und floß in einen Abfluß, der auch den breitesten Kuhfladen geschafft hätte. Das war die richtige Montur! Er hatte ein Ei ins falsche Nest gelegt! Der Pesthauch war gräßlich, das Fenster hoch und nicht zu öffnen. »Hol mich der Satan!« rief Onkel Hampitt, »was jetzt? Wo auch noch Louisjen wartet!«

»Das is ja schlimmer als der Treweer hinter Leik Pittchens Haus, wenn er Schnaps brennt«, fluchte er. »Das isses Bier, der dreckige Schnaps! Was mach ich bloß?« Der fürchterliche Haufen mit seinem mächtigen Strollen starrte ihn böse an. So konnte er ihn nicht liegenlassen.

Er zog Papier von der Rolle, breitete es darüber. Das Papier entzog den Haufen zwar Onkel Hampitts Blicken, aber nicht seiner Nase. Eine entsetzliche Situation. Und keine Zeit zum Nachdenken. Sein Blick irrte verzweifelt umher. Da war nichts, was ihm helfen könnte. Er stürzte in sein Zimmer. Schloß die Tür sofort. Der Gestank drang durch die Türritzen. »Wenn ich jetzt einen Toten Mann hätte, oder wenn ich's vergraben könnte ...« Ein Toter Mann ist der ausgeräumte Teil der Strecke im Bergwerk.

Doch da kam ihm der rettende Gedanke. Vergraben - das war's!

Er packte eine der Zimmerpalmen, schleppte sie ins Badezimmer, riß sie aus dem Kübel und schaufelte mit einem Stück feinsten Präsentkarton, auf dem das Hotel »guten Aufenthalt den verehrten Gästen« wünschte, den Haufen in den Blumentopf. Aufatmend setzte er die Palme zurück. Erstmal war er gerettet.

Trotzdem schlug er sich an die Stirn - was war er doch für ein Narr! Er hätte das alles in das richtige Klosett schaufeln können. Er zog an der Kette. Das Wasser rauschte, ja - das wär's gewesen. Aber er war ja so aufgeregt. Und nicht richtig nüchtern. Weil auch die Zeit drängte - er mußte zu Louise, dem Mädchen von daheim. Trotzdem: es stank - der Teufel hol's, es stank immer noch.

> »Welch einen Himmel öffnest du vor mir,
> o Fürstin. Macht mich dieser Glanz nicht blind,
> so seh' ich unverhofft ein ewig Glück
> auf goldnen Strahlen herrlich niedersteigen.«

Strahlend begrüßte Onkel Hampitt das Louisjen aus Wallerfangen. »Das haschd awwer schön gesagt, Hampitt - doch wo haschd du das denn her?« Er erzählte ihr von seinem Laientheater.

»Awwer noch eins: Wie kommen denn die Hochwälder, die Hartfüßer nach Neufundland?« und sie fuhr lachend fort: »Is mer denn nirgends mehr vor denen sicher?«

Hampitt Holbach legte ihr die Geschichte von seiner Überfahrt auseinander - vor allem, wie er vom Passagier zum Heizer avanciert war. Und wie es kam, das er im »Bristol« einquartiert worden war.

»Ich hab's«, sagte Louise, »du steschd immer noch auf der Passagierlischd und steschd auf der Heuerlischd. Nix is mit zurückzahlen, du bischd doch net verrückt!« rief sie protestierend aus, als Hampitt Holbach einwandte, dann hätte er die zweite Summe unrechtmäßig kassiert. »Wenn der Agent so ein Dirmel is - dann is ihm net zu helfen. Dafür machen wir lieber noch ein Fläschchen auf.« Sie deutete auf die Chaiselongue: »Setz dich, Hampittchen!« Sie holte eine Geneverflasche und zwei blütenbemalte, schlanke Likörgläser aus dem Vertiko, stellte eine

Porzellan-Zuckerdose dazu, schenkte ein und lächelte hintergründig: »Prost, du alter Knuppenspalter!«

»Prost, Wallerfanger Louisjen«, gab Onkel Holbach Bescheid. Sie setzte sich neben ihn, schmiegte sich an seine Seite, legte ihm ihren bloßen, warmen Arm um den Nacken, rückte aber gleich wieder von ihm ab und sagte: »Hampitt, ich muß dir zuerschd was verzählen, aber sei nicht bös', versprich es, schwör es, und mach ein Kreuzchen auf die Zung'!« Onkel Hampitt versprach nicht böse zu sein, wirklich nicht, und zeichnete auch das Schwurkreuz auf die Zunge, was er seit seinen Kindertagen nicht mehr getan hatte: »Da hilft nix, was der Körper braucht, das muß er auch hann'«, dachte Onkel Hampitt.

Wie es denn so gekommen war, erzählte Louisjen, wie sie so einen wilden, feurigen Kerl auf der Kirmes kennengelernt hatte, mit ihm prompt nach Rotterdam durchbrannte und wie Juliano sie in Rotterdam sitzenließ und wo sie dann net ein und net aus gewußt hat, aber doch hat leben müssen; und dann einer kam, ein ordentlicher Kerl, der Gustav, net weit von daheim weg, nein, kein Saarländer, aber von der Mosel, und mit dem is' sie dann nach Amerika, nach New York, und der Gustav is' dann weiter nach Westen und hat versprochen, zu schreiben und sie nachkommen zu lassen, aber er hat nicht geschrieben - »vielleicht is' ihm was zugestoß', er war so ein guter Mensch«, und dann hat's ihr in New York garnet gefallen und sie hat alles Geld zusammengekratzt, aber es hat nur gelangt für eine Passage bis St. John's, und sie hat gedacht, das is' ja schon ein bißchen näher an daheim, und auch in St. John's hat sie halt leben müssen, aber »net mit dem Gesocks von den portugiesischen und spanischen Grand Banks-Seglern, die schlimmer riechen als ein Zigeuner aus dem Buxenlatz« - nein, jetzt hätt' sie zwar die Stell' im 'Bristol' - »doch viel verdient mer da net, kaum das Salz in der Supp', nein«, doch darüber hinaus mußte es schon ein ordentlicher Kerl sein oder einer von den Gentlemännern von der Water Street - »du glaubschd net, wie stinkreich die sind, aber all ein bißchen komisch, trotzdem Gentlemänner, das kannschd glauben. Gell, Hampittchen, du bist mir net bös'; wirklich net, ich muschd dir einfach die Wahrheit sagen, wenn's mir auch schwerfällt.«

Hampitt Holbach war zwar kein Mann von Welt oder Lebemann, wie es damals hieß, aber sie waren schon mal in Saarbrücken gewesen, bei einem ihrer Ausflüge, wenn sie den Zahltag auf den Kopp hauten, und sie waren auf dem St. Johanner Markt gewesen und bei Keltermanns Tanzmusik und in der Kappengaß', wo es die Mädchen für drei Mark machten, wenn man ein »Hännesjen«, d.h. ein Bergmann war.

»Das macht nix, Louisjen«, legte er seinen Arm um ihre Schultern und zog sie sanft an sich. Scheinbar gedankenverloren strichen seine rauhen Fingerkuppen über ihre weiße, weiche Haut unter dem Schlüsselbein, dann wanderten seine Finger tiefer, hinein in das samtene Tal hinter den Kräuselrüschen und hinauf zu den weichen, runden Kuppen mit den schründigen, harten Spitzen ... »Wie Schallenberg und Wahlener Kupp, mit dem Reichentälchen dazwischen ...« seufzte er, auf die Waldberge anspielend, die die Nunkircher Gemarkung nach Westen abgrenzen.

Louisjen ließ ihn eine Weile gewähren, überließ ihm ihre Lippen, ihren Mund; was sie normalerweise nicht tat, höchstens mal, wenn es sie »platonisch« überkam. Aber bei dem Kerl von daheim, bei einem, der ihr gefiel, wie Hampitt Holbach, da war das wie früher auf der Wallerfanger Kirmes, wenn sie nachher einen der Burschen nach Hause mitnahm und ihre Eltern schon schliefen. Sie seufzte und wischte eine Träne weg.

Doch dann stand sie auf, rückte ihr Kleid zurecht und fragte sachlich: »Du schenkschd mir doch ein bißchen von deinem Reichtum? Ich bin auch ganz lieb, Hampittchen, ganz bestimmt. Du kriegschd mehr raus als du reinsteckschd.«

»Das glaub ich jeder anderen, dir awwer net!« lachte Onkel Hampitt und faßte sie um die Taille.

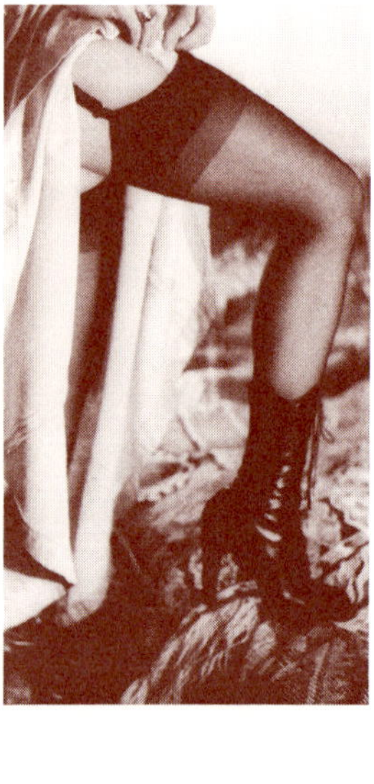

»Du alter Saupanz«, kicherte sie schelmisch und ein wenig schmollend. »Ach ja, ich weiß, meine Arbeit ist nicht sehr ehrenwert, und auf Anstand und Benehmen muß ich achten, dafür ist mein Geschäftchen aber ganz lukrativ. Trotzdem, Hampitt, bei dir hab ich das Gefühl, daß ich wieder zu einem ganz armen Mädchen werde. Guck mal«, schlug sie einen Kompromiß vor, »gib mir was fürs Essen, mein Lieber, und dann«, sie senkte die Stimme und flüsterte: »Dann machen wir Gribbesgrabbes für nix, nachher, wenn du lieb bischd!«

Ein Pfund, das war eine ganze Menge Geld, aber Onkel Hampitt hatte es ja. Damit rutschte Louisjen wieder an seine Seite und legte ihre Hand ganz nahe dahin, wo der Liebe Gott Onkel Holbachs beide großen Zehen hatte zusammenwachsen lassen. Doch nur einen Augenblick, dann war sie schon wieder weg. »Nä, nix da, Knechtchen, zuerschd wird 'geß und dann wird Picknick gemacht!«

Kurz gesagt: Ein Guinea - einundzwanzig Schillinge, einer mehr als gefordert - wechselte aus Onkel Hampitts Tasche hinüber in Louisjens linkes Strumpfband, und was er da sah, das machte ihn ganz kribbelig. Aber Louise ließ die Röcke wieder fallen und begann am Kohleherd zu werkeln, während Holbach seufzend auf später vertraute, sein Schnapsglas randvoll füllte, den Inhalt mit einem einzigen Zug hinunterstürzte.

»Louisjen, ich versteh dich ja, und guck mal, ich muß dir auch was beichten«, sagte Onkel Hampitt nach einer Weile. Er erzählte ihr von der Katastrophe in der Toilette des »Bristol«.

»Du bischd mer ja einer«, sagte sie, sich vor Lachen schüttelnd, »awwer ich weiß, was ich mach', ich stell den Blumentopp dem Manager ins Bureau, den kann ich sowieso net leide, und bring dir ein' viel schöneren, ein', der besser riecht.«

»Für was is das Ding eigentlich, wo ich - du weischd ja -«

»Das geht dich nix an, das is nur für uns Frauen«, sagte sie bestimmt. Onkel Hampitt dachte lange nach, aber so recht wurde es ihm nicht klar, was es mit einem Bidet auf sich hat.

Danach lehnte er sich in träumerischer Erwartung zurück. Er genoß das prickelnde Gefühl, das der Kunstfreund genießt, wenn vor dem Konzert die Musiker ihre Instrumente stimmen, oder wenn der Bewunderer schöner Bilder seinen Fuß über die Schwelle zur Caspar-David-Friedrich-Ausstellung setzt. Doch während sich deren Eindrücke auf das Akustische, bzw. die Optik beschränken, breitete sich vor Hampitt Holbach die gesamte Palette der Sinnesfreuden aus: Da war der Anblick Louisjens, die sich aus ihren Oberkleidern gewunden hatte und nun geschmeidig am Herd hantierte - ein Augenschmaus, aufregender als die ausgewogenste Skulptur eines begnadeten Bildhauers; da kam aus der Pfanne ein Zisseln und Brutzeln von zerlassenem Fett, das in den Ohren eines jeden Saarländers - ob Mann, Weib oder Kind - angenehmer klingt als das wohltönendste Mozart-Divertimento, während das Prasseln, mit dem der Teig in die Pfanne fließt, ihn in eine größere Euphorie versetzt als ein wagnerianisches Finale mit Kesselpauken oder ohrenzerreißendem Tubagedröhn.

Doch der Duft, das Aroma, das sich danach verbreitet, ist die Krone, ist das letzte Raffinement, verführerischer, kribbeliger als eine Flasche »Sortilège du Printemps« aus der Rue du Faubourg St. Honoré. Kurz gesagt: »Grumbeerekiechelcher« ist ein Wort, das die Säuglinge in der Wiege schon andachtsvoll, bevor sie entwöhnt sind, auszusprechen lernen. Und manchem

Greis kommt als letztes Wort, als letzte Bitte auf dem Sterbebett über die schon erkalteten Lippen: »Noch einmal ... nur noch einmal möcht ich Grumbeerekiechelcher esse.«

Als sie sich nachher am Tisch gegenübersaßen, glänzten Louisjens Augen groß und feucht. Auf ihren roten Bäckchen zerdrückte sie ein Tränchen und schniefte: »Immer wenn ich die Kiechelcher eß, dann krieg ich so ein schrecklich' Heimweh!«

»So weit und so allein!« bestätigte Onkel Holbach mit vollem Mund und voller Mitgefühl. Dann - nachdem er sich das Fett abgewischt hatte - sagte er: »Awwer mein' Mutter, die hat immer noch Schnittlauch reingeschnippelt.«

»Du hilfschd mir doch beim Abtrocknen, gell, mein Guter ... awwer, halt, noch ein Moment ... das Geschirr aufm Tisch ... du bischd mir ja ein ganz Schlimmer ... erschd die Ar... ja, dann, Hampitt, Ha...«

»Was ist denn mit meinem Korselettchen ...« flispelte sie mit vor sündhafter Erwartung bebender Stimme, »Hampittchen, komm doch mal!« und beugte den Kopf weit zurück, damit ihre Wange an Onkel Hampitts Wange lag.

»Ich krieg es net auf«, und »ach, mein Liewer, dein Schnurres kitzelt so schön.«

Hampitt Holbach kitzelte nochmal, strich sachte mit den Händen übcr ihre Brüste, schob das Mädchen ein wenig nach vorn - sie gingen tatsächlich kaum auf, die dreimal verflixten Knoten. »Das ist genau wie mit dem dreckigen Buxenknopp in Lohmüllers Wirtschaft« ging es Onkel Hampitt durch den Kopf. Wie Louisjen es wohl fertiggebracht hatte, diese kunstvollen Gebilde am Morgen hinter ihrem eigenen Rücken zu schürzen ...

»Da hat doch jemand ... da war doch einer ... das ist doch, ja, das ist doch ein Roringsstek!« rief Onkel Hampitt.

»Was ist ein Roringsstek, mein Liewer?« zwitscherte das Weibchen.

»Roringsstek, das is' ein Seemannsknoten ... damit knüpft man ein Tau an den Anker, und wenn der nicht hält ... die Knoten hab ich auf der 'Carpathia' gelernt. Awwer wie kommt das, daß du ... kannschd du denn Seemannsknoten auf dem Rücken?«

Es entstand eine gespannte Pause.

»Vielleicht hat mir jemand dabei geholf' ...«

»Einer von den Fischern, von den stinkigen Lazzeronern?«

»Awwer einer mit drei Streifen am Arm!«

»Soso, einer mit drei Streifen. Da kann ... und da will ich net mithalten. Komm, gib mir mei' Geld widder, ich geh'n lieber ins Bristol-Hotel, das is ja auch net so schlecht.«

Verdammt und zugenäht! Aber das Gesicht muß ein Holbach wahren.

»Bitte, Hampittchen«, Louisjen drehte sich flink um, »bitte, nur net bös sein, komm, noch zwei, drei Knoten ...« Louisjen nahm ihn in ihre weichen, nackten Arme, schmiegte sich ganz eng an ihn.

»Holbachs Blut is wirklich kein' Buttermilch«, resignierte Onkel Hampitt und nestelte mit fliegenden Fingern die letzten beiden Roringssteks auf.

Mitternacht mochte eben vorbei gewesen sein, als ein kalter Luftzug über des Onkels Blöße strich; die Bettdecke war halb zu Boden gerutscht. Er zog die Decke herauf, breitete sie auch über das schlafende Louisjen. Indessen schien der Mond durch die Scheiben, beleuchtete den Tisch, die Teller, die Geneverflasche, die Gläser, die Zuckerdose, die auf ihren kurzen Beinen hockte wie eine polierte Schildkröte.

Seine Finger folgten den schlafwarmen Konturen ihres Rückkens, erkundeten die flache Mulde zwischen den Schulterblättern, den Graben über dem Rückgrat und erstiegen die runden Hinterbacken, die sie mit aller gebotenen Sanftheit massierten. Louise hatte einen gesunden Schlaf, doch Onkel Hampitt beugte sich zu der auf dem Bauch liegenden hinunter - und biß ihr in die saftige Rundung.

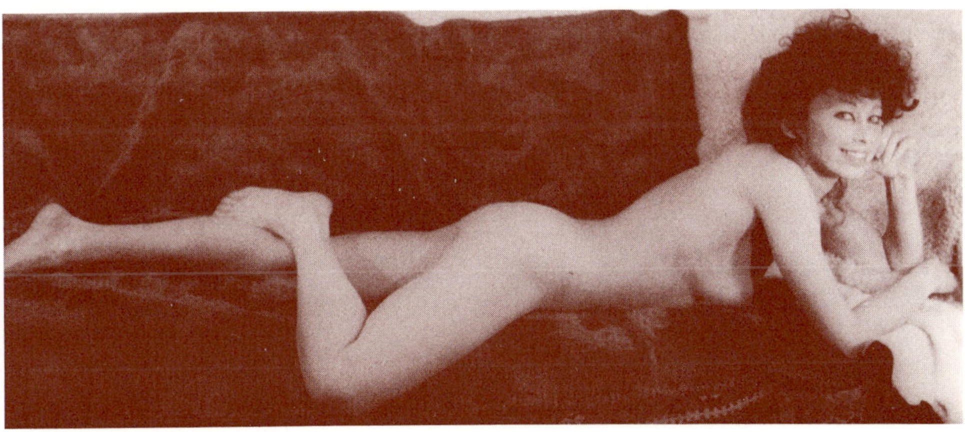

»Au!« schrie Louisjen. »Bischd du denn verrückt, du du du - Linsengasser, fanatischer!« Und dann, indem sie sich die wunde Stelle rieb, »du haschd mer richtisch wehgetan, du wilder Hochwälder -« doch das war schon eher verzeihend-schmollend gemeint als zornig herausgestoßen. Der ungezähmte Mann aus den dunklen Waldbergen zog die nur wenig Widerstrebende sanft an sich:

»Awwer, Hampittchen ... net ... doch ... net schon wieder!«

Als er nochmals aufwachte, sah er, wie Louise auf den Ellenbogen sich halb über ihn beugte: Siehschd du, jetzt bischd du kaputt; du bischd mir wirklich einer - awwer du gefallschd mir. Hörschd du mir überhaupt zu, Hampitt? Du Ungeheuer, ich glaub', Hampitt, hör, hör' jetzt bitte zu ... ich muß mit dir schwätzen. Hampitt, was meinschd du, wie wär' das, wenn du bei mir bleibsch für immer ...«

Onkel Holbach öffnete überrascht die Augen. Louise redete weiter. »Ich könnt' dir hier im Hafen Arbeit besorgen, ich könnt' ja immer noch ein bißchen mitverdienen, oder wir könnten zusammen zurückfahren, ins Saargebiet, in die Heimat, Hampitt, mer zwei, du und ich, und wenn du bleibschd, wenn du mir versprichschd, daß du bleibschd, dann geb ich dir auch dein Guinea wieder.«

»Mmh, eigentlich wollt' ich noch ein bißchen in die Welt ...«

»Oh, Hampitt, das wär wirklich schön ...« redete sie weiter, ohne diesen Einwand zu beachten.

Tiefe Atemzüge verrieten ihr, daß es vergebliche Müh' sei, jetzt mit ihm rosenrote Zukunftsfäden zu spinnen. Sie sah ihn liebevoll an und flüsterte: »Klein von Gestalt bischd du, aber bei mir im Bett, da bischd du ein Riese.«

Sie träumte mit offenen Augen von einem kleinen, sauberen Häuschen, hinter einem Vorgärtchen mit Ebereschenbäumen, wie sie sie hier hatten, oder vielleicht auch Kapuzinerkresse und Tulpen wie daheim, zu dem Hampitt von der Schicht heimkehrt, den sie mit einer frischgestärkten, weißen Schürze an der Tür begrüßt, während auf dem Tisch ein gewaltiger Berg von Kartoffel-Reibekuchen dampft - indessen wanderte ihr Blick durch die Kammer, blieb am Tisch hängen:

»Heiliger Jesus, steh mir bei«, murmelte sie erschreckt, »das Geschirr von geschdern steht noch aufm Tisch, ich bin ein' Schlamp' und ich sollt' mir net solche Gedanken machen!«

Sie schlüpfte aus dem Bett und in das Hemd, das sie aus den am Boden verstreut liegenden Kleidungsstücken heraussortierte, schüttelte den Kopf: »Das sieht ja aus hier -« und begann, das Geschirr ins Spülbecken zu räumen. Eben wollte sie mit einem kleinen Blasebalg die Kohlen im Herd wieder anfeuern, als es an die Tür klopfte:

»Louis'« flüsterte eine Frauenstimme durch die Ritze, »Louis' - please, here are the Gentlemen, from down Water Street, hurry up!« Louise stand einen Augenblick wie erstarrt. »Nein, nein, ich geh' net, diesmal net', nein, nicht diesen Mittwoch«, sagte sie. Trotzdem raffte sie einen Rock, eine Bluse auf, begann sich langsam anzuziehen. »Alle vierzehn Nothelfer, steht mir bei - soll ich - soll ich net'? Vielleicht sollt' ich doch, das Geld könnten wir gut gebrauchen, der Hampitt und ich ...«

Sie lief wie ein gescheuchtes Huhn in der Kammer herum.

»Was soll ich nur machen, hilf mir, sag mir, was ich machen soll - Hampitt, werd' wach!« Damit rüttelte sie Holbach kräftig an den Schultern.

»Hampitt, laß dir erklären, ich kann die da jetzt net im Stich lassen, wo die Janet krank ist - Hampitt, es dauert net lang, ich bin gleich wieder da, gell, Hampitt, du bischd net bös' - in ein paar Minuten bin ich zurück, wartschd, wenn es bißchen länger dauert!«

Hampitt zwinkerte schlaftrunken mit den Augen: »Was is dann jetzt schon wieder? Is schon gut, Louisjen ..« und drehte sich auf die andere Seite. Doch als die Tür ins Schloß fiel, da schoß ihm die Erkenntnis durch den Kopf, da war sein Hirn plötzlich so klar, als sei es mit kaltem Wasser ausgespült.

Mit einem Satz war er aus dem Bett, zündete eine Petroleumlampe an, zog sich dann langsam und nachdenklich an. Bis auf die Schuhe, die behielt er in der Hand. Er schlüpfte in seine Joppe, setzte die Mütze auf. Auf leisen Sohlen schlich er zur Tür, die Schuhe in der Hand. Doch an der Tür kehrte er noch einmal um, kramte seinen letzten Taler von zu Hause aus seinem Geldbeutel und legte ihn auf den Nachttisch.

Was mit der bewußten Zimmerpalme im »Bristol« geschah, ist mir nicht bekannt. Man mag sich eine Weile über den merkwürdig eindeutigen Geruch gewundert haben ... Ob darauf die richtigen Maßnahmen getroffen wurden, weiß ich ebenfalls nicht. Onkel Hampitt zog nämlich schon am nächsten Morgen aus. Verduftete, noch bevor Louise an ihrer zweiten Arbeitsstelle erschien.

Wenn allerdings Onkel Hampitts Vermächtnis der einzige Grund war, zwei, drei Jahre später das Bristol-Hotel abzureißen, so war das zumindest eine Überreaktion der Besitzer.

»Wenn ich mich nicht unverzüglich auf die Socken und aus dem Staub gemacht hätte, dann hätte ich mir den Rest von Amerika an den Hut stecken können. Das Louisjen ist zwar kein Silberrosenmädchen und kein reiner Engel, aber ein junges, energisches Weib, eine vorzügliche Köchin und auch noch von daheim! Sie ist gewissermaßen die Heilige Dreifaltigkeit in einer Frauensperson, die einen mit stärkeren Stricken fesselt als sie ein Holbach zu zerreißen imstande ist. Wenn ich nicht im Aufbruch gewesen wäre sondern auf der Rückreise, hätte ich mich fesseln lassen. Vielleicht hätten wir von Louisjens Berufs wegen in eine andere Stadt gehen müssen.

'Der Freiheit wilder Trieb den Busen blähe,
nach Freiheit strebt der Mann, das Weib nach Sitte!'

so kümmert es den Hahn wenig, ob er seine Körner auf dem stinkenden Misthaufen oder im blanken Futternapf findet.«

So steht es in Onkel Hampitts Tagebuch.

Er hatte damit das letzte Band aus der Hand gegeben, das ihn mit seiner Heimat noch einmal hätte verbinden können. Er schien nicht bemerkt zu haben, daß er den ersten Schritt in dieselbe Richtung gelenkt hatte wie jenes hoffärtige, oberflächliche Mädchen aus dem Märchen, als es den freundlichen, alten Berggeist abwies.

Da es noch einige Tage dauern sollte, bis der Dampfer nach New York an der Pier in St. John's festmachte, ergriff er die nächste sich ihm bietende Gelegenheit und ging als einziger Passagier an Bord eines Neufundland-Schoners.

Der Schoner war einer der letzten alten, klassischen Kauffahrer: In seinem Laderaum stapelten sich die Waren und Schätze der städtischen Handelshäuser: pralle Zentnersäcke mit Mehl und Zucker, dicke Ballen groben Segeltuchs oder dichtgewebten Canvas', Blecheimer voll Fett, bis an den Rand mit Pökelfleisch gefüllte Eichenfässer, Kannen mit zähflüssiger, schwarzer, süßer Melasse, Nägel, Sägeblätter, bunter Kattun für die Frauen, reißfestes Calico für die Männer, Zweigallonenfäßchen voller Rum und tausend andere Schätze mehr ...

Sie alle sollten eingetauscht werden gegen die Erzeugnisse des Landes oder besser der See ... Dorschlebertran in Fässern und hochgestapelter Klippfisch, gedoste Hummerschwänze und geräucherte Lachshälften, vielleicht auch ein Stapel wertvoller Fuchs- oder Biberpelze, den ein schlitzohriger Indianer vor dem Zugriff der allmächtigen Hudson's Bay Company in Sicherheit gebracht hatte.

Der Schoner würde an der Ostküste Neufundlands entlangsegeln, den sich weit nach Norden vorschiebenden Finger der Great Northern Peninsula umrunden, die neblige Belle Isle Strait - soweit es die Eisdrift erlaubte - queren und an der geheimnisvollen Südküste der Labradorhalbinsel seinen Geschäften nachgehen, dabei langsam, aber stetig von einem Fischerdorf zum anderen nach Westen segeln, bis der letzte Mehlsack gelöscht, das hinterste Fetzchen Kattun verkauft, die äußerste Ecke von den Handelswaren geräumt war. Statt dessen würden Fuder von trokkenem Klippfisch, schwere, wertvolle Fässer voll Tran, eine endlose Zahl von Kisten und Ballen die Verschläge, die Ladeluken füllen.

Ich war ganz besonders auf diesen Reiseabschnitt gespannt, denn Onkel Hampitt war sicherlich unbeeilt an Küsten entlang geschippert, über die sich auch heute noch niemand ein rechtes Bild zu machen vermag, wo auch heute noch weder Straßen oder Eisen-

bahnen hinführen, wo sich offensichtlich das Rad der Zeit viel, viel langsamer gedreht hat als in der übrigen Welt, vor allem aber langsamer als im übrigen Amerika.

Doch hélas - das Geschehen auf diesem Abschnitt seiner Reise fehlte in Onkel Hampitts Aufzeichnungen. War er Tante Trina und der Papierknappheit während des Krieges zum Opfer gefallen? Würde irgendwann, irgendwo noch ein Bericht auftauchen?

Lediglich ein paar Fotos fand ich im Nachlaß des Onkels; Fotos von einem kleinen Gaffel-Schoner, dem Skipper, von der Crew. Wobei die Gesichter der Deckhands mir überaus bemerkenswert erschienen. Wenn es 1896 noch Piraten gab - dann hier! Doch vom Äußeren allein darf man keinen Menschen beurteilen. Unter manch rauher Schale verbirgt sich ein weicher Kern ... Dafür spricht auch, daß Onkel Hampitt gesund in Montreal am St. Lorenz wieder auftauchte, und da kann ich den Faden von Onkel Hampitts Reisebeschreibung wiederaufnehmen ...

Vielleicht kann ich später auch über dieses Segelabenteuer berichten. Wer weiß, welche Hinweise noch auftauchen werden ...

In Montreal zögerte er keinen Augenblick und kaufte am Schalter der Canadian Pacific Railway ein Ticket nach Fort William am Lake Superior in Ontario. »Diese Stadt am Oberen See«, so waren seine Überlegungen, »liegt ziemlich in der Mitte Kanadas. Von da aus ist es dann ein Leichtes, sich nach Ost oder West, nach Süd oder Nord zu wenden.«

Der Zug rüttelte, schüttelte, stampfte; die Dampflok puffte grauschwarze Wolken, schnaubte und zischte. Wenn ein Fahrweg kreuzte, oder auch manchmal ohne erkennbaren Grund, heulte sie tief und mächtig - tat, als sei sie der kolossalste aller Dampfer.

Draußen vor den Fenstern zog der endlose Fichtenwald vorbei. »Ein Wunder, daß angesichts dieses Waldes überhaupt noch für irgendetwas anderes Platz auf der Welt ist«, schreibt Hampitt Holbach. Dieser Wald flog nicht vorbei - er verhielt sich recht gemächlich, als wolle er eine Weile bleiben und sagen: »He, ihr vermessenen Menschlein, so rasch werdet ihr mich nicht los.«

»Ein Wald für immer und ewig«, sinnt der Onkel weiter. »Da geht man nicht rein und kommt irgendwo wieder raus. Wenn man da mal drin ist, da bleibt einem nichts anderes übrig, als drinzubleiben, ein Waldmensch zu werden.«

»Vielleicht stehen die Indianer in diesem Wald. Sonst hätte ich doch längst einen sehen müssen.«

Die Züge fahren - im Vergleich zur Alten Welt - ziemlich langsam durch Amerika. Damals wie heute. »Ein Pferd, das es nicht mit der Canadian Pacific aufnehmen kann, ist keine Handvoll Hafer wert«, heißt es in zeitgenössischen Berichten. Das liegt nicht daran, daß die Amerikaner auf einmal viel Zeit hätten und nicht mehr wüßten, was Tempo ist, nein, es liegt ganz prosaisch am schlechten Gleisunterbau, der keine größeren Geschwindigkeiten gestattet.

Nur ganz selten rückte der Wald ein wenig zur Seite, um den Blick auf einen Acker, einen Sumpf, eine saure Wiese, einen Fels, einen See oder gar ein Haus bzw. eine Siedlung freizugeben. Dann beugte sich Hampitt Holbach weit vor und behielt diese Inseln im grünen Meer solange in den Augen, wie er konnte.

Und da fiel ihm ein, was der Francesco Porta, der Italiener, der sich in Nunkirchen niedergelassen hatte, angesichts des für ihn riesigen, bedrohlichen Hochwaldes ausrief, als ihm ein Eichhörnchen über den Weg flitzte:

»Armer Deutschland, was große Wald und was kleine Fuchse!« Was würde der Porta-Franz erst zu diesem unendlichen Forst sagen?

Fast alle, die mit Holbach im Zug saßen, wollten in den Westen, den sie den »goldenen« nannten. Sie saßen da mit Sack

und Pack und Kind und Kegel und redeten und schwatzten und waren begierig, das Land zu sehen, das sie kostenlos bekommen sollten.

»160 Morgen, die hier 'acres' heißen, das sind 40 Hektar, das ist mehr Land, als der dickste Nunkircher Bauer unterm Pflug hat.«

»Trotzdem: ein Bauer oder Farmer werde ich nicht. Wer als Bergmann geboren ist, der stirbt nicht als Bauer. Eher läuft die Bach den Berg rauf als ich ein Bauer werde. Was nützt das - 80 Morgen Land, 60 Stück Vieh, 30 Schweine, 8 Dutzend Hühner, und nicht mal eine Mark im Sack, um sonntags einen trinken zu gehen! So war es doch daheim!« sinnierte er weiter.

Die Städte hatten ihn weit weniger beeindruckt als der Wald, das riesige Land. »Das Beste war noch St. John's, der Hafen und die Bauten, die sich den Berg hinaufziehen; ein paar Kirchen mittendrin, die Wirtshäuser, alles ziemlich sauber und ordentlich. Da war es leicht, sich zurechtzufinden. Aber Quebec und Montreal, das ist nur ein Haufen Häuser, und die sind noch dreckig genug. Von dem Französisch, das sie sprechen, habe ich kaum ein Wort verstanden. Die Lothringer in Rosseln sprechen ja schon ein eigenartiges Französisch, doch das ist nichts gegen das der Kanadier. Montreal und Quebec, davor braucht sich Saarbrücken oder Trier nicht zu verstecken. Aber da hätte ich auch zu Fuß hingehen können.«

Ottawa, Toronto, Winnipeg, Regina, Calgary, Vancouver heißen die anderen Städte heute. Doch das war einmal ganz anders. Da hieß Ottawa, die Hauptstadt, »Bytown« - also »Vorstadt«; Toronto hieß »Hogtown« oder »Schweinestadt«. Onkel Hampitt notierte:

»Winnipeg, so erklärte mir einer, heißt immer noch auf indianisch 'stinkendes Wasser'; Regina, das war mal 'Pile o'Bones', was ein Knochenhaufen ist. Calgary hieß 'Cowtown', demnach 'Kuhstadt'. Und Vancouver, das nannten sie vordem 'Gastown' nach einem liederlichen Schnapsschmuggler namens Gassy.«

»Da müßte man sich ja schämen, eine Postkarte wegzuschikken,« fügte er hinzu. »Gruß aus Schweinsstadt«. Schon der Briefträger hätte sich totgelacht, und dann erst die ganze Gesellschaft beim Lohmüller, und sie hätten gesagt, 'schadet ihm garnix, dem verrückten Holbach, er hätte ja daheimbleiben können'. Wenn ich eine Postkarte heimschicke, dann nur eine mit einem Indianer drauf!«

Die kanadischen Städte hatten damals zwar schon beträchtliche Einwohnerzahlen: In Montreal lebten 200.000, in Toronto 180.000, in Quebec City 65.000 Menschen. Doch viele, bzw. nur große oder hohe Häuser mögen zwar von der Zahl her beeindrucken, aber es fehlt an Originalität. Und da hat sich seit Onkel Hampitts Zeiten nichts geändert, und wenn, dann höchstens zum noch Schlechteren.

Weder die Politiker noch die Behörden Kanadas hatten seinerzeit eine Vorstellung von der Größe ihres »Reiches« oder von der Zahl der Untertanen, die es beherbergte. Mit geschätzten acht Millionen Quadratkilometern lagen sie gute zwanzig Prozent unter der tatsächlichen Ausdehnung, auch wenn man Neufundland und Labrador, die damals noch britische Kolonien waren, abrechnet.

Mit der Einwohnerzahl ließen sie sich ohnehin auf nichts Genaueres ein. »Zwischen vier und sechs Millionen«, heißt es in den zeitgenössischen Statistiken. Dem riesigen Raum, seiner Unzugänglichkeit kam man damals mit Bürokratie und Statistik einfach nicht bei, und das ist bis heute wenigstens zum Teil so geblieben.

Kanada - zu Hampitt Holbachs Zeiten - also kurz vor dem Ende des vergangenen Jahrhunderts, das waren die Atlantikprovinzen, das waren Quebec und Ontario, dann kam das dünne Fädchen eines Schienenstranges durch die endlose Prärie, und daran angebunden waren ein paar verlorene Blockhaussiedlungen am Pazifik, in British-Columbia.

Über die riesigen Räume im Nordwesten - vor allem aber über die Inseln des Arktischen Archipels - wußten höchstens ein paar halberfrorene Walfänger sowie die Pelzhändler der Hudson's Bay Company Bescheid. Und die behielten ihr Wissen für sich. Sie waren es auch, die sich schlecht und recht um die Menschen dort oben, die letzten freischweifenden Indianer und Eskimos kümmerten, d.h. je nach Maßgabe der Fellpreise auf den internationalen Auktionen ... Während Missionare, vorzugsweise Katholiken und Anglikaner, sich gegenseitig die Seelen der letzten frohen Heiden streitig machten.

Kanada - das war der letzte erfolgreiche Widerstand der Erde über die Unvernunft der Politik und Bürokratie. Das Dominion war ein Riesenbaby, das mit dem Kopf immer noch unter dem weiten Rock von Queen Victoria steckte, das nicht wußte, wie es mit seinen kurzen Ärmchen seinen enormen Hintern bedecken sollte. Auch daran hat sich nur wenig geändert.

Die Schrift Onkel Hampitts war in diesem Abschnitt merkwürdig krakelig, seine Hand schien beim Schreiben gezittert zu haben, und ich hatte noch größere Schwierigkeiten als sonst, seine Aufzeichnungen zu entziffern ... Ich fürchtete erst um die Gesundheit meines Ahnen, doch dann fiel es mir wie Schuppen von den Augen: die Geleise der Canadian Pacific Railway! Damals wie heute! Ein Wunder, daß er, im Zuge sitzend, überhaupt etwas zu Papier brachte. Nebenbeibemerkt: die der Canadian National, der anderen kanadischen Eisenbahngesellschaft, sind auch nicht besser.

Ottawa, die kanadische Hauptstadt, muß ich vor Onkel Hampitts Spott in Schutz nehmen - muß korrigieren, daß er sie »Vorstadt« nannte. Er hatte »Bytown« zwar richtig mit »Vorstadt« übersetzt. Doch »Bytown« war in diesem Falle auch Eigenname, der eines gewissen Colonel By, britischer Offizier der Pioniere, der den Rideau Canal erbauen ließ, um die Siedlung, die ganz hinten versteckt in den Wäldern lag, wenigstens per Wasserweg zugänglich zu machen. Das war in den dreißiger Jahren des vergangenen Jahrhunderts. Viel genützt hat es jedoch nicht. Der Kanal existiert zwar noch, doch fahren auf ihm keine Passagierschiffe mehr. Sonst hat sich wenig Positives hinsichtlich der verkehrstechnischen »Anbindung« an das übrige Kanada getan - Ottawa, der Sitz der kanadischen Bundesregierung, ist die »Bytown« dort hinten in den Wäldern geblieben.

Wer in den siebziger oder achtziger Jahren unseres Jahrhunderts dazu verurteilt ist, den Abend oder gar ein Wochenende dort zu verbringen, der muß schon ein in sich ruhender und gefestigter Mensch sein. Ist er in der glücklichen Lage, auf eine(n) Partner(in) zurückgreifen zu können, so ist es ratsam, ein paar unterhaltsame Spiele in sein Reisegepäck zu stopfen. Mensch-ärgere-dich-nicht, Halma oder Mühle. Dem Alleinreisenden empfehle ich ein paar gute Taschenbuch-Krimis. In Ottawa werden nämlich abends um acht unnachsichtig die Bürgersteige hochgeklappt, und sonntags muß man meilenweit laufen, um ein Glas Bier zu bekommen - es sei denn, der Reisende ist gewillt, ein Menu dazu zu verzehren. Sonntags ist Ottawa trocken wie die Knochen der Heiligen Drei Könige zu Köln und traurig wie ein illegales Bordell nach der erfolgreichen Polizeirazzia.

Die Kanadier selbst jedoch machen das alles wieder wett. Im Grunde ihres Herzens sind sie immer noch sympathische Naturburschen, unkompliziert herzlich, gastfrei mitunter. Charakteristika, die auch vor den höheren Rängen der Politik nicht haltmachen. Eigenschaften aber auch, die manchen auf dem schlüpfrigen Parkett der Diplomatie und des plötzlichen Exponiertseins ausrutschen lassen. Der kanadische Verteidigungsminister z.B. hatte in Lahr im Schwarzwald bei einem Truppenbesuch eine Schöne der Nacht aufgegabelt und mit ihr so innig geherzt und gekost, daß er kurz danach zurücktrat, einfach, weil ihm danach der graue politische Alltag in Ottawa nach diesem Abenteuer überhaupt keinen Spaß mehr machte.

Eine andere hochgestellte Persönlichkeit im Ministerrang setzte sich im fernen B.C. ein paar - zugegeben teure - Flaschen Wein an den Hals und dann auf die Spesenabrechnung. Bitte sehr, gestrenge Rechnungsprüfer, wo sollte er sie sonst hinsetzen?!

Wer kann's einem Menschen verdenken, wenn ein dritter - ebenfalls Minister - im menschenleeren, nebelverhangenen Neufundland mangels anderer Zerstreuungsmöglichkeiten seiner Angelleidenschaft so sehr frönt, daß er darüber Recht und Gesetz vergißt?! Daß sein Ressort zufällig die Fischerei ist, spielt in diesem Zusammenhang eine ganz unwichtige Rolle.

Ein vierter - der von Neu-Braunschweig - vertrieb sich die Langeweile, indem er sich ab und zu ein Prischen Marihuana einzog. Als ob dadurch die Grundfesten eines riesigen Landes wie Kanada erschüttert würden?!

Die interessanteste Eskapade leistete sich jedoch ein fünfter Amtsträger dieses Kalibers in Quebec. Und das, obwohl es dort die liberalste Alkoholgesetzgebung ganz Kanadas gibt. Das allein genügte seinem gallischen Temperament nicht: Er interpretierte den Werbeslogan von »der Freiheit und dem bunten Leben« auf besonders eigenwillige Weise: Dem noch jungen Gentleman, dem alle eine große Karriere vorausgesagt hatten, fehlte offenkundig - da, wie er freimütig bekannte, dem eigenen Geschlecht zugewandt - ein Etablissement wie das berühmte »Tom-Tom« in der Kölner Altstadt. Es fehlte ihm so sehr, daß er in seiner Frustration das Warenhaus Eaton's in Montreal aufsuchte und dort einen Sakko stahl. Er floh leichtfüßig, und wäre wohl samt seiner Beute entkommen - hätte ihn nicht eine unvermutete Schneewehe gestoppt und seinen Häschern, den Kaufhausdetektiven ausgeliefert ... Doch damit ist diese Geschichte noch keinesfalls zu Ende: Auch dieser Politiker zog sich aus dem politischen Leben zurück ... und wurde ... Schriftsteller! Ein verblüffender Vorgang, der nicht nur mir als Autor zu denken gibt.

Ein sechster, der sogar mal Premier war, tätschelte traumverloren in einem Augenblick der Langeweile das hübsche Hinterteil seiner Parteivorsitzenden. Leider hatte er darüber die Fernsehkameras vergessen. Er verlor die Gunst des Publikums und die nächste Wahl ... Aber Herr im Himmel, wo sollte er die schöne Dame denn sonst tätscheln?!

Rotation auf kanadisch? Vielleicht auch eine Möglichkeit, dem Arbeitslosenproblem auf den Pelz zu rücken?!

Wie heißt es angesichts der Berufschancen aufstrebender, junger Männer in Kanada: »Wer als Karriereziel Premierminister angibt, zeigt schon in der Jugend viel weise Beschränkung.«

Genausowenig wie eine dänische Dogge in einem Fünfzehn-Quadratmeter-Appartement ließ sich Margaret Trudeau, seinerzeit First Lady des Landes, in einer Stadt wie Ottawa halten. Nur hätte sie halt hinterher nicht ausplaudern dürfen, wie sie's mit den Rolling Stones im Hotel und dem US-Star auf dem Rücksitz des Straßenkreuzers trieb. Auf einem anderen Blatt stehen die frivolen Dessous, in denen sie sich im engsten Kreise König Hussein zeigte. Es mögen Gründe der Staatsraison gewesen sein, Geheimdiplomatie hinter den Kulissen, die sie dazu bewogen hatten ...

Wir Deutsche dürfen uns mal wieder selbstzufrieden an die Brust klopfen: Da sind unsere First Ladies, da ist unser Oggersheimer, sein Ex-Lambsdorff, sein Wörner von einem ganz anderen Kaliber. Von denen würde sowas abtropfen wie das Wasser vom Gefieder einer Ente. Obwohl es andererseits eine faszinierende Vorstellung wäre, unseren dicken Helmuth als kanadischen Premier zu erleben. Wo er dann endlich auf einen Außenminister zurückgreifen könnte, der in seiner Reisediplomatie verblüffend an einen so verdienstvollen Staatsmann wie unseren Heinrich Lübke selig erinnert.

Vielleicht wäre das aber auch ein bißchen zuviel an politischen Gemeinsamkeiten. Lassen wir die nutzlosen Spekulationen und lenken unsere Blicke auf Kanadas größte Stadt, auf Toronto, die Drei Millionen-Metropole am Ontario-See. Da hat zwar mal ein zynischer Europäer, der Pole Leopold Ingfield, geschrieben:

»In Toronto zu sterben muß eine feine Sache sein. Der Übergang vom Leben zum Tode geht hier sehr wahrscheinlich fließend und kaum spürbar vor sich. Sollte der Allmächtige in seiner Güte mich in Toronto zu sich abberufen, dann bitte an einem

Samstagnachmittag. Das würde mir einen weiteren Sonntag in dieser Stadt ersparen.«

Das ist schon eine Weile her - gut 25 Jahre. Auch hier verspricht die Werbung inzwischen nicht nur »buntes Leben«, sondern streicht weiter heraus, daß Toronto schon 150 Jahre alt ist. Vor allem die Trierer, die Kemptener, die Kölner sind davon ungeheuer beeindruckt. Zwar ist in Toronto, wie überall in Ontario, die Verfilmung der Grass'schen Blechtrommel verboten; zwar warnen die Behörden auf den Kinoplakaten mit Aufschriften wie »unflätige Sprache«, »obszöne Szenen« den Biedermann und die Biederfrau vor möglichen Überraschungen, doch ist das Chinesenviertel von Toronto schon recht bunt, und da wo die Portugiesen und Italiener wohnen, geht's auch recht munter zu. Es gibt sogar am Heiligen Sonntag in einigen Kneipen Bier vom Faß! Aber sonst habe ich immer noch den Verdacht, daß abends zwischen Chlodwigplatz, Ubierring und Severinstraße - im »Veedel« der Kölner Südstadt also - einiges mehr los ist als in ganz Toronto.

Vielleicht bin ich nicht ganz objektiv genug, wenn es um Städte geht. Ohne Menschen kann ich höchstens die Wildnis ertragen, aber keine Stadt. Ich lasse das einmal so stehen - wer's liest und ein wenig darüber nachdenkt, versteht schon, was ich meine. Das jedoch ändert sich im gleichen Augenblick, in dem uns ein menschliches Wesen Anteilnahme, womöglich sogar ein wenig Zuneigung entgegenbringt. Dann erfüllt sich die (trotz aller Menschen triste) Leere der Stadt mit Leben, da rankt sich auf einmal anheimelndes Grün über den stumpfen Beton. Und wenn uns diese unvermutete Menschlichkeit auch noch in Gestalt einer Debbie über den Weg läuft, leuchtet im freundlichen Grün ein bunter Blütenstern auf.

Wie ich Debbie kennengelernt habe, tut nichts zur Sache. Auch der Journalist darf irgendenwann mal etwas für sich behalten. Jedenfalls hatte sie zu mir beim Weggehen gesagt: »Come along tonight!« und hatte mir die Adresse aufgeschrieben.

Debbie, das war ein großes, munteres, gutgewachsenes Mädchen, mit offenen, ebenmäßigen Gesichtszügen. Eine der jungen, gesunden, frischen Frauen, wie sie unter dem weiten Himmel der kanadischen Prärie aufwachsen. Das absolute Gegenstück zu einem Vamp, angesichts dessen man dem Barkeeper einen Hundertdollarschein in die Hand drückt, um im letzten Augenblick noch eine Flasche Champagner loszueisen, weil das Liquor Board schon zu hat. Nein, einer Frau wie Debbie bringt man ein Buch mit oder ein Sträußchen freundlicher Anemonen. Da der »größte Buchladen der Welt« (eine schamlose Übertreibung nebenbeibemerkt) schon zu hatte, wählte ich Anemonen.

»Blumen, wow, Anemonen, das ist lieb, das finde ich wunderbar, terrific - willst du Tee oder Kaffee?«

»Ein Bier vielleicht?« fragte ich Debbie.

»Ich trinke nie Alkohol«, sie zog die Stirn kraus. Als ob kanadisches Bier was mit Alkohol zu tun hätte.

»Naja«, dachte ich. »So ein nettes, frisches Mädel aus der Prärie, Kaffee also.« Schließlich war ich ja nicht zum Biertrinken hierher gekommen.

»Deutschland ist ein wunderbares Land, Europa überhaupt, der Rhein, die Burgen, das Schloß in Köln, die Kathedrale in Heidelberg, Hofbräuhaus und Neuschwanstein. Großartig, wunderbar, terrific, ich hab's richtig genossen. Ja - und Salzburg und Budapest, wir haben hinterher gemerkt, daß wir bei diesen schrecklichen Kommunisten waren - hatte man uns gar nicht gesagt - wow! War das eine Show! Aber dann waren wir doch richtig erschrocken. Und das Hofbräuhaus, wunderbar, irre. Wo war das nochmal? In Zürich? Und dann die Schweiz, die Berge, great! Jedenfalls die großen Steinkrüge, da hab ich auch mal probiert, es war herrlich, absolut super«, sie klatschte in die Hände, »zwölf Länder in zwanzig Tagen für elfhundert Dollar, alles inklusive, wow!«

Daß die »Kathedrale«, der Dom, in Köln und das Schloß in

Heidelberg steht, verkniff ich mir und rückte nur das Hofbräuhaus an den richtigen Ort.

Ob sie mir ein TV-Dinner anrichten solle? Im Micro mache das überhaupt keine Probleme, der Micro sei einfach großartig.

Nein, ich hatte nichts gegen ein TV-Dinner einzuwenden, irgendwann muß man ja auch mal solch ein Fix-und-Fertig-Menu ausprobieren; der Fernseher lief ohnehin, wenn auch ohne Ton.

»Oh, es geht so schnell, dazu so sauber und hygienisch, kein Abwaschen - einfach super! Gibt's sowas Praktisches eigentlich auch in Deutschland? Ich kann mich gar nicht mehr so recht erinnern.«

»Ich fürchte ja, leider Gottes«, murmelte ich. Doch das ging in ihrer Geschäftigkeit unter.

»Oh, ihr Europäer, ihr seid ja ganz putzig, aber auch ein bißchen irre - hab ich nicht recht, dear? Aber jetzt hol ich dir ein Bier, ich war unhöflich, meine Freundin Sandra hat bestimmt eins, ganz bestimmt ...«

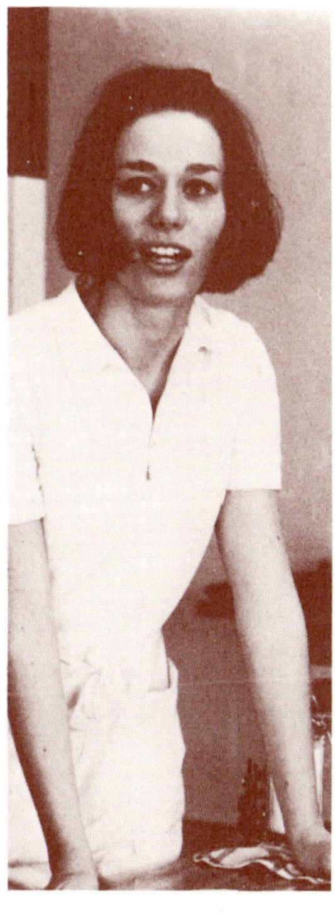

Das Steak auf dem unterteilten Alufolienteller des TV-Dinner war nicht schlecht. Wenn's gute Steaks gibt, dann in Kanada. Doch die giftgrünen Erbsen, knallgelben Maiskörner, das papierweiße Kartoffelpüree, das labbrige Bier ... »Hol's der Teufel, schließlich bin ich nicht zum Essen, zum Biertrinken hergekommen«, dachte ich.

Irgendwann kamen wir uns näher, küßten uns.

»Wow«, sagte Debbie, »du gehst aber ran, und das gleich am ersten Abend. Ihr Deutschen seid wohl auch so'ne Art feurige Italiener, Latin Lovers - laß uns noch die Zähne putzen, das macht mehr Spaß und ist auch hygienischer.« Debbie hatte zwar keine Gästezahnbürste, doch Sandra besaß eine solche. Offensichtlich ein praktisches Mädchen, die Sandra ...

Danach küßten wir uns mit Pfefferminzgeschmack

Debbie war wirklich ein gutgebautes Mädchen, man konnte sie sogar sehr hübsch nennen, und es war nicht nur die Wärme der zwischenmenschlichen Begegnung, die in mir wuchs. Doch - weiß der Teufel warum - irgendwie ging's nicht weiter. Debbie war zwar nicht direkt abweisend, aber sie zeigte nicht das geringste Entgegenkommen, obwohl jedes zweite Wort, das sie hauchte, »darling« und jedes dritte »sweety« war.- Es summte ganz schön in meinen Leisten, doch sie hielt die Knie zusammen. Ich rückte ein Stück weg. Vielleicht hat sie ihre Tage, dachte ich.

»Wow«, sagte Debbie und zog die schönen, langen Beine unter ihren Rock. »Was ist mit dir los, darling«, sie machte große, fragende Augen, »willst du eigentlich keinen Sex? Ihr Europäer seid doch ganz verrückt danach, so richtig schön dekadent, old world charm, wow!«

»Sex, natürlich, das ist die normalste Sache der Welt«, ich war zugegebenermaßen verblüfft. Doch sie ließ mir keine Zeit zum Überlegen.

»Also los, worauf wartest du, unter die Dusche und dann ins Bett! Sex macht man doch im Bett, oder macht ihr das etwa im Wohnzimmer?!«

»Nein, nein, keinesfalls«, stotterte ich, das war eine überraschende, aber nicht unangenehme Wende in unseren Beziehungen. Wir duschten - jeder für sich. Es wäre auch zu eng geworden in der Kabine.

»Toronto«, so dachte ich, als mir das warme Wasser über Brust und Rücken rieselte, »ist so übel nun auch wieder nicht und hüpfte zwischen die ein ganz klein wenig aseptisch wirkenden Laken. Patschuli-Duft paßt ja schließlich nicht so recht zu einem jungen Land wie Kanada, zu einer frischen Frau wie Debbie. Und manches faule Schmusekätzchen, so schoß es mir durch den Kopf, wird, einmal in Fahrt gekommen und von der Leidenschaft mitgerissen, mitunter zur wilden Tigerin.

Doch nicht Debbie. Sie blieb trotz aller meiner Bemühungen unbeeindruckt, obschon sie das war, was man im angelsächsischen Leben »good sport« nennt. Erst als es in meinen Lenden nicht nur summte, sondern kribbelte und krabbelte wie in einem überbelegten Termitenhaufen und das sich alles quasi bis hin zu meinem dicken Zeh verbreitet hatte, schien das Feuer auf sie überzuspringen. Doch da begann sie, mit geschlossenen Augen irgendwelche Verse zu murmeln. Was sie von sich gab, gehörte jedoch nicht zum normalen Wortschatz einer verliebten Nordamerikanerin.

»Um Gotteswillen - sie betet!« fuhr es mir durch den Kopf, und die Termiten erstarrten wie im tiefsten Winterschlaf.

Dazu - bevor's weitergeht - rasch eine kleine Erklärung: Das nordwestliche Saarland, wo ich herstamme, ist trotz aller dort beheimateten Lebensfreude eine impertinent katholische Gegend. Während meiner Sturm- und Drangzeit passierte es schon mal, daß die eine oder andere Jungfrau bereits während des Sündenfalles in tätige Reue verfiel und ihr Geist ihre Lippen zum Gebet bewegte, während ihr Körper noch mit Inbrunst sündigte. Damals jedoch setzte man sich als junger, ungestümer Mensch über sowas einfach hinweg.

Doch jetzt war das anders. Die Termiten dachten nicht daran, sich wieder in Bewegung zu setzen. Aber Debbie hatte sich forttragen lassen und nichts davon bemerkt. Und jetzt verstand ich die Worte, die sie unentwegt murmelte - es war der in Amerikas ländlichen Gegenden weitverbreitete Kindervers:

»Come butter come,
big at the bottom,
little on the top,
thing inside,
goes flippety flop,
come butter come.«

Das »come butter come« klang fordernd und ungeduldig.

»Peter standing at the gate
waiting for the buttercake ...«

Debbie lag mit einem Mal still. Sie schlug die Augen auf. »Darling, was ist, sag mir sweety, was ist mit dir?« Ich legte mich auf den Rücken, zündete eine Zigarette an. »Das Gedicht - es tut mir leid -« Sie sah mich erschrocken an. Wasser sammelte sich unter den Lidern. »Oh«, schluchzte sie los, »oh, wie schlimm, wie terrible. Aber ohne 'come butter come', ohne, o..o.. den Vers komme ich wi-wirklich nicht.«

Tränen strömten über ihr Gesicht.

Das war's. Nichts ging mehr. Wir waren beide viel zu sensibel. Sie konnte nicht ohne - ich konnte nicht mit dem verfluchten Kinderreim.

Aber ich war ja nicht deswegen gekommen. Es war vielmehr die menschliche Wärme, die das stumpfe, abweisende Grau der Stadt mit dem Grün der Kletterrosen und trotz aller Stacheln mit bunten Blütensternen überzuckert.

Ein Drittel aller Kanadier ist französischer Herkunft und ist nach wie vor frankophon. Da es - wie ich annehme - Mitte des 18. Jahrhunderts und auch späterhin nicht viel Abwechslung am St. Lorenz gab, vermehrten sich die ursprünglich 60.000 Franzosen auf inzwischen acht Millionen Menschen. Vor allem im Vergleich zu kleineren Volksgruppen, wie z.B. den Saarländern, eine stattliche Zahl. Die Gefahr, daß sich die Frankokanadier ungehemmt weitervermehren, erachte ich für gering. Denn seit einem guten Dutzend Jahren ist die Politik ihre große Leidenschaft, und darüber - so scheint es - vergessen sie alles andere. Unter Politik verstehen sie die Unabhängigkeit, ihren eigenen, frankokanadischen Staat, was der Herr im Himmel aus mancherlei Gründen verhüten möge. Bei ihnen regiere sowieso das »savoir vivre« der richtigen Franzosen, wovon die »Anglos« keine Ahnung hätten …

Immerhin ist ihre Provinz Quebec bereits soweit zivilisiert, daß man Bier und Wein, wenn auch nie preiswert und selten gut, in »épiceries«, in ganz normalen Lebensmittelgeschäften also, kaufen kann. Eine im übrigen Kanada undenkbare Frivolität. Und in Quebec - merkt auf, Kanada-Reisende! - gibt's in ganz normalen Kneipen sogar Faßbier, was sonst selten der Fall ist. Wenn die Québecois noch davon Abstand nähmen, alle möglichen chemischen Ingredienzen ins Bier zu tun und sich statt der uniformen transamerikanischen Brühe, die in Montreal genauso fad schmeckt wie in Prince Rupert, B.C., auf Gerste, Hopfen und Wasser - und nichts anderes! - zurückbesännen, also ein wirklich trinkbares Bier brauten, dann könnte ich dieser Provinz noch mehr abgewinnen.

Französisch ist in Quebec das einzige offizielle Kommunikationsmittel. Wer jedoch an die Sprache der Liebenden und Diplomaten denkt, wird eine herbe Enttäuschung erfahren. Das »joual« klingt schauerlicher als der breiteste Yankee-Slang und ist für einen europäischen Frankophonen absolut unverständlich.

Das »stop« auf den entsprechenden Straßenschildern ersetzten die Frankokanadier durch »arrêt«. Aus dem Warenhaus »Eaton's« versuchten sie »Eatons« zu machen (der Streit um das Apostroph dauert noch an). Aus »Airport« machten sie »Aéroport«, aus »tavern« »taverne« undsoweiter undsofort. Sie wollten die Piloten, die den Montrealer Flughafen von Mirabel anfliegen, zwingen, ihre Kommandos in französich zu übermitteln und zu empfangen. Eine frankokanadische Lehrerin verklagte ein Krankenhaus, weil ihrer armen Mutter in ihrer Sterbestunde nicht der Trost der französischen Sprache gewährt wurde - die Schwester, die sie betreute, sprach nur englisch.

Jener bereits erwähnte Minister, der bei Eaton's die Jacke mitgehen ließ, rechtfertigte sich, daß man von ihm auf *englisch* eine Erklärung erheischt und er *deshalb* das Weite gesucht hätte. Viele Mütter erfaßte eine Welle von glühendem Patriotismus; sie wiesen ihre hoffnungsvollen Sprößlinge an, nicht mehr in frankokanadischen Läden zu klauen, sondern nur noch bei der »englischen« Hudson's Bay Company, bei Eaton's, Simpsons etc. ...

Montreal ist ein enormer, sehr amerikanischer Betonklotz mit kantigen, himmelhohen Wucherungen, die einmal Wolkenkratzer hießen. Unten - bis in die Höhen hinein, die das Auge des Besuchers eben noch erreicht - sind Reklamen, Firmenschilder, Verkehrszeichen u.ä in französischer Sprache beschriftet; da weht allenthalben das Lilienbanner der Bourbonen, und das Ganze sieht so aus, als hätte sich Chicago anläßlich des 14. Juli französisch verkleidet - wobei das Lilienbanner an diesem Tag durch die Trikolore zu ersetzen wäre. Sonst ist die Stadt durchaus kosmopolitisch. Die Taxifahrer sprechen englisch; in einem Kino hätte ich, wenn ich gewollt hätte, den »Schulmädchenreport Nr. 8« auf italienisch sehen und nebenan den »Kicker« auf deutsch kaufen können.

Dem Kulturschock, den mancher Europäer angesichts urbaner nordamerikanischer Zivilisation erfährt, wäre abgeholfen, wenn die Kanadier, die Amerikaner sich auf die Tugend der Einfachheit zurückbesinnen könnten. Auf das, was sie groß, was sie stark gemacht hat. Statt dessen reden sie nicht nur von Kultur, sondern von Multikulturalismus. Ein Wortbrocken, ein Begriffsklotz, der auch einen von den Stürmen des Lebens gefestigten Menschen in die Knie zu zwingen droht. Nicht nur ich frage mich: Haben sie Angst vor der großen, klaren, elementaren Natur, die sie nach wie vor umgibt? Geht's ihnen wie dem alleingelassenen Kind im großen, dunklen Wald? Haben Sie ihren - kulturellen - Minderwertigkeitskomplex vor den Europäern immer noch nicht abgelegt? Oder ist das Ganze, um auf das Beispiel »Multikulturalismus« zurückzukommen, nur eine weitere Mißgeburt einer ohnehin hirnlosen Bürokratie, die auch in Kanada sich und dem Land Streiche spielt, gegen die gestandene Schildbürger wie einfallslose Stümper dastehen?

Nichts hilft - nichts im übrigen Kanada, nichts in Quebec. Die USA haben Kanada längst annektiert. Alles, auf was es ankommt: Wirtschaft, Werbung, Politik, Sport, die Gesellschaft und ihre Ansprüche, sogar die Glaubensbekenntnisse sind nach dem grobschlächtigen amerikanischen Muster gestrickt.

Das soll nicht heißen, ich sei ein »Kosmopolit« der schlimmsten Sorte - einer von denen, denen nichts, denen es nirgends gefällt. Oder ein hoffnungsloser europäischer Chauvinist. Natürlich bin auch ich nicht frei von chauvinistischen Neigungen. Doch die beschränken sich auf drei Komplexe: die Kneipen der Südstadt in Köln, das Saarland ganz allgemein, und im Fußball auf Borussia Mönchengladbach. Sonst bin ich so objektiv, wie man es als Journalist sein sollte. Aber gerade als Journalist muß man hinter die Kulissen zu schauen wissen, sonst ist man erledigt, oder schreibt für die Bildzeitung.

Kanada hat darüberhinaus ungeheuer viel Positives zu bieten - wahrscheinlich das Optimum überhaupt: eine riesige, ursprüngliche Wildnis, eine großartige, eine heroische Landschaft, gegen die keine Wagner-Oper ankommt.

Doch die liegt ein gutes Stück von Ottawa, Toronto und Montreal entfernt.

Zurück nach Europa. Dort, und nicht nur dort, sollte ich die Finger lassen von Dingen, die mich nichts angehen. Aber irgendwann passiert's einfach, und ich gerate in absurde Situationen. So wie letztlich, wo es ganz harmlos in einer Kölner Südstadtkneipe begann. An der Theke war ich neben einem Türken zu stehen und mit ihm ins Gespräch gekommen. Wir redeten über Gott und die Welt, über Allah und seinen Propheten und wie das so geht in der Südstadt: Mal bezahlte Essad Bulluk, mal bezahlte ich. Ich lieh dem Muselmanen mein Ohr und mein Mitgefühl. Er hatte nämlich - so führte er aus - neben seiner deutschen Frau auch noch eine Freundin.

»Was soll's - gleiches Recht für alle, und soweit ich Bescheid weiß, sagt der Koran ja auch nichts Gegenteiliges.«

»Die Freundin - heißt - Rita, genau Riitta, ist finnisch, groß, blond und sooo lange Bein.«

»Gegensätze ziehen sich an, warum auch nicht?!«

»Ist aber noch größeres Casanova als Essad Bulluk.«

»Da hilft nur gegenseitige Toleranz, Planung und die strikte Einhaltung aller Termine.«

»Toleranz, hab ich Toleranz, ist Toleranz blöd, wenn kommt Kerl mit Gitarre, schwarz' Kerl, schwärzer als Allah's Scheiße, und spielt mit Gitarre, spielt plong, plong, plong. Ich halt mir Ohr zu, spielt plong, plong, plong. Bis ich laufen weg. Aber wenn fertig mit plong, plong - springt schwarzes Arschloch ins Bett mit Riitta!«

»Im Kölsch liegt Vergessen!« versuchte ich zu trösten. Aber mein Nachbar wollte nicht vergessen. Er zahlte ein Kölsch nach dem anderen, und ich wollte ihn nicht beleidigen.

Schließlich rückte Essad Bulluk mit seinem Plan heraus, der sich in der Zwischenzeit in seinem Kopf geformt hatte. Ich sei jetzt, nach all dem Kölsch, sein Bruder - ich sollte mitkommen und schon allein durch mein Auftauchen den dunkelhäutigen Gitarristen vertreiben, denn der hätte sicherlich keine Aufenthaltsgenehmigung. Für diesen Freundesdienst, so stellte mir Essad Bulluk in Aussicht, werde er mir eine Pizza spendieren. Obwohl ich kein Freund von Pizzas bin, rührte mich das Angebot. Doch ich hielt stand - das Ganze ging mich ja wirklich nichts an. Essad Bulluk sah trübe in sein Bier. Dann straffte sich seine Gestalt, seine Augen blitzten:

»Mein Bruder - schenk ich dir Riitta - für ein Abend - oder ganz ein Nacht.«

Das war nun eine Zaubertüte mit unbekanntem Inhalt, mit einem schwarzen Springteufel davor.

»Ich mache sowas nicht«, beteuerte ich, »alle, die mich kennen, wissen das. Wenn schon, dann ohne Pizza und auch unter Verzicht auf Riitta. Wenn, dann ist es, weil wir Deutsche viel gutzumachen haben an den Türken wegen der Diskriminierung.«

»Riitta wird beleidigt sein, sehr viel schwer beleidigt.« Essad Bulluk sah mich mit jeglichen Widerstand ausschaltenden Hundeaugen an.

Ich will's kurz machen. Ich ging mit. Der Schwarze saß da, er hockte ganz brav auf seinem Stuhl, hielt die Gitarre auf seinem Schoß und nicht etwa Riitta, und machte plong, plong, plong, plong. Ich weiß natürlich nicht, ob immer noch oder schon wieder ... Ich weiß auch nicht, ob Essad Bulluk durch sein Spiel in Raserei geriet oder weil er »schon wieder« annahm. Riitta sah auch nicht wie ein weiblicher Casanova aus. Aber Essad Bulluk behauptete, die herbe Schönheit aus dem Norden zu kennen.

»Hat gefickt mit Allahs Scheiße!« brüllte er. Doch das war nur der Anfang. Hätten wir, der Gitarrist, Riitta und ich, Essad Bulluk nicht festgehalten, er hätte gewütet wie ein besoffener Seldschuken-Obrist in der Sakristei eines koptischen Gotteshauses. Wir konnten ihn kaum bändigen. Das Schlimmste jedoch war sein Gebrüll, und das vermochten wir nicht abzustellen. Er schrie schlimmer als der bewußte Janitscharen-Kumbaratschi, dessen Eier sich bei der Belagerung von Wien in der Lafette seines Sechzehnpfünders verklemmt hatten.

Worauf ein Nachbar in Panik verfiel und die Polizei rief. Wegen nichts anderem als solch einer läppischen, harmlosen, wenn auch - zugegeben - bizarren Geschichte. Doch die Grünen sahen das anders. Sie redeten von einem Verfahren, von Ruhestörung, von Hausfriedensbruch, Nötigung, Belästigung, und ich hatte mir - hol's der Teufel - mal wieder eine böse Suppe eingebrockt, Von den Problemen der anderen Beteiligten einmal ganz abgesehen. -

Ich brauchte zwar direkt nichts zu befürchten, doch war das alles mehr als nur lästig. Vor ein paar Wochen erst der Führerschein, jetzt das.

Der Anruf des »Tagesspiegel« kam mir zu diesem Zeitpunkt genau passend. Ich sollte nach Neufundland. Und Neufundland, das liegt angenehm weit weg von der Türkei, von der Südstadt, von Finnland, der Heimat schwarzer Gitarristen, vor allem aber vom Polizeirevier am Waidmarkt. Neufundland erschien mir plötzlich wie das Gelobte Land. Außerdem hatte dort Onkel Hampitt - wenn auch unfreiwillig - seinen Fuß zum ersten Mal auf Nordamerikas Boden gesetzt.

Warum ich dorthin sollte: Während eines über den Nordatlantik fegenden Orkans war eine »unsinkbare« Bohrinsel vor der Küste in eine instabile Position gerutscht, war gekentert, und hatte einundachtzig Oilrigger mit sich in die Tiefe gerissen.

Nach der Vorgabe meines wichtigsten Kunden, des »Tagesspiegel«, war ein Bericht vor Ort fällig. Das Ausmaß der Katastrophe lag über dem Limit von fünfzig Opfern bei Schiffsuntergängen (Bohrinseln fallen unter diese Kategorie). Bei Eisenbahnunfällen ist die Untergrenze mit hundert Opfern festgesetzt (in der Dritten Welt sollten es schon ein paar Tote mehr sein); bei Autobahnzusammenstößen bei vierzig (in der Dritten Welt bei sechzig). Flugzeugabstürze dagegen sollten mindestens dreihundert Tote bringen - andernfalls beschränkt man sich auf Agenturberichte. Unabhängig von diesen Zahlen sind Attentate auf hochgestellte Persönlichkeiten oder spezielle Fälle von »human interest«, auf die die Chefredaktion vor allen Dingen in der wenig skandal- und katastrophenträchtigen Zeit Juli, August und September zurückgreift.

Aus einer Eingebung heraus entschloß ich mich, das Honorar gleich an Ort und Stelle zu verbraten und in dieser abenteuerlichen Ecke der Welt ein paar Urlaubswochen einzuschieben. Vielleicht hatte ich auch nur Schiß, nach Köln zurückzufahren. Nebenbei, so dachte ich, könnte ich ein wenig auf Onkel Hampitts Spur herumschnüffeln. Nicht weit von hier war er bei einer ähnlichen Katastrophe an Land gespült worden, hatte sein erstes Abenteuer in der Neuen Welt bestanden und wäre schließlich, mit dem Wallerfanger Louisjen im Gefolge, um ein Haar wieder ins Saarland zurückgekehrt, ohne das Tor nach Amerika wirklich durchschritten zu haben.

St. John's, Neufundland hatte es mir angetan. Normalerweise mache ich mir nichts aus großen Städten, und es gibt deren nicht wenige in Europa, aus denen ich am liebsten gleich weglaufen möchte. Die nordamerikanischen Metropolen sind für mich gar der blanke Horror.

St. John's ist nicht nur deshalb eine Ausnahme, weil es klein und überschaubar ist (es hat lediglich 90.000 Einwohner), sondern es ist auch noch eine alte - für nordamerikanische Verhältnisse uralte - Hafenstadt. Dafür gibt es in meiner persönlichen Wertungsskala schon ein paar Pluspunkte. Nur einen Steinwurf von Downtown liegen die schwimmenden polnischen und russischen Fischereifabriken, die grünschwarzen baskischen Trawler, die verrosteten Relikte der einstmals weißen portugiesischen Grand Banks-Flotte und dazwischen ein paar Fracht- und Bohrschiffe.

Die iberischen Besatzungen spielen auf der Pier Fußball: Benfica Lisbõa gegen FC Porto, Bilbao gegen San Sebastian

und FC Barcelona gegen La Coruña. Ich würde ganz gern ein bißchen mitkicken und dabei die grün-weiß-schwarzen Farben von Borussia Mönchengladbach vertreten - ich habe ja inzwischen Urlaub - doch die Sprachprobleme wie auch die Sorge um meine Schienbeine lassen mich von dem Vorhaben Abstand nehmen und ich begnüge mich damit, einen in meine Richtung streunenden Ball aufzufangen und mit einem einwandfreien Dropkick ins Feld bzw. die Pier zurückzuschlagen.

St. John's sieht noch im wesentlichen so aus, wie es nach dem vernichtenden Feuer von 1892 wiedererstanden ist. Betonmonster wie das »Hotel Newfoundland« oder das Atlantic Place - ohne Rücksicht auf Norm, Sitte, Ästhetik und Tradition hingerotzt, sind bis zum Einsetzen des erträumten Ölbooms noch Ausnahmen. Noch reden einen die älteren Herrschaften mit »my dear« an, noch grüßt einen der Polizist, den man vor ein paar Tagen nach dem Weg gefragt hat, noch winkt der Taxifahrer, der den Besucher bei seiner Ankunft vom Flughafen in die Stadt transportierte, wenn er seinen Fahrgast im Vorbeifahren wiedererkennt.

Auf dem Weg von St. John's nach Gander fährt der Bus eine Schleife, hält vor einem »Fast Food Restaurant«, einem Schnellimbiß. Wir steigen aus, lockern die Beinmuskeln, gehen hinein. Kunststoff, Glas, Chrom, Neon - abwaschbar, pflegeleicht, steril, auf Tempo und Konsum getrimmt wie überall zwischen Lewisport / Neufundland und Albuquerque / Neu-Mexiko. Hamburger, Hot Dogs, Salads, Pies, Sandwiches auf Plastik hinter Glas und unter Folie, Ketchup, Relish, French Fries. Letztere haben mit Pommes Frites sowenig zu tun wie ein roher Holzklotz mit einem Louis Seize-Stuhl. Pop, Soda, Coke, Root Beer, der im Glasballon blubbernde Kaffee, dessen Aroma längst in alle Sphären entwichen ist; die grelle Aufdringlichkeit der Farben, die öde Langeweile des Geschmacks - es ist wie überall in den Drive Inns zwischen Lewisport / Neufundland und Albuquerque / Neu-Mexiko.

Die Girls hinter der Theke arbeiten in sterilen, klinikweißen Monturen von dem Zuschnitt, wie sie Krankenschwestern, aber auch Arbeiterinnen in Hähnchen- und Staubsaugerfabriken tragen. Es gibt kein Bier - dabei habe ich einen Durst wie die Erde am Morgen aller Zeiten. »Sorry, no licence« - keine Ausschankgenehmigung, wie so oft zwischen Lewisport / Neufundland und Albuqerque / Neu Mexiko.

»Hey, Skipper«, flüstert der vierschrötige Kerl hinter der vorgehaltenen Hand neben mir. »Komm mal mit raus, hab was für dich!« Er zwinkert mit dem linken Auge.

Draußen zieht er eine Familienflasche Cola aus der Plastik-Kühltasche. »Da - trink!« - »Nein danke, kein Cola!«

»Trink, Skipper, mach schon!« Ich sehe genauer hin. Das Getränk ist klar und goldbraum, sieht aus wie Bier. Ich probiere, nehme einen ordentlichen Zug. Tatsächlich: Bier!

»Auf diese Art und Weise kannst du sogar im Bus einen trinken, Skipper, was sonst verboten ist!« sagt der Kerl.

Wer von Gander weiter nach Norden will, fliegt mit Maschinen, deren Ausmaße den Dimensionen des kleinen Gander Airport-Terminals eher entsprechen als ein Jumbo Jet: Twin Otters für zweiundzwanzig Passagiere, Beechcrafts für acht, Pipers, die sechs, oder eine uralte DC-3, die immerhin fünfundzwanzig Menschen in die Lüfte und meist auch wieder sicher hinunter auf die Mutter Erde befördert. - Nach St. Anthony, der nächsten Station, steigt der moderne Flugreisende in echte Buschflugzeuge um; sie allein sind die Vehikel für den Trip in die terrae incognitae Labradors und zurück: neunsitzige, einmotorige De Havilland-Otters und fünfsitzige Beavers auf Schwimmern. Uralte, rostige Luftschlösser, in tausend Scharmützeln mit Regen, Sturm, Nebel, Schnee und Eis erprobt. Ihre mächtigen Sternmotoren poltern, prusten und dröhnen, die Landschaft zieht nur langsam unter ihnen weg. Sie sind zwar schneller als ein gutes Pferd, doch einem mittleren PKW könnten sie mit ihrem achtzig Meilen-Tempo nicht davonfliegen.

»Terra dos lavradores« - »Sklavenland« hatte 1502 der Portugiese Cortereal die nebelumwaberte Halbinsel genannt, »das Land Kains« des Franzosen Jacques Cartier, der 1534 hier heraufsegelte. Bis in unser Jahrhundert hinein waren es nicht mehr als eine Handvoll Weiße, die den Flüssen und Seenketten gefolgt und eine Vorstellung von den Ausmaßen und dem Wesen der riesigen Halbinsel gewonnen hatten, die sieben oder achtmal größer ist als die BRD.

Was für ein Land: Ein endloser, vor Urzeiten erstarrter krustiger Felsbrei mit borstigem Nadelwald in den Kerben der rissigen Oberfläche, denen auch die Flüsse folgen, mit einer unendlichen Zahl von Seen, die sich bis zum fernen nördlichen Horizont erstrecken, mit einem Meer im Süden, dem St. Lorenz-

Golf, dessen Kälte man bis hinauf ins Flugzeug zu spüren glaubt. Ein Meer, durchsetzt mit einer Riesenauswahl von Gesteinsbrocken - vom winzigen Riff, über dem sich die Wogen weißschäumend brechen, über rostrote Blöcke mit weißem Schaumkragen, über Walbuckel und Schären bis hin zu richtigen Inseln, auf denen wiederum kleine Seen aufblitzen und in denen winzige Inseln schwimmen. Dazwischen Buchten, Fjorde, enge Sunde, stille Schlupfwinkel zwischen weiß umbrandeten Steilküsten.

Kaum irgendwo anders auf der Welt scheint die Verzahnung von Land und Wasser so intensiv, und doch herrschen klare Grenzen: Das Land ist fest und felsig, das Wasser in steter Bewegung. Insgesamt eine Atmosphäre, in der es förmlich riecht nach Salzbuckel, Seebär, Teerjacke, Klippfisch, Klabauter, Netz und Tran, nach Korsaren, Piraten und Freibeutern, die in finsteren Neumondnächten eisenbeschlagene Kisten an Land schleppen, gefüllt mit Golddublonen.

Mit drei, vier weiteren Passagieren turne ich an Land, und noch ehe ich mich richtig umgesehen und an den festen Boden gewöhnt habe, sind alle weg, ist die »Otter« mit aufbrüllendem Motor in einer Gischtfahne gestartet.

Ich stehe da auf einer Sandpiste zwischen einer unordentlichen Reihe von Holzkaten; bin verblüfft, allein zu sein; bin einsamer als in einer Großstadt, wo es wenigstens Taxis, Kneipen, Hotels und dergleichen gibt. Es sieht aus, verdammtnochmal, als hätte die Cholera oder sonst eine Epidemie gewütet. St. Augustin scheint ausgestorben. Nur weit hinten, wo die Piste hinter einer Bodenwelle verschwindet, bemerke ich, wie ein alter Mann die Straße überquert.

»He«, rufe ich, »he, einen Moment mal bitte«, doch der Alte schaut weder rechts noch links. Er verschwindet zwischen zwei Häusern. Endlich ein Lebewesen: ein riesenhafter, schmutziger Hund, eine Mischung von Bernhardiner, Wolf, Neufundländer und zwei, drei anderen Rassen trottet mit hängenden Lefzen und Schwanz und tieftraurigen Augen auf mich zu, wedelt andeutungsweise, riecht an meiner Reisetasche, an meinen Hosenbeinen, dreht sich zwei-, dreimal um seine Achse und läßt sich langsam und gravitätisch neben mir nieder.

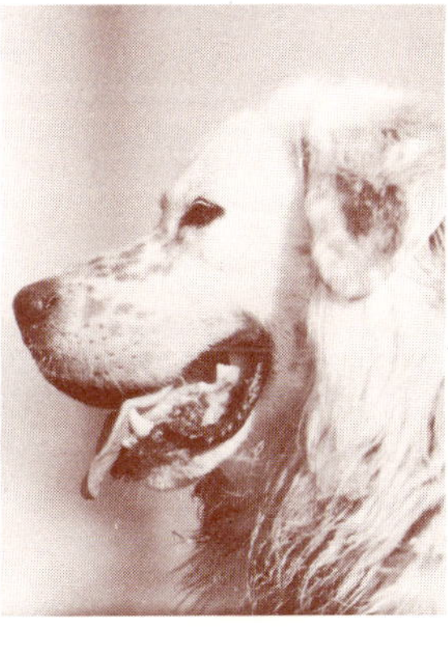

»Das ist Wally's Hund, und er heißt Mister Whity,« sagt der junge Bursche, der urplötzlich aufgetaucht ist und deutet auf das mächtige Vieh.

»Wally wohnt da drüben«, er zeigt unbestimmt in die Richtung hinter sich. Also gibt es hier doch Menschen! Der Bursche macht einen freundlichen, wenn auch ein wenig zurückgebliebenen Eindruck.

»Sag mal, junger Freund, gibt es hier ein Boarding House, eine Kneipe, ein Restaurant, irgendetwas in der Art?« frage ich.

»Boarding House?« der Junge steckt nachdenklich seinen Finger in die Nase; er zuckt die Achseln.

»Ein Restaurant, eine Snack Bar oder sowas?«

»Ein Restaurant ...« Es dauert - dann nimmt er den Finger aus der Nase und deutet damit lebhaft auf die Kirche.

»Da drüben, yes, Sir, das Restaurant ...« Wir gehen zusammen in die angegebene Richtung. Hinter uns her trottet der Hund, der Mister Whity heißt.

Vor der Kirche bleibt mein Begleiter stehen. »Da - im Keller ist das Restaurant. Es wird vor dem Film geöffnet. Film ist freitags, manchmal auch mittwochs. Der Father zeigt den Film, er kostet einen Dollar, aber ich brauche nichts zu bezahlen.«

Eine Weile stehen wir unschlüssig vor der kleinen Holzkirche aus blau- und weißgestrichenen Brettern, mit dem Doppelturm und der Gipsmadonna mit dem Heiligenschein aus 40-Watt-Glühbirnen.

Eine Frau macht dem Spuk ein Ende. »Es ist leer hier«, sagt sie. »Die Leute sind alle beim Fischen, draußen im Sommerdorf. Aber kommen Sie mal rein auf 'ne Tasse Kaffee. Theodore hat Sie wenigstens in Empfang genommen.« Theodore nickt zustimmend. Er kommt mit ins Haus, der Hund bleibt draußen und rollt sich vor der Tür zusammen.

»Mein Mann gehört hier zur Administration«, sagt die Frau, während sie Kaffeewasser aufsetzt, »Theodore ist ein wenig spät dran im Kopf, aber sonst in Ordnung, stimmt's, Theo?« Der Junge nickt heftig. »Wenn mein Mann zurück ist, in ein, zwei Stunden, kann er Ihnen vielleicht weiterhelfen.«

Der Administrator schickt mich zu Onkel Jack. Er macht mir allerdings keine Hoffnungen hinsichtlich Hampitt Holbachs Spur. Doch der bedeutet zu diesem Zeitpunkt kaum mehr für mich als eine Ausrede. Zum Teufel, kann es denn nicht mal um mich selbst, um den Menschen Jupp Holbach gehen? Gibt's denn keine Geschichte, in der der Reporter selbst und sonst nichts im Mittelpunkt steht?

»Ich bin hier an der Küste geboren und aufgewachsen, und weiß eigentlich auch über alles Bedeutsame Bescheid. Fremde kamen damals noch viel seltener hierhin als heute. Und wenn, dann war das solch ein Ereignis, daß man noch lange hinterher davon sprach. Mein Großvater, mein Vater hätten bestimmt etwas darüber erzählt. Wir haben erst seit zwei Jahren Fernsehen, aber die Leute sprechen immer noch gerne miteinander. Wenn einer was weiß, dann ist das Onkel Jack. Der ist hoch in den Achtzigern und müßte sich eigentlich noch selbst erinnern können«, erklärt der Administrator.

Uncle Jack hat weder von Hampitt Holbach noch von einem Deutschen überhaupt gehört.

»Damals wohnten wir noch nicht im Dorf; das hier war nur ein Posten der Hudson's Bay Company, wir waren über die ganze Küste verstreut. In jeder Bucht saß eine Familie; die Burseys in Spoon Cove, die Lessards in Coffin Bay, die McKinnons auf Red Island, wir selbst am Kecarpoui River, aber jeder wußte über alles und jedes Bescheid. Ich kann mich nur an zwei Besucher erinnern: Einer war ein Sportsmann, der zog mit Frankie Buckle und dem Indianer Sean Mistanopiou den Mishou Shibou River hinauf, dann über die Seen bis hin nach Cartwright, oben in Labrador, und dann kam noch ein Amerikaner im Winter - der kam aus dem Norden mit Hunden. Er hieß Wallace und blieb eine Nacht bei Braham Lessard. Aber da war noch einer, auch ein Sportsmann, der ging ebenfalls den Mishou Shibou River hinauf bis nach Louis' House - aber sein Name, ... Holy Codfish, wenn Emerence, meine Frau, noch lebte, dann ... Am besten paddelst du mal rauf nach Louis' House. Romeo, mein Sohn, der tut sowieso im Augenblick nichts als rumsaufen, der Teufel hol' ihn, der soll dich hinbringen.«

Das Nachtmahl bei Romeos Frau besteht aus gepökeltem Rindfleisch, Stockfisch, Kohl, Kartoffeln und einer Fettsoße. Das sei ein Essen, so sagt sie, das an den Rippen haften bleibt. Romeo sieht aus wie eine Kreuzung zwischen Jennerwein, dem Wildschütz vom Schliersee, und einem schiffbrüchigen Piraten, der, an eine Planke geklammert, irgendwo am Strand angetrieben wurde. Er ist an die fünfzig Jahre alt und hat seiner Julia anderthalb Dutzend Kinder gezeugt. Julia, die in Wirklichkeit Rosamond heißt, ist eine scheue, schüchterne, abgenutzte Frau, ist die verkörperte Resignation.

»Ich würde dich ja raufbringen zu Louis' House«, sagt Romeo, »doch laß uns lieber an die Küste fahren, der Fluß ist für'n

Outboarder zu flach jetzt, an der Küste haben wir Wasser genug ...« - Na denn, mir soll's recht sein.

Während St. Augustin so tot war, wie Ottawa an einem Sonntag nur sein kann, wimmelt es in der Sommer- oder Fischersiedlung L'Anse Portage vor Leben. Kinder krabbeln herum, Männer rufen, Frauen lachen, Hunde bellen; dazwischen Möwengeschrei und Motorengeputter. Es herrscht eine fröhliche Aufgeräumtheit in und zwischen den ausgebleichten Katen, die verwegen und windschief zwischen den Granitbuckeln hocken wie die Mütze eines Seelords beim Landgang. Die Schuppen, die stelzigen, hölzernen Piers sehen zerbrechlich aus. Der Strandhafer weht in der stetig blasenden Brise. L'Anse Portage sieht wohl immer noch nicht viel anders aus als seinerzeit Heart's Delight ausgesehen hat, der Ort, wo Onkel Hampitt halbtot an Land gespült wurde. Der einzige Unterschied: die fünf oder sechs Radio-Antennen, die putternden Inboard-Maschinen in den Fischerbooten, die hin und wieder jäh aufkreischenden Outboarder oder Motorsägen.

Viele der hier ansässigen Familien waren vor Generationen aus Neufundland herübergezogen. Und doch gibt es noch einiges, was L'Anse Portage von Heart's Delight unterscheidet: Hier ist das Klima noch rauher, kälter, unwirtlicher, so hart und schneereich, daß nicht einmal mehr das genügsamste Schaf gedeiht. Dabei liegen die einzelnen Siedlungen weit genug auseinander, daß schon die schiere Entfernung für die Sicherheit der nützlichen Tiere gebürgt hätte.

Die Menschen scheinen äußerst friedfertig. Offensichtlich nicht, weil sie besonders gut sind, sondern weil die Unbilden der Witterung, die Unzulänglichkeit der Technik und die enorme Entfernung zu den Konsummärkten die meisten Aggressionen absorbieren.

Es gefällt mir in L'Anse Portage. Die Fischer erzählen mir aus ihrem Leben, ich berichte von meinen Erlebnissen und Erfahrungen. Das klassische System funktioniert noch: Es gibt hier nur einen einzigen Fremden und der bin ich, und den integriert die Gesellschaft der Eingeborenen ebenso problemlos wie den zurückgebliebenen Theodore. Gastfreundschaft wird leichten Herzens gewährt und von mir mit mancher Kiste Bier und nicht wenigen Buddeln Rum honoriert.

Doch das ist nur Beiwerk. Mehr Punkte sammele ich mit den Geschichten, die ich erzähle, meinen zugegeben abenteuerlichen Kommentaren zur Weltpolitik und auch dem Interesse, das ich dem Leben der Leute, der Fischerei entgegenbringe.

Wenn es einen Störenfried in diesem unwirtlichen Paradies gibt, so ist das die Unzulänglichkeit der Technik in Form der Atlantic- oder Acadia-Inboard-Bootsmotoren. Es ist ein Fehler, mich überhaupt mit ihnen abzugeben. Doch mit ihnen ist es wie mit einer Frau, die einen sitzenläßt, hintergeht, betrügt, aus ihrer Wohnung hinauswirft und von der man trotzdem nicht loskommt.

Die Motoren sind ungeschlachte Zweitakt-Einzylinder-Motoren, die die scharf auf Kiel gebauten Skiffs antreiben. Maschinen mit 3, 4 und 6 PS-Leistung und so uralt, daß mir scheint, Christoph Columbus habe sie bereits auf seiner Reise in Richtung Indien, bei der er dann zufällig Amerika entdeckte, als unbrauchbar über Bord geworfen.

Dem Vernehmen nach war es ein gewissenloser Pfälzer, der sich unter Georg III. im neuschottischen Lunenbourg angesiedelt hatte und der eines dieser Ungetüme barg, nachbaute und an die ebenso braven und gutmütigen wie ahnungslosen Fischersleute verkaufte. Was kann für einen halbwegs patriotisch gesinnten Saarländer schon Gutes aus der Pfalz kommen? Pirmasenser Schlappen, die drücken, Oggersheimer Kohl, der bläht, Kaiserslauterner Fußballer, die treten und gegen Saarbrücken gewinnen, stinkende Chemie, die den Rhein verseucht ... ich könnte die Liste bis ins Unendliche fortsetzen. -

Trotzdem: In L'Anse Portage überwiegen die sonnigen Seiten des Lebens, obwohl im dichten, grauen Nebel nur selten eine Spur des freundlichen Himmelgestirnes zu sehen ist. Das Tagewerk beginnt wie überall, wo gefischt wird, im ersten Morgengrauen: Die Fischer - und ich mit ihnen - kriechen aus den Federn, ziehen sich gähnend an und sprengen mit einem Löffel, Messer oder was eben zur Hand ist, die Kapseln von den Bierflaschen:

»Das bringt dich besser auf Vordermann als Kaffee oder Tee«, behaupten sie. Mich indessen stößt dieser Morgentrank in einen halb duhnen, halb schläfrigen Zustand zurück, der den halben Tag anhält. Doch mitgegangen, mitgehangen. Dann puttern hier und da unsichtbar im grauen Nebel Motoren los, während da, wo sie nicht anspringen, gräßliche Flüche erklingen. Doch das alles hört mit einem einzigen Schlag auf, sobald die eigene Maschine losdonnert und jegliche fremde Akustik ebenso auslöscht, wie es der Nebel mit der Optik tut.

Zwölf, siebzehn oder achtundzwanzig Minuten laufen wir akkuraten Kompaßkurs, grob südlich meist; dann suchen wir eine Weile westlich oder östlich querab, bis eine kleine, weiße Javex-Flasche auftaucht: eine Boje des Stellnetzes oder einer Langleine. Das Einholen des Netzes ist Schwerstarbeit, schon nach Minuten drohen mir die Arme abzufallen. Mit der Langleine geht es zwar leichter, doch da heißt es höllisch aufpassen auf die Haken, die in ununterbrochener Folge über die Bordwand pilgern, während das Boot in der Dünung auf und ab tanzt.

Unsere Beute ist fast ausschließlich Dorsch; nur ab und zu erwischen wir eine große Flunder, einen Seeteufel, einen Kugelfisch im Netz. An der Langleine ist's dagegen interessanter: Auch hier dominieren die oft riesigen Dorsche, doch gibt es da auch noch Salzwasserquappen, Wolfsfische, Rochen, hie und da einen Butt.

Die Fischer würden alles, was nicht Dorsch bzw. Kabeljau heißt, kurzerhand ins Meer feuern, wenn ich nicht einschritte.

Doch was nützen mir zehn Pfund köstlicher »Loup« - wenn ich höchstens zwei Pfund zu vertilgen vermag? Die braven Fischersleute sagen zwar, daß das alles gar nicht so übel schmecke, wenn ich ihnen eine solche Köstlichkeit zubereite - ich esse und koche, wie Onkel Hampitt, gern, und, wie man sagt, gut - doch dann kehren sie wieder zum Einerlei des gebratenen oder gekochten Dorsches mit Specksoße, ihren Kohlrü-

ben und den Kartoffeln zurück. Andererseits ist es sehr vermessen von mir, an jahrhundertealten kulinarischen Traditionen zu rütteln.

Nach der Rückkehr forken wir die toten Dorsche auf die hölzerne Pier; dort schlitzt der »header« ihre Bäuche auf, reißt mit einem Ruck die Innereien heraus, bricht ihnen über der Tischkante die Köpfe ab und schiebt sie weiter zum »splitter«. Mit zwei blitzschnellen Schnitten hat der das Rückgrat herausgelöst, ohne den Fisch ganz zu durchtrennen. Danach sieht der Dorsch oder Kabeljau eher aus wie ein Rochen und plumpst in einen halb mit Wasser gefüllten Bottich.

Wir sind jetzt dankbar für Nebel, Nässe, Wind und Regen, denn nichts ist schlimmer, als im hellen, warmen Sonnenschein Dorsche zu verarbeiten - der ohnehin schon kräftige Geruch wird dann zum Gestanks-Inferno.

Ein dritter Mann fischt danach die Fischlappen aus dem Bottich, schubkarrt sie in den luftigen Verschlag am Ende des Holzsteges und schichtet sie wie Holzknüppel aufeinander, jede Lage mit einer dicken Schicht grobkörnigen Salzes bedekkend. Auch ein solches »Shed« verbreitet nicht eben die allseits bekannten Wohlgerüche des Orients.

Die eine oder die andere Pütz Wasser platscht über den Tisch, und dann stapfen wir zu den Katen hinauf. In dem schweren, weitgeschnittenen, schwarzen Ölzeug sieht das aus wie ein Trauerzug hoher und breiter Heinzelmänner. Vom einen oder dem anderen Dorsch bringen wir die Leber mit.

Während wir dann in der Stube sitzen und, schon ein wenig schläfrig, heißen, schwarzen Kaffee trinken und wortlos frisches, gebuttertes Weißbrot mümmeln, macht sich ein neuerlicher Geruch breit. Ein Geruch, der mir anfänglich schlimmer als dem Hintern des schwärzesten Teufels entfahren vorkam, doch mir jetzt als Präludium des nur denkbar würzigsten Schmauses den Gaumen kitzelt: knusprig braungebratene Dorschleber, mit reichlich Salz und Pfeffer gewürzt, mit frischen Zwiebelscheiben belegt, auf weißem, braunkrustigen Brot ausgebreitet, wie es die Fischersfrauen morgens backen ... Dazu dann einen scharfen, selbstgebrannten Schnaps ... Ich muß aufhören, das Wasser läuft mir schon beim Schreiben im Munde zusammen.

Satt, warm, müde und zufrieden und ein bißchen duhn legen wir uns für zwei, drei Stunden aufs Ohr.

Während die Fischer danach Feuerholz hacken, Boote malen, Maschinen reparieren, Netze flicken, an ihren Katen herumhämmern, greife ich mir meine Angel, blinkere auf Meerforellen und Makrelen, pflücke bei tiefer Ebbe einen Korb Miesmuscheln oder suche das Ufergeröll nach Wellhornschnecken ab, hole mit einem langstieligen Kescher suppentellergroße Jakobsmuscheln herauf, grabe Clams, Sandklaffmuscheln, aus oder fahre mit Abraham oder einem von Romeos Söhnen in die Shekatika Bay. In dieser tiefen, verwinkelten Bucht hatte 1534 Jacques Cartier vor Anker gelegen und geflucht: »... nicht eine einzige verdammte Schubkarre voll Erde auf all den Steinen.«

Doch Erde und Wald gibt's am flachen Ende der Bucht, wo Jacques Cartier offensichtlich nicht hingekommen ist. Shekatika - das heißt in der Sprache der Montagnais-Indianer nämlich »eine tiefe, von Wald umrahmte Bucht«.

Ein kleiner Fluß springt in pittoresken Kaskaden in einen der Seitenarme. Während Abraham oder die Romeo-Söhne Holz schlagen, arbeite ich mich durch das Gebüsch zu den Gumpen zwischen den Kaskaden vor, lasse die Fliege übers Wasser tanzen, erbeute ein paar Saiblinge und nicht selten einen großen, silbernen Lachs. Abends hocken wir Männer in einer der Katen zusammen, besprechen die Fänge des Tages und die Aussichten des morgigen, trinken dazu eine Flasche Bier oder einen Schluck Rum, gähnen bald und hauen uns bis zum Heraufdämmern des nächsten Tages in die Falle. »Was für ein herrliches Hundeleben«, denke ich. Weiter komme ich selten, denn ich bin im Nu eingeschlafen. Aber nachmittags, wenn ich am Felsufer sitze und angle, spinne ich den Gedanken weiter:

Ich brauchte mich hier quasi nur an den gedeckten Tisch zu setzen; an einen Tisch, der mit den exklusivsten Delikatessen gedeckt ist, wo jeder Tag ein neues lukullisches Fest bedeutet! Eine Speisekarte taucht aus dem Nebel, und die sieht so aus:

Seeblick-Restaurant „Zum Hinkenden Kabeljau"

Speisekarte

Homard à l'armoricaine
Loup der mer
Rheinische Muscheln
gegrillte Makrelenfilets
Forelle Müllerin
geräucherte Sprotten

Coquilles St. Jacques au gratin
Gebeizter Lachs
Muschel-Chowder
Dorsch in Senfsoße
Aal grün
gedünstete Seezunge od. Heilbutt

Snowcrabmeat
Wellhornschnecken in Knoblauchbutter geschwenkt
Heringe, auf hundertundeine Art zubereitet ...

... und nach dem Fruits de mer:

Biberschlegel in Wacholderrahm
Elchschulterbraten mit Multebeermus
Wildente in Rotwein
Haselhuhn auf Speck und Prinzeßbohnen
gegrilltes Stachelschwein
Kanada-Gans mit Klößen und Preißelbeeren
gedünstete Pilze ·

oder was Deftiges:
„boiled dinner" mit Pökelfleisch, Rüben und Erbsbrei, Klippfisch mit ausgelassenem Speck – und danach Brotpudding mit Melasse.

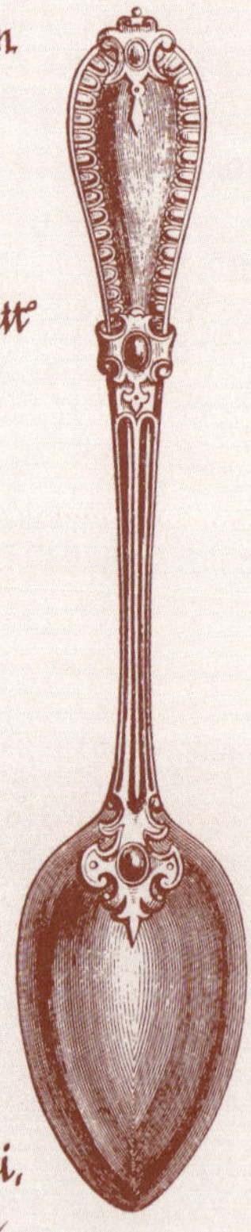

Was müßte man darüberhinaus kaufen? Eine Auswahl an Gewürzen, etwas Pökelfleisch, Mehl, Fett, Kartoffeln, ein paar Kohlköpfe, hin und wieder eine Buddel Rum, pro Woche ein Kasten Bier vielleicht. Auf Monate hin jedenfalls wäre weniger Geld nötig als die Bar-, Restaurant- und Zimmerrechnung im Hotel »Newfoundland«. Für den Winter wäre natürlich Vorsorge zu treffen. Heringe salzen, Klippfisch trocknen, Makrelen pökeln. Eine Hütte müßte man sich bauen, eine Maschine und ein Boot kaufen, Netze, Langleinen, Treibstoff, Werkzeuge. Trotzdem: viel würde auch das nicht kosten, viel weniger als das winzige Appartment in der Kölner Südstadt.

Ein Hundeteam anschaffen - nein. Da schon besser einen Schneeskooter. Kein Mensch in St. Augustin hat mehr ein Hundeteam und außerdem: Wer fährt bei uns denn noch vierspännig ins Büro oder in die Fabrik?

Das ist es: das einfache Leben als die große Versuchung. Kein Kummer wegen des Führerscheins, der weg ist, wegen des Verfahrens, das ich mir bei Essad Bulluk und seiner Finnin eingebrockt habe. Hier wartet das absolute Kontrastprogramm, das gesunde, freie Leben ohne große Zwänge, und das alles ist mit einer Handvoll Dollar zu finanzieren. Es sind aber immer noch viel mehr Dollar, als ich habe. Wütend werfe ich einen Stein in das sich gleichgültig hebende und senkende Meer. Und eine Frau müßte dabei sein. Zum Alleinsein und -bleiben bin ich nicht geboren, nein, nicht auf die Dauer. Und sind nicht Mann und Frau ein überaus effizientes Team?

Ich werfe einen zweiten Stein in die Flut. Wasser spritzt kurz auf, doch das Meer bleibt weiter unbeeindruckt. Ich überlege: die Töchter des Landes. Da sind verdammt hübsche drunter, die ganz jungen vor allem ... Romeo hat ein paar ausnehmend attraktive Mädchen, die auch in der Südstadt Kölns Furore machen würden. Rosamond war sicher auch mal hübsch gewesen - aber jetzt? Ein dritter Stein fliegt ins Meer.

Doch die zwanzig-, fünfundzwanzigjährigen Frauen in L'Anse Portage sind fast ausnahmslos feiste Matronen; vom ununterbrochenen Kinderkriegen und der totalen Beschränkung auf Haus und Küche sind sie aufgegangen wie die Dampfnudeln.

Andererseits muß man selbstkritisch sein: »Ich bin nicht das Waldorf-Astoria«, hat mal ein Kneipier zu mir gesagt, »aber wer bist du denn?«

Ein weiterer Stein fliegt ins Meer, weiter als die davor. Ich bin immerhin vierzig. In den besten Jahren, in denen, die bereits nach den guten kommen ... Und hier heiratet man früh, sehr früh. Wer bin ich denn überhaupt in den Augen der Frauen? Sonst gewiß ein interessanter Typ, einer von draußen aus der Welt. - Andererseits: einmal die Brücken abgebrochen, könnte ich alles, was ich gelernt und an Erfahrungen gesammelt hatte, vergessen; müßte neu anfangen unter Lebensumständen, angesichts derer ich einem zwölfjährigen Eingeborenen kaum das Wasser reichten könnte.

Der fünfte - oder war's schon der sechste - Stein klatscht ins Wasser.

Was würde ich diesen jungen Dingern bieten können? Im Bett wohl nicht allzuviel, wo die Hormonproduktion Mitte der Dreißiger spürbar nachläßt. - Das wäre nicht einmal das Schlimmste, auch die jungen Fischer sind abends müde. Aber die Frau würde gerade von mir erwarten, daß ich ihre Wohnung mit dem schrecklichsten amerikanischen Kitsch - Kitsch, gegen den Neckermann höchste Wohnkultur darstellt - vollstopfte. Was würde ich ihr statt dessen bieten? Die in ihren Augen armseligste aller Bleiben, eine »rückständige« Blockhütte, das unablässige Gespött ihrer Geschlechtsgenossinnen.

Endlich die Kinder. Die riesige Verantwortung. Nein, die Pille ist kein Ausweg, ein paar Kinder gehören hier einfach dazu. Ich schmeiße noch einen Stein ins Wasser.

Nein, den Wunschtraum vom nostalgischen Hausen auf dem Bauernhof mit Trödel und Konsumbeschränkung träumt keine einzige Frau in L'Anse Portage.

Ich spinne weiter: die Trödel-Frauen. Unter ihnen gibt's doch eine ganze Menge, die von so was phantasieren, in den Redaktionen, an Schulen und Universitäten, schöne kräftige, unabhängige Wesen; Frauen, die im Leben ihren Mann stehen. Mal eine von ihnen mitnehmen versuchsweise? Ich kratze mich am Kopf. Auch da sehe ich Probleme. Vom Leben auf dem Bauernhof oder in einer Fischerkate reden und den kaum reparablen Schritt in die Realität tun - das sind zwei Paar Schuhe. Wie würde das auf die Dauer funktionieren: nicht mehr ins Spülklosett, sondern ins Plumpsklo zu kacken? Die Franca's, Birgit's, Nadine's auf der Pier, bis zu den Ellbogen im stinkenden Dorschdreck wühlend. Und ist das eine geschlechtsspezifische Tätigkeit? Statt »verbaler Interaktion« primitivster Dorfklatsch? Keine Möglichkeit auszuweichen, kein Bummel durch Boutiquen und über Trödelmärkte, keine Teestunde mit der Kollegin im »Kaffeeböhnchen«, kein Kölsch im »Ubier«, kein französisches Menu bei »André«; Verzicht auf Vernissage, Theater, Konzert, Kino, Party, Frauentreff, Ausstellung, Buchladen. Weitgehend auch Verzicht auf Intimität, auf das Privileg, allein sein zu dürfen.

Würde ich mich unter den gegebenen Voraussetzungen überhaupt noch stark genug einbringen können in eine funktionierende Zweierbeziehung? Wie würde ich mich verhalten, dem ungewohnten und unsensiblen Leistungsdruck eines Fischers ausgesetzt? Wie würde ich reagieren angesichts einer selbstbewußten Frau, die sowohl bürgerlichen Besitzanspruch wie geschlechtsspezifisches Rollenverhalten ablehnt? Würde ich in die reaktionären Denkschemata zurückfallen, wenn sie mir womöglich rüberbrachte, daß ihr heute Brotbacken auf dem Weg zur aktiven Selbstverwirklichung nichts gebracht, daß sie keinen Bock aufs Abwaschen gehabt hätte - während womöglich mein Magen in den Kniekehlen hängt und mir die Arme abzufallen drohen? Würde sie die für uns neuen Lebenszusammenhänge womöglich ganz anders schnallen als ich? Würde ich mich im Laufe der Zeit an den Verhaltensmustern meiner Fischerkollegen orientieren?

Wenn ja - müßte nicht als unausweichliches Resultat ein irrer Beziehungskonflikt entstehen, aus dem frau bald aussteigt, weil sich frau bei einem so chauvinistischen Scheißmacker in die passive Isolation gedrängt fühlt? Es waren ganz vernagelte Zwangsgedanken, zu denen ich einfach nicht auf Distanz kam.

Ich lasse das alles eine Weile in meinem Kopf rumoren und denke, bevor ich aufstehe und zurückgehe: »Bei rechtem Licht besehen hat die Zivilisation auch für mich ihre positiven Seiten.« Ich gebe mir einen Ruck und schmeiße den letzten Stein ins Wasser. Das Meer verschluckt auch ihn und kümmert sich weiter nicht die Bohne darum.

Es ist hoffnungslos. Es gibt für mich keine reale Möglichkeit, vom sich immer schneller drehenden Karussell der Gewohnheiten, Ansprüche, der äußeren und inneren Zwänge abzuspringen. Vorläufig wenigstens sehe ich keine Chance. Die Story meines Daseins ist gegen die Hampitt Holbachs letztlich alltäglich, negativ und uninteressant. -

Deshalb drehe ich die Uhr um achtzig Jahre zurück und nehme des Onkels Spur wieder auf.

Er ist inzwischen in Fort William am Lake Superior gelandet. In dem Ort, von dem er richtig in seinem Tagebuch geschrieben hat, er läge so ziemlich in der Mitte Kanadas. Deshalb sei er ein so guter Ausgangspunkt für weitere Unternehmungen und Abenteuer.

Es dauerte eine Weile, bis Hampitt Holbach die vor Yan War's Store an der Balkenwand lehnenden Typen mit den tiefdunklen Gesichtern, den fremdartigen Physiognomien als Indianer ausmachte. Einer trug Moccassins an den Füßen, die beim näheren Hinsehen wie schmutzige, lederne Fußlappen aussahen. Doch das war noch lange nicht das Schlimmste: Das waren die Hüte, Hosen, Joppen, die statt Hirschlederhemden, Wampungürtel, Federschmuck, Leggins nicht viel besser an ihnen hingen als Lumpen an der Vogelscheuche im Kappesstück. Keine Spur von Schild, Speer und Tomahawk, nirgends ein feuriger Mustang, weit und breit kein mit Jagdszenen buntbemaltes Wigwam. Waren das, fragte sich Onkel Hampitt, die stolzen, furchtlosen Krieger, die im rasenden Galopp über die endlose Prärie stoben? Wo waren die Rosse, unter deren Hufen die Erde erzitterte?

Andererseits mußte er zugeben: In und rundum Fort William gab es nicht die geringste Spur von Prärie. Auch hier beherrschte der ebenso endlose wie allgegenwärtige Nadelwald die Szene. Ein ungeheures Heer dunkler, stummer Fichten, das allenfalls dem Wasser Raum gab - dem riesigen Binnenmeer des Lake Superior, den unzähligen Seen und Flüssen des Hinterlandes. Dazwischen wagten sich nur hin und wieder ein paar Quadratmeter nackter Fels an die Erdoberfläche, zog sich rotes Gestein an den Ufern entlang.

»Vielleicht«, murmelte Onkel Hampitt, »sind diese Waldindianer lediglich die armen Vettern der rothäutigen Präriebewohner.«

In dem kühlen, klaren Wasser der Seen und Flüsse jedoch, so hatte man ihm auf seine Fragen bestätigt, schwammen ganz kapitale Fische: tief unten am Grund der mächtige, knorpelgepanzerte Stör, im offenen Gewässer die große, graue Forelle, während versteckt im Schilf der meterlange Hecht auf Beute lauerte. Abends, wenn der Wind eingeschlafen war und die Seen wie Glas lagen, da tobten hunderte buntgepunktete Saiblinge auf der Jagd nach Insekten dicht unter der Wasseroberfläche herum, daß Ring neben Ring wallte und die Spiegelbilder der sonst so ernsten und geraden Fichten in beschwipsten Schlangenlinien wackelten.

Es gab nur wenige Nachen oder Ruderkähne in Fort William; Indianer wie Weiße benutzten Birkenrindenkanus. Das waren leichte, ranke, abenteuerlich schlanke Schiffchen, bei deren Anblick Onkel Hampitt befürchtete, sie könnten unter seinem schieren Gewicht zerbröseln oder im gleichen Augenblick umschlagen, in dem er seinen Priem von der rechten in die linke Backe schöbe. Daß es mit seinen Schwimmkünsten nicht zum besten bestellt war, machte ihm zwar den Entschluß, ein Kanu zu kaufen, nicht leichter- doch vor die Wahl gestellt, sich einem wackeligen Schiffchen anzuvertrauen oder aufs Fischen zu verzichten, war für ihn keine Sekunde des Überlegens wert. Allerdings - so hatte man ihm bedeutet - verstünden sich die Indianer als einzige darauf, aus Eschenbrettern, Fichtenwurzeln, Baumharz und Birkenrinde ein Kanu zu bauen.

Onkel Hampitt räusperte sich entschlossen und schritt auf die Männer vor Yan War's Store zu. Einer schaute besonders ängstlich und wollte sich aus dem Staub machen, doch Onkel Hampitt vertrat ihm halb gewollt, halb ungewollt den Weg.

»Hough«, sagte der Weiße. Der Rote schien nicht wenig perplex, was wiederum Onkel Hampitt für eine Sekunde aus dem Konzept brachte - denn wie anders, beim ewigen Manitou, redet man einen Indianer an?!

Eins wußte er jedoch: Es entsprach weder Brauch noch Sitte, gleich mit der Tür ins Haus zu fallen. Wie war es denn zu Hause gewesen: Wenn einer eine Kuh kaufen wollte oder gar ein Pferd, so redete er zuerst einmal vom Wetter und dann von den Pferden, wenn es um eine Kuh ging, und von Kühen, wenn es um Pferde ging.

Also: »Nicht auf der Jagd, mein roter Bruder - keine Pirsch an einem schönen Tag wie heute?« rief Onkel Hampitt forsch.

Der so Angesprochene schaute beklommen nach rechts, und dann nach links, schließlich nach unten und murmelte: »Vielleicht ein bißchen Jagd, vielleicht nix Jagd - ich armer Indianer.«

»Du viel Fisch, Hecht, Forelle, Barsch?«

»No, no, nix Fisch, Fisch gut für Squaw, Hund.«

»Aha, Squaw, Gattin, wie geht's der Mrs. Squaw zu Hause im Wigwam? Was machen die Boys, die Girls?«

Der Indianer ließ sich wieder viel Zeit mit der Antwort. Dann blickte er rasch nach beiden Seiten, als ob er eine Gefahr befürchtete und flüsterte: »Willst du Girlie vielleicht, hübsch indianisch Girlie?«

Onkel Hampitt war wie vom Donner gerührt. Der Kerl da vor ihm - ein verdammter Kuppler, der die schöne Häuptlingstochter als billige Hure anbietet! Zum Teufel, das war die Höhe!

»Nein«, rief Hampitt Holbach empört, »kein Girl, du Lazzeroner, was ich will, ist ein Kanu zum Fischen!»

Der Indianer fiel in Lethargie zurück. »Ich Girlie, ich nix Kanu, ich armer Indianer.« Zur Bekräftigung zeigte er Onkel Hampitt die fünf Finger der linken und zwei eingeknickte der rechten Hand, was wohl bedeuten mochte, daß seine Ehe mit fünf großen und zwei kleineren Mädchen gesegnet war.

»No canoe!» bestätigte er noch einmal.

»Und deine Freunde - « Onkel Hampitt deutete mit den Fingern auf die anderen Indianer und rief: »He, ihr roten Männer, wer von euch will mir ein Kanu verkaufen, ich bin euch wohlgesonnen, ich komme aus Deutschland, ich bezahle einen guten Preis!«

Die Indianer schwiegen und schauten unter sich. Das war Onkel Hampitt zuviel. Er stampfte mit dem Fuß auf und rief: »Also los, ein Mann, ein Wort, entweder - oder?«

»Du nehmen Girlie!» sagte der zuerst Angesprochene, »du machen aus Girlie Squaw, warten; Squaw bauen Kanu.« Diese Dickköpfigkeit brachte Onkel Hampitt endgültig in Rage.

»Ich armer Indianer - « äffte er die Rothaut nach und schrie dann auf deutsch: »Ich egal, ich Italiener, ich nächst' Woch' anner Baustell'!« Das ist ein klassisches Zitat und im Saarland jedem geläufig. Francesco Porta hatte seinerzeit dem Polier mit diesen Worten auf die Aufforderung geantwortet, er solle ein paar Backsteine mehr in die Schubkarre legen.

Damit drehte sich Hampitt Holbach abrupt um und ließ die verblüfften Indianer stehen. Schimpfend marschierte er ins nächste Wirtshaus oder »Bar«, wie man hier dazu sagte. Wenn er darauf keinen trinken mußte?! - Indianer, die wie Zigeuner aussahen, Rothäute, die ihre Töchter verkuppelten.

Aus der Tür tönte schlimmerer Lärm als aus Schramm Matzens Kneipe an der Thailener Kirmes. Drinnen wogten Rauch und Qualm so dicht, daß man, wie Onkel Hampitt sich auszudrücken pflegte, durchaus eine Kartoffelhacke am Gewölk hätte aufhängen können.

Die Gäste sprachen, schrien, brüllten in dem abenteuerlichen kanadischen Idiom, das »joual« heißt. Erst nach einer Weile identifizierte Hampitt Holbach die Laute als französisches Patois. Es war eine bäuerliche Sprache mit breit gedehnten, kehligen Endsilben - Worte, die sich anhörten, als habe der Sprecher ein wurmstichiges Apfelstück abgebissen und wälze es unentschlossen im Mund herum. Die Männer waren Frankokanadier aus der Provinz Quebec - Holzfäller, die hier noch einmal auf die Pauke hauten, bevor sie für Herbst und Winter in die Isolation ihrer Camps weit weg im tiefen Wald abzogen.

Es waren verwegen aussehende Burschen, noch wilder als die aus Thailen oder Steinberg, von wo im Saarland die wildesten Raufbolde herkommen. Einer von denen, der Bärenpitter aus Stcinberg, hatte seinerzeit einer bösen, spitzzüngigen Alten mit einem einzigen wütenden Axthieb den Kopf vom Rumpf ge-

trennt und diesen zur Abschreckung auf eine Zaunlatte gesteckt. Unter den Frankokanadiern waren nicht wenige, denen man Schlimmeres als Bärenpitters Bluttat zutrauen mochte. Andererseits wußte Onkel Hampitt aus einschlägiger Erfahrung, daß Kerle, die Schinderhannes' Gefolge zur Zierde gereicht hätten, viel eher als mancher geschniegelte Lackaffe zu aufrichtigster Freundschaft, selbstloser Großzügigkeit und uneigennütziger Hilfsbereitschaft fähig waren - Kerle, die das letzte Stück Brot, das letzte Hemd mit einem teilten. Nur wenn der falsche Kavalier an der Kirmes mit ihrem Mädchen tanzte, dann fackelten sie nicht lange.

Onkel Hampitt suchte die ihm geläufigen französischen Brocken zusammen: Plafond, Paletot, Perron, Plumeau, Parapluie, Rideau, Chaussee, Coulang (Couloir), Vertico und Waschlavour (Lavoir). - Ausdrücke, die damals noch Haushaltsworte im Saarland waren. Auch Flüche wie »sacré nom de Dieu« gehörten zur Umgangssprache. Auf Grube Rosseln hatte er viele weitere französische Sprachbrocken aufgeschnappt. In Minutenschnelle war Onkel Hampitt in dem Kreis der Männer zu Hause - und ein eindrucksvoller, dunkler Kerl, der sich Hyppolithe nannte, und auf dessen Schopf die Borsten wie auf einer Wildschweinschwarte standen, spendierte ihm prompt einen Whisky. Die »Bûcherons« waren dabei, die wenigen Zehrpfennige zu verjubeln, die ihnen ihre Frauen und Mütter auf den Weg ins Camp mitgegeben hatten.

Sie füllten ein Pint-Glas, das etwas mehr als einen halben Liter faßt, mit dem gelben Maisschnaps. Das Glas machte die Runde, bis es leer war. Derjenige, der als vorletzter trank, mußte den gesamten Inhalt bezahlen. Wenn also der Schnaps zur Neige ging, dann tat einer den berüchtigten »Kuhschluck«, leerte das Glas mit einem Zug und den Kameraden vor ihm bissen die Hunde.

Wenn es eine hundertprozentige Methode gibt, eine zumindest halbwegs zivilisierte Männergesellschaft in kürzester Frist in eine Horde tobender Wilder zu verwandeln, so ist es dieses »Glasabklopfen«. Prompt erwischte es Onkel Hampitt. Er hatte den neben ihm stehenden kurzen, stiernackigen Kerl unterschätzt. Der hatte es geschafft, das noch zu einem Drittel gefüllte Glas mit einem einzigen Zug unter dem Beifallsgebrüll der anderen herunterzustürzen. Prompt wurde er von Hyppolithe zur Rede gestellt und beschimpft, weil man einen Fremden, einen Gast gewissermaßen, nicht ohne weiteres hereinlegt, doch der Gast lachte nur. Dafür schwor Hyppolithe mit dem Ernst eines Neuvermählten und bei den 365 Heiligen Quebecs, seinem neuen Freund Hampitt Holbach ein Kanu zu besorgen, »und wenn er es der letzten wilden Rothaut unter dem schwarzen Hintern wegziehen müßte«. Indessen war das Zehrgeld glücklicherweise rasch aufgebraucht und nur einer der Holzfäller mußte von seinen Kameraden ins Quartier geschleppt werden. Alle anderen erreichten es aus eigener Kraft, ohne daß vorher die Bar in Trümmer gegangen wäre.

Hyppolithe hatte sein Versprechen gehalten. Obwohl er mit seinen Kameraden längst über alle Berge war, meldete sich bei Onkel Hampitt ein junger Indianer. Der Mann radebrechte, er werde ihn mit ins Ojibwa-Lager nehmen, ein paar Tagesreisen weit nördlich, und er könne dann allein zurückpaddeln und das Kanu behalten. In einer halben Stunde wäre er reisefertig und würde unten am Ufer warten, erklärte der Mann weiter. Zwanzig Dollar, ein paar Pfund Tee, Tabak, ein Schluck Whisky wären der Preis.

Mit fliegenden Händen packte Onkel Hampitt sein Bündel, lief hinüber in Yan War's Store, kaufte zwei Pfund Tabak, zwei Pfund Mehl, Backpulver, füllte seinen Demijohn mit Whisky, restaurierte den Salz- und Pfeffervorrat und strebte erwartungsvoll zum Seeufer hinunter.

Neben dem Indianer stand eine hübsche, junge Frau. Sie stand da, hielt die Augen züchtig gesenkt und schwieg. Onkel Hampitt wurde samt seiner Habe kurzerhand in die Mitte des Kanus verfrachtet, die Beiden stiegen ebenfalls ein und dirigierten ohne weitere Umstände das Fahrzeug mit raschen, kurzen Paddelschlägen vom Ufer weg. Onkel Hampitt sah mit ängstlicher Wehmut den sich immer weiter entfernenden Häusern und Bäumen nach, während sich der See immer breiter, mächtiger und scheinbar endlos dehnte. Doch das Boot lag ruhig, zog stetig unter den gleichmäßigen Paddelschlägen seine Bahn, so daß Onkel Hampitt bald die um das Dollbord gekrampften Hände lockerte und sich mit ein paar tiefen Atemzügen zurücklehnte.

Die beiden Indianer sprachen kein Wort. Auch ihrem Passagier fiel nichts Rechtes ein, was er hätte sagen können. Als seine Beine einzuschlafen drohten, hatte er schon soviel Sicherheit gewonnen, daß er sich auf seinem Sitz ein wenig höher zu rutschen und die Beine vorsichtig anzuziehen traute. Da aber kam das jenseitige Ufer auch schon merklich näher.

Vorsichtig jede Grundberührung vermeidend, ohne dabei auf nasse Füße zu achten, stiegen die Indianer am jenseitigen Ufer aus, entluden das Kanu, hoben es aus dem Wasser. Billy, der Mann, tuschelte mit Jenny, der Frau, worauf diese verstohlen einen Kamm aus ihrem schwarzen Haar zog, sich geschickt eine kleine Strähne abschnitt, diese um den Kamm wand und beides in einen Baum hängte. Billy kramte verlegen in seiner Hosentasche und versuchte, heimlich ein kleines Geldstück in den See zu werfen.

»Was ist das? Was soll das?« fragte Onkel Hampitt. Billy druckste eine Weile herum, dann ermannte er sich und erklärte: »Kleines Opfer für Windigo, Windigo böser, böser Geist. Hat nur einen Fuß, ein Auge, größer als Teller, sprüht Funken. Ist riesen-, riesengroß«, er reckte den Arm so hoch er konnte, »nimmt Indianer auf den Arm, rennt weg und läßt fallen. Armer Indianer tot. Oder springt hoch, ganz hoch, bis an Sonne. Armer Indianer verbrennt.« Billy nickte ernsthaft.

»Wenn das so ist«, sagte Onkel Hampitt,»dann will ich nicht zurückstehen.« Er öffnete den Demijohn und ließ einen Fingerhut Whisky in den See tropfen.

»Gute Medizin für Windigo, gut auch für Billy.«

»Keine Angst«, sagte Onkel Hampitt,»du bekommst dein Teil.« Billy lud sich soviel Gepäck auf, wie er nur tragen konnte. Die junge Frau schnappte sich ohne jedes Federlesen das Kanu, drehte es um, warf es über die Schulter und verschwand im dichten Wald wie ein Käfer zwischen den Grashalmen einer Wiese. Onkel Hampitt packte den Rest des Gepäcks zusammen und beeilte sich, den beiden zu folgen.

Der kaum sichtbare Pfad schlängelte sich durch einen verfilzten, dünnstämmigen Nadelwald. Nur wenige helle Birken zeigten sich als freundliche Tupfer in der grünschwarzen Düsternis. Es war ein Wald, der einen, wie es schien, ausweglos gefangennahm. Der Wald besaß weder die geringste Individualität, noch bot er eine Orientierungsmöglichkeit. Es war ein unheimlicher, bedrohlicher Wald; ein Wald, dem Onkel Hampitt allein wohl ohnmächtig und mutlos gegenüber gestanden hätte.

Die Tragestrecke, die Billy »Portage« nannte, ging über Stock und Stein; sie folgte dem Grund kleiner, düsterer Wolfsschluchten, sie wand sich zwischen Bäumen, Felsbrocken, Luftwurzeln und Geröll. Sie umgingen Sumpflöcher und umgestürzte Bäume; über andere mußten sie mühsam und unter den Lasten ächzend hinwegsteigen. Onkel Hampitt hätte Jenny gerne geholfen, doch sie lief trotz ihrer schweren, unhandlichen Last so flink und leichtfüßig vor ihm her, daß er Mühe hatte, mit ihr Schritt zu halten. Trotzdem ärgerte er sich: Warum muß sie das Kanu tragen, warum schleppt es nicht der Kerl? Andererseits mußte er zugeben: »Hol's der Teufel, das wäre selbst für einen Hartfüßer wie mich eine spröde Nuß!«

Endlich blitzte es silbern zwischen den Stämmen: Das bedeutete Wasser, das Ende der Portage war in Sicht! Aufatmend warfen sie ihre Lasten ans Ufer, lachten, streckten und reckten sich. »Der Rückweg ist viel einfacher«, erklärte Billy, »du folgst dem Fluß stromab; zwei, drei Portagen nur, Wasserfälle; der Fluß nimmt dir alle Arbeit ab, die Portage zurück läuft von selber - jetzt aber reisen wir dagegen.«

Das Kanu schwamm bereits. Jenny hatte es vorsichtig und ohne Spritzer ins flache Wasser gesetzt. Sie beluden das Boot, stiegen ein. Die beiden Indianer führten die Paddel rhythmisch, scheinbar ohne jede Anstrengung. Wenn sie ein Stück dem Ufer folgten, sah Onkel Hampitt, wie schnell sie waren. Schon nach wenigen hundert Metern legten sie an der nächsten Portage an.

»Old Woman Rapid«, keuchte Billy und wischte sich die Schweißtropfen von der Stirn, nachdem er seinen Packen abgesetzt hatte. Er deutete auf eine wüste Kaskade, über die Wasserwogen tosend zu Tal stürzten. »Warum Old Woman Rapid?« fragte Onkel Hampitt und reckte seine von der Last befreiten Glieder. Zu Großvaters und Großmutters Zeiten, erklärte der Indianer, hätten die Ojibwa angesichts eines solchen Kataraktes erstmal einen trockenen Ast oder einen Baumstamm in die tobende Wasserflut geworfen. Sie hätten dann gesehen, welches Spiel die Strömung, die feuchten Töchter des bösen Geistes Windigo, was Wellen, Schwälle und Strudel mit dem Holz trieben. Danach hätten sie den Schamanen zu Rate gerufen, und wenn auch der nicht weiter wußte, hätten sie das älteste verfügbare Weiblein in das letzte Kanu gesetzt, in ein Gefährt, das eben noch besser als ein Weidenkorb war, hätten ihr ein Paddel in die Hand gedrückt und das Fahrzeug - Manitou befohlen - in die Strömung gestoßen. Kam das Weiblein lebend mit intaktem Kanu unten am Auslauf des Kataraktes an, dann stiegen auch die furchtlosen Jäger und die tapferen Krieger ein und rauschten ebenfalls hinunter.

»Da trage ich lieber die doppelte Last und laufe die dreifache Strecke«, murmelte Onkel Hampitt. Ihn schauderte beim An-

blick der furchtbaren Wasserwogen, bei dem Gedanken an das Schicksal der armen, alten Weiblein.

Schon deshalb wollte er es nicht zulassen, daß sich ausgerechnet die junge Frau mit dem Kanu die schwerste und unhandlichste Last aufbürdete.

»Komm«, sagte er,»laß mich mal.«

Schon das Aufladen erwies sich als schwierig und als er das Boot ächzend auf den Schultern ausbalanciert hatte, ging's erst richtig los. Die Last drückte, die Dollborde schnitten ins Fleisch, die Zweige peitschten ihm ins Gesicht, der salzige Schweiß rann ihm in die Augen, die Arme drohten zu erlahmen, die Beine wurden ihm bald bleischwer. Das war indessen eine Kleinigkeit gegen die impertinente Obszönität der schwarzen Fliegen, die - ohne Gegenwehr zu finden - in seinem Gesicht herumkrabbelten, die Hosenbeine hinab in die Stiefel und wieder hinauf zu den Beinen fanden, den Weg unter die Hemdmanschetten zur Haut der Arme aufspürten. Die kleinen, mörderischen Bestien bissen gnadenlos zu. Jede Gegenwehr schien vergeblich.

Dann lag endlich auch dieser Überlandweg hinter ihnen. Nachdem Billy ihm das Kanu von den Schultern gehoben hatte, richtete sich Onkel Hampitt ächzend auf, er rieb sich die Druckstellen auf den Knochen.

»Ausruhen, Pause, vielleicht Tee?« sagte der Indianer. Onkel Hampitt nickte zustimmend. Der Indianer schöpfte Wasser, Jenny entzündete ein Feuer. Das ungezuckerte Gebräu schmeckte bitter und rauchig, löschte aber den inzwischen quälenden Durst besser als das schönste Bier.

Onkel Hampitt fragte sich, ob sie wohl am Abend das Zelt aufstellen würden. Er hatte bis dahin kaum zwei Quadratmeter zusammenhängender ebener Fläche ausgemacht. Die Seeufer waren entweder felsig oder mit Weidendickicht bestanden. Es sei denn, sie legten sich mitten in den Sumpf.

Doch am Abend kamen sie wie auf Bestellung an dem einzigen trockenen, ebenen Fleck an, der gerade groß genug war, um auf ihm das schmutzige Canvaszelt aufzustellen. Da waren Axtspuren, ein paar Pflöcke steckten in der Erde. Vor ihnen waren schon andere dagewesen. Nach dem Essen redeten sie nicht mehr viel, sondern huschten unter die Decken.

Onkel Hampitt hätte gern gewußt, ob die beiden Rothäute wohl zusammenkriechen würden. Sie krochen aber nicht. Wenigstens nicht, solange er noch da war. Morpheus enthob ihn rasch weiterer Überlegungen.

Onkel Hampitt hatte weder eine Vorstellung von der zurückgelegten Distanz, noch von der noch zu bewältigenden Strecke, und nur eine vage Ahnung, wo sie sich überhaupt befanden. Wenn die Indianer ihn hier zurückließen, hätte er nicht die geringste Chance. Das alles sah doch ganz anders aus als in den Büchern, die er sich daheim beim Borromäusverein ausgeliehen hatte. Nicht einmal zum Fischen war er bis jetzt gekommen, von irgendwelchem Wild hatte er nicht die geringste Spur gesehen.

Wo waren die Tiere? Wie sollte er sie überhaupt in diesem Dickicht sehen können, wo sein Blick nicht mal zwanzig Meter weit vordrang? Wie sollten sie sich ihnen von den offenen Wasserflächen nähern, ohne lange vorher gewittert zu werden? Da lag zwar einmal Bärenlosung auf dem Trail, und Billy hatte den Finger hineingesteckt, daran gerochen und »von gestern!« gesagt; sie sahen von Bibern zu dicken, zweiseitig gespitzten Bleistiften benagte Birkenstämmchen - doch die Biber selbst sahen sie nicht. Säger strichen weit vor ihnen weg; das eine oder andere Eistaucherpaar lachte sie gellend aus. Eistaucher seien so zäh, behauptete Billy, daß man eher eine Axt im Wasser weichkochen könne als einen der großen Vögel.

Unvermittelt gab der Wald den Blick frei auf ein riesiges Felsengebilde. Es war, als ob die Bäume in stummer Ehrfurcht er-

starrt vor einem breiten, finsteren Klotz zurückträten, der mit schläfrig-halbgeschlossenen Augen dahockte und aussah wie ein Zwitter aus Octopus-Mutter und Steinbeißer-Vater.

»Nanabijou ...« flüsterte Billy, auf den steinernen Koloß deutend. Während sie Kanu und Gepäck an ihm vorbeischleppten, hielten sie einen Augenblick inne. Billy fingerte eine Schrotpatrone aus seiner Hosentasche, Jenny riß einen winzigen, silbernen Zierknopf von ihrer Bluse - beides legten sie auf einen flachen Stein.

»Ihr seid gute Christen, denke ich?« sagte Onkel Hampitt »das sind doch heidnische Opfergaben!«

»Allmächtiger Herr und Gott ist zu Hause in Kirche, in Fort William, vielleicht hat er sich ein bißchen verirrt auf dem Trail im Ojibwa-Wald. Im Wald immer noch guter Nanabijou und böser Windigo. Ein bißchen weiter weg, vielleicht, aber immer noch da.«

»Mmh«, sagte Onkel Hampitt nachdenklich, »mag sein, daß ihr rechthabt.« Er schnitt einen ganz schmalen Priem von der Kautabakrolle und legte ihn dazu. »Doch wie kommt's, daß ihr dem bösen Windigo mehr opfert als dem guten Nanabijou?«

Billy hielt ihm einen langen, umständlichen Vortrag mit der Quintessenz: »Einem guten Geist zu opfern, ist herausgeworfenes Geld, weil er ohnehin gut ist, einen bösen hingegen muß man gnädig stimmen.«

Eine Logik, der Onkel Hampitt im Augenblick nichts entgegenzusetzen hatte.

Als sie eben ihre Packen und das Boot wieder aufgenommen hatten, als Onkel Hampitt eben aufschaute, da gefror ihm das Blut förmlich in den Adern: Vor ihnen stand hochaufgerichtet wie aus dem Boden gestampft, keine fünf Meter entfernt, ein teuflisch großer, schwarzer Bär.

»D-d-dein Ge-gewehr, Billy, schieß, Billy, schieß schnell - « stotterte Onkel Hampitt, während sich ihm die Haare einzeln aufrichteten. - »Nicht schießen«, sagte Jenny ruhig, legte ihren Packen ab, trat zwei, drei Schritte vor, rief dem Bären ein paar Ojibwaworte zu, klatschte in die Hände. Das schwarze Untier glotzte eine Weile, dann ließ es sich langsam auf alle Viere sinken, zögerte einen Augenblick und erklomm flink wie eine Katze einen dicken, schründigen Kiefernstamm.

»Schieß jetzt, schieß!« schrie Onkel Hampitt, ganz außer sich. »Jetzt hast du ihn auf dem Präsentierteller.« Billy schüttelte den Kopf. »Nix schieß«, sagte er, »nix schieß, wenn Nanabijou zuguckt. Nanabijou beschützt Ojibwamann, Ojibwafrau. Nanabijou beschützt auch Maquah, den Bären. Ich in Ojibwa nix Billy, ich Maqua mahnigan. Maquah mein Bruder.«

Dann gingen sie weiter. Nur Onkel Hampitt warf einen ängstlichen Blick über die Schulter, zurück zu der Kiefer mit dem Bären.

Ihr Dasein, das Leben, die Welt hatten sich auf einige Elemente reduziert: auf den struppig-widerborstigen Wald, die weiten Wasserflächen der Seen, den Fels ab und an.

Zum Himmel schauten sie nur dann empor, wenn die Sonne besonders heiß brannte oder wenn aus ihm der Regen troff. Den Wind lobten sie, wenn er schob; sie verfluchten ihn, wenn er ihnen ins Gesicht blies. Ihre Aufmerksamkeit, ihre Gefühle waren vollständig von der Notwendigkeit und von den Mühen des Reisens in Anspruch genommen.

Inzwischen war es Onkel Hampitt egal, ob Billy Maquah mahnigan und Jenny zusammen gehörten oder nicht. Seine Gedanken und Vorstellungen kreisten vielmehr um kurze Porta-

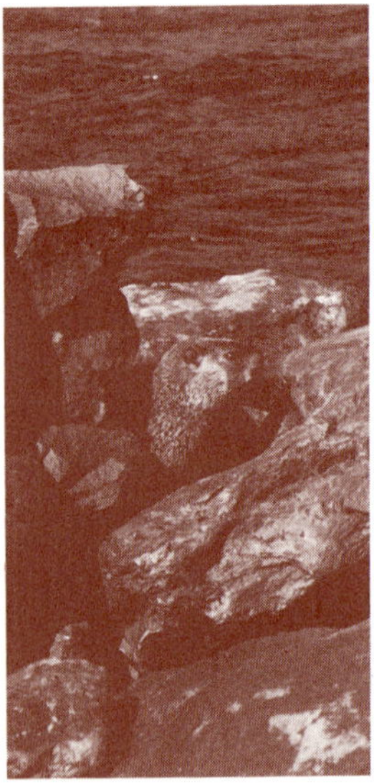

gen, ebene Trails, windstille Seenflächen, lange Ruhepausen und um einen kräftigen Nachtfrost, der den Insekten den Garaus machen würde. Am liebsten wäre ihm ein stetig fließender Fluß wie der Rhein gewesen, der das Kanu auf seinen Rücken genommen und ins Ziel getragen hätte.

Der Whisky war längst ausgetrunken. Mehl, Backpulver, Fett, aus denen sie einfache Pfannkuchen gebacken hatten, gingen zur Neige. Deshalb paddelten sie nicht mehr auf der kürzesten, der direkten Route quer über die Seen, sondern folgten in drei, vier Bootslängen Abstand der Uferlinie. Billy war nach vorn in den Bug des Kanus gewechselt. Onkel Hampitt hatte inzwischen seinen Part gelernt, hatte begrifffen, wie man das Kanu vom hinteren Sitz aus steuert. Vor Billy lag die Flinte, griffbereit. Er hielt nach etwas Eßbarem Ausschau.

Jedesmal wenn ein Schuß krachte, zappelte ein kleines, blutendes, glattschwänziges Tier im Wasser herum. Bisame, die aussahen wie große Ratten. Jenny griff sie ohne viel Federlesens und warf sie ins Kanu.

»Die sollen wir doch nicht etwa essen müssen?« fragte sich Hampitt Holbach schaudernd. Als ob Jenny seine Gedanken erraten hätte, sagte sie zu ihm: »Abendessen, gut.«

Es war das erste Mal, daß sie das Wort an ihn richtete, und er glaubte sogar so etwas wie ein scheues Lächeln, einen flüchtig streifenden Blick bemerkt zu haben.

Der abendliche Lagerplatz lag nur wenige Schritte neben dem Einlauf eines munteren Flüßchens. Während Jenny und Billy den Bisamen das Fell über die Ohren zogen, fischte Onkel Hampitt mit dem Mute der Verzweiflung. Wenn er keinen Fisch fing, würde er entweder hungrig unter die Decke kriechen oder diese merkwürdigen Ratten aufessen müssen. Aber er hatte Glück. Ein halbes Dutzend gut halbpfündiger Saiblinge zappelte alsbald im Ufergras. Onkel Hampitt nahm die Fische sorgsam aus, spießte sie, aufmerksam von den beiden Indianern beobachtet, auf Weidenstecken und bestreute die nasse Haut dick mit Salz. Die Fische steckte er rund um die Glut des inzwischen heruntergebrannten Feuers. Billy hatte längst sein eigenes Feuer gemacht, hatte den Topf mit den Bisamen darübergehängt.

Onkel Hampitts Menu war eher fertig.

Er zupfte an einer Rückenflosse, sie löste sich leicht aus dem dampfenden Fleisch. Er reichte Jenny den Fisch, einen anderen gab er Billy. Die beiden aßen mit Behagen.

»Gut, gut«, sagte Billy grinsend, »gut für Hund, gut für Squaw, nix gut für Billy.«

Trotzdem aß er einen zweiten Fisch.

Andererseits - das mußte Onkel Hampitt zugeben: Aus dem Fleischtopf duftete es viel verführerischer, kräftiger, aromatischer. Billy hatte mit dem restlichen Mehl drei kinderkopfgroße Knödel geformt und sie behutsam in den Topf gesetzt. Währenddessen hatte er sich mit seinen ungewaschenen Fingern ungeniert mal am Hintern, mal vorne gekratzt. Vielleicht hatte er Hämorrhoiden? Was zum Teufel heißt Hämorrhoiden auf englisch? fragte sich Onkel Hampitt.

Trotzdem probierte er den Braten, griff sogar wacker zu, um sich seinen Anteil zu sichern, und siehe da, die Tiere, die wie Ratten aussahen, schmeckten besser als das Fleisch zu Hause auf Schmittlatzen Hochzeit!

»Wenn dir Schnepfendreck die Nase lieblicher kitzelt als ein duftendes Märzveilchen, dann kannst du von einem ehrlichen Hunger reden!« sagte Onkel Hampitt und strich sich zufrieden über den Bauch.

Als sie hinterher, an einen Treibholzstamm gelehnt, satt und zufrieden in der Abendbrise saßen, fragte Onkel Hampitt:

»Billy und Jenny, seid ihr Mann und Frau?«

Beide schüttelten energisch den Kopf. »Cousin Jenny, Cousin Billy, Jenny viel boyfriend - « was wohl bedeutete, daß sie von Kavalieren umschwärmt war. Jenny warf Onkel Hampitt einen scheuen Blick zu und lächelte, wie es schien, ein wenig verschämt.

»Wie heißt du auf indianisch?« fragte er sie direkt. Jenny senkte die Augen.

»Opichquoy - Eichhörnchen«, antwortete sie leise, »im Ojibwaland nicht mehr Jenny, nur noch Opichquoy.«

»Du - Name?« fragte Billy.

»John Peter«, sagte Hampitt Holbach.

»Jean La Pipe!« lachte Billy.

»Okay, Jean La Pipe«, rief Onkel Hampitt. Er hätte gerne das Gespräch noch fortgesetzt, aber Billy Maquah mahnigan sagte »wabank Ondenah« - morgen würden sie also das Lager ihres Stammes erreichen. Damit erhob er sich und ging wortlos ins Zelt. Hampitt Holbach stopfte noch eine Pfeife und reichte sie danach Jenny Opichquoy. Sie lächelte, rauchte schweigend, erhob sich und verschwand wortlos hinter dem stockfleckigen Canvas. Onkel Hampitt blieb noch eine Weile nachdenklich sitzen. Er stopfte nochmals die Pfeife, blickte über den See und hing seinen Gedanken nach.

Morgen würden sie am Ziel, im Lager ankommen - in einem Indianerlager! Auch wenn es wohl anders aussehen würde als die bunten Wigwams seiner Träume, so war das doch ein riesiges Abenteuer!

Im Zelt warf er sich von einer Seite auf die andere. Er konnte verdammtnochmal nicht einschlafen; er war zu sehr auf dieses Ojibwadorf gespannt. Alle möglichen, die verrücktesten Gedanken schossen ihm durch den Kopf. Vielleicht lag er auch schlaflos, weil sich Jenny Opichquoy diesmal so nahe neben ihm ausgestreckt hatte. Er roch sie, spürte sie, obwohl sie sich nicht berührten. Es war ein herber Geruch, ein bißchen zu streng für seinen Geschmack. Trotzdem war es ihm, als krabbelten hunderttausend Ameisen in seinen Lenden. Vielleicht übertrug sich ihre Unruhe auf ihn - vielleicht war es auch umgekehrt. Jedenfalls drehte auch sie sich von einer Seite auf die andere. Nur Billy Maquah mahnigan schien nichts anzufechten - er schnarchte unbeeindruckt in seiner Ecke. Irgendwann berührten sich Onkel Hampitt und Jenny Opichquoy; Onkel Hampitt legte seinen Arm um die junge Frau, sie drückte sich leicht an ihn, legte ihre Hand in seinen Nacken, rieb ihre Wange an der seinen und flüsterte: »Jetzt nicht zusammen Spaß haben, jetzt nicht - bitte - morgen - Ondenah-Lager.«

Sie strich Onkel Hampitt über das Haar und drehte sich weg.

Ondenah war kein Dorf, es war allerhöchstens ein Biwak. »Mein Gott, in einem Zigeunerlager sieht's ordentlicher aus«, murmelte Onkel Hampitt.

Auf einer Lichtung standen vier, fünf »Mushwaps«, wie die Ojibwa ihre Zelte nennen; dazwischen lagen Kanus, kläfften ruppige Hunde, wuselte in zerlumpter, rotznäsiger Fröhlichkeit eine Reihe dunkelhäutiger Buben und Mädchen.

Ein roter Gentleman mit struppigem, grauen Schopf und einem Gesicht wie eine Gletschermoräne zog sich die Hose hoch, während er näherkam, auf Ojibwa einen Gruß entbot und mit der Würde eines turkmenischen Großwesirs Huldigung und Gastgeschenke Onkel Hampitts - zwei Pfund Tee, ein Pfund Tabak - entgegennahm. »Scoutywoboy - wo ist scoutywoboy?« fragte er.

Whisky? Onkel Hampitt drehte sich um, wollte erklärend auf Jenny Opichquoy und Billy Maquah mahnigan zeigen. Doch Cousin und Cousine waren spurlos verschwunden.

»Ausgetrunken, unterwegs leergemacht, der Demijohn ist trocken.«

Auch der Häuptling, der sich mit Pitchylago, was soviel wie der Gestrige, Alte heißt, vorgestellt hatte, trug weder Adlerfeder noch Lanze noch Tomahawk. Seine Hose sah aus wie die eines mongolischen Reiters aus Ulan Bator nach seiner Ankunft in Poitiers. Lediglich seine Füße steckten in Moccassins. Dennoch verkörperte er unverkennbare Autorität. Er hielt einen langen Ojibwa-Monolog, über den Onkel Hampitt später in sein Tagebuch schrieb: »Ich verstand kein einziges Wort, und wenn ich nicht gewußt hätte, daß es indianisch ist, hätte ich gesagt, es klingt, als ob die alte Schmittlatzen Gret in der Badebütt einen fahren läßt. Die Moccassins scheinen wirklich alles zu sein, was von der Indianerherrlichkeit geblieben ist.«

Im Häuptlingszelt schlug ihm ein ranziges Odeur entgegen. Hier roch alles und jeder wie es oder er mußte. Es wimmelte von Leuten rund ums Feuer, dessen beißender Rauch Tränen in die Augen trieb. »Wenn die das aushalten, kann ich's, muß ich's wohl auch!« sagte sich Onkel Hampitt.

Über dem Feuer hing ein riesiger Topf, der ihn an die Waschbütten daheim erinnerte. Die Brühe blubberte, und wenn man die Nase über den Kesselrand steckte, duftete es angenehm.

Das »Suppenfleisch« war ein kompletter Elchkopf mit weißen Glupschaugen und Wulstlippen, waren mächtige Rippenstücke und etwas Undefinierbares, das sich später als Herz und Leber des Riesenhirsches entpuppte. Noch bevor der Topf abgekühlt war, langten sich die Roten die heißen Rippen aus der dampfenden Bütt und rissen mit den Zähnen das Fleisch von den Knochen.

Auch Hampitt Holbach griff wacker mit den Händen in die heiße Brühe, verbrannte sich die Finger, blies lachend drauf - »ein Indianer kennt keinen Schmerz« murmelte er kauend. Aufmerksam beobachtete er die Tischsitten der anderen, wie er es zu Hause gemacht hatte, wenn er bei besseren Verhältnissen zu Gast gewesen war.

Erwischte er mal einen größeren Fleischbrocken, so hielt er diesen mit den Zähnen fest und schnitt ihn mit seinem Messer knapp vor den Lippen in eine kaugerechte Größe, während ihm wie den anderen die Brühe übers Kinn troff. Er rülpste und genierte sich ebensowenig wie die Gastgeber. Erst als die Brühe ausgeteilt wurde und darin als besondere Delikatesse für den weißen Gast ein Elchauge schwamm, während die Indianer aus dem mit der Axt zertrümmerten Schädel das Elchhirn fingerten, da hätte er weiß ich was für einen Knuppen Schnaps zum Nachspülen gegeben. Danach waren die aufgeschnittenen, weichen Elchlippen fast ein Leckerbissen! Wenn die Rothäute nur nicht so sehr mit dem Salz gespart hätten ...

»Flauzen, Kutteln und Ochsenmaulsalat sind ja auch nicht jedermanns Sache«, sagte sich Onkel Hampitt, leckte sich die Finger ab und wischte sie mit dem Sacktuch sauber. Als der Häuptling das große, rotkarierte Calico-Bandana sah, griff er begierig danach, so daß Onkel Hampitt gar keine andere Wahl blieb, als es ihm statt des Whiskies zu überlassen.

Wenn er nur hätte aufstehen können! Die untergeschlagenen Beine schmerzten, und als er sich aufrichtete, da zwang - obwohl kein Riese von Gestalt - ihn der beißende Qualm sofort wieder hinunter. Danach rauchten sie. Der Qualm wurde so dicht, daß er von seinem Gegenüber kaum mehr als einen Schemen sah.

Endlich am späten Abend, als die letzte Pfeife ausgeklopft, als das Feuer heruntergebrannt war, nachdem die letzten Besucher das Zelt verlassen hatten, das Kindergeschrei verstummt war und sich alle zum Schlaf ausgestreckt hatten, als sonores Schnarchen anzeigte, daß auch Häuptling Pitchylago die

Schwelle zum Land der Träume überschritten hatte, fühlte sich Hampitt Holbach wieder als zivilisierter Mensch.

Doch als er, sich wohlig streckend, über die Diskrepanz zwischen geschmeidiger Illusion und rauher Realität nachgrübelte, da machte sich etwas an seinen Füßen zu schaffen - er trat nach dem schnüffelnden, schnaubenden Etwas. Es waren die Hunde, die sich in das Zelt gestohlen hatten und nach Überresten des Mahles suchten. Was weiter nicht schlimm war - schlimm wurde es, als sich eine keifende, weibliche Stimme erhob und statt leichter, behender Hundepfoten die schweren, hornschründigen Füße einer gewichtigen Squaw über seine Extremitäten tappten.

Onkel Hampitt war todmüde und hoffte, endlich ein Auge voll Schlaf zu erhaschen, als sich draußen ein so schreckliches Geheul erhob, daß er wie von der Tarantel gestochen in die Höhe fuhr. Es war die schauerliche Totenklage einer Ojibwa-Witwe. Es klang wie das schiere Hohngelächter der Hölle. Doch niemand störte sich an den schrecklichen Lauten.

»Ein Lied, das Steine erweichen, das Menschen rasend machen kann«, knurrte Onkel Hampitt, bis die schaurigen Töne endlich in schluchzenden Seufzern erstarben.

Jetzt stieß der Häuptling ein paar grunzende Laute aus, murmelte unverständliche Worte - es klang wie »mubak, dalerak« - er hustete, rappelte sich auf, blies ins Feuer und begann einen eintönigen, sägenden Singsang, mit dem er das Dahinschwinden der alten Zeiten, die Gefallenen aus den endlosen Kämpfen mit den Erbfeinden der Ojibwa, den Sioux, oder weiß der Teufel was beweinte.

Schließlich briet er sich ein Stück Fleisch, das er bedächtig schmatzend und rülpsend verzehrte.

Onkel Hampitts Prüfungen waren damit noch nicht vorüber. Bevor Morpheus endgültig die Oberhand über all die ungewohnten Geräusche und Gerüche gewinnen und ihn mit seinen schützenden Armen umschließen konnte, hatten winzigkleine, doch in ihrem Blutdurst beutegierigen Löwinnen kaum nachstehende Bestien das frische Blut meines Onkels gewittert, hatten die Barrieren der Decken und Kleider überwunden und begonnen, herzhaft zuzubeißen. Es stach, juckte, es bitzelte - Hampitt Holbach rieb, kratzte, scharrte und wartete ingrimmig auf die Erlösung der aufgehenden Sonne.

Das stockfleckige, muffige Zelt, das sie unterwegs über dem baren Boden errichtet und in dem sie biwakiert hatten, wäre von Onkel Hampitt mit Gold aufgewogen worden, hätte er es irgendwo im Lager auftreiben können. Doch die Leinwandvilla blieb ebenso verschwunden wie Opichquoy, die Cousine, und Maquah mahnigan, der Cousin. Andererseits ist das menschliche Wesen, vor allem aber der Saarbergmann eine ungeheuer anpassungsfähige Kreatur, die sich über die übelsten Begleitumstände hinwegsetzt und auch auf der blanken Erde eines Ojibwa-Mushwaps in einen Schlaf findet, der sich letztlich von dem in einem Himmelbett genossenen nicht unterscheidet. Und schließlich wäre dem, was darüberhinaus passierte, ein Himmelbett gerechter geworden. Doch ich will nicht vorgreifen.

Onkel Hampitt schlief in der folgenden Nacht so tief und fest, daß er höchstens unbewußt gewahrte, wie sich - Mitternacht mochte gerade vorüber sein - ein warmer, weicher Frauenkörper sanft, aber doch bestimmt an ihn schmiegte, wie ein runder, fester Hintern sich immer tiefer in die Kuhle zwischen seinen angezogenen Schenkeln und Bauch hineinkuschelte, bis er sich endlich wie ein Puzzlestein ins Puzzlebild fügte. Lange noch, bevor sein Herr richtig wahrnahm, was sich da anbahnte, hatte Onkel Hampitts kleiner Kater die Nähe des Kätzchens gewittert, hatte sich erst spielerisch gestreckt und gereckt und war entschlossen in das Tälchen zwischen die beiden kegligen Wölbungen vorgedrungen, soweit es das doppelte und dreifache Hindernis der Stoffe zuließ. Eine kleine, geschickte Frauenhand kam ihm jedoch unverzüglich mit ein paar Griffen zu Hilfe, befreite ihn nicht nur aus der Enge des Holbach'schen Hosenstalles, sondern tätschelte und streichelte ihn, bevor sie sich um ihn schloß und ihn ohne weitere Umstände zu dem Schmusekätzchen hinführte, das ihn mit lebendiger Wärme umfing, worauf sie das uralte, fröhliche Spiel spielten, an dem selbst das winzigste Tierchen ein riesiges Vergnügen findet.

Onkel Hampitt hielt die Augen geschlossen, als wolle er einen schönen Traum festhalten, während sein Bewußtsein durchaus gegenwärtig war. Alsbald aber trieb er in jenen Zustand der Verzückung hinüber, der sich bei solchen Gelegenheiten einzustellen pflegt, bis sich Lust und Wonne zu dem unbeschreiblichen Gefühl verdichteten, das ihn aus der Realität des Mushwaps abhob und in Sphären schleuderte, in denen sich Himmel und Hölle ekstatisch mischen.

Aber auch danach fiel Onkel Hampitt keinesfalls in die rauhe Wirklichkeit zurück; er sank vielmehr ohne Aufenthalt hinein in die Traumwelt, ohne zu träumen, aus der er erst wieder auftauchte, um eine weitere Fata Morgana zu erleben, die keineswegs zerbrach, sondern sich zum Klimax verdichtete, aus dem er wieder langsam und übergangslos zurückglitt in die Schwerelosigkeit des Schlafes.

Obwohl er den Fahrstuhl der Lust ein drittes Mal bestieg, brauchte er am Morgen eine ganze Weile, während der er sich fragte, ob er das alles nicht doch nur geträumt habe. Der Platz neben ihm war zwar inzwischen leer, doch nach einigen Augenblicken des Zweifelns gewann er Klarheit, daß er keineswegs geträumt hatte und daß die Schöne der Nacht keine andere als Opichquoy gewesen war. Schließlich gab es Evidenzen, die in der prosaischen Volkssprache des Saarlandes »kalte Bauern« heißen. Erst dann überfiel es ihn: »Um Gotteswillen, was mögen nur all die Leute hier gedacht haben?!« Er ordnete seine Kleider, tat, als sei nichts geschehen und paddelte zum Fischen. Dabei gedachte er auch seine Gedanken und Gefühle zurechtzurücken, so wie er es früher an der Groß' Bach in Nunkirchen getan hatte.

Mit Kanu und Paddel war er inzwischen so vertraut, daß auch der Riesenhecht, der die Schnur bei seiner Flucht querab unter dem Boot hindurchzog, ihn nicht umwarf, sondern selbst nach aufregenden Minuten des Kampfes sein Element verlassen mußte. Am Ufer schickte Onkel Hampitt das um sich schlagende Ungeheuer mit einem kräftigen Knüppelhieb ins Reich der Schatten. Doch das war ein Leichtes gegen das Problem, die Unordnung in seinem Kopf zu beseitigen. Zuviele, vielzuviele Fragen blieben offen.

Einige der Antworten suchte er im Lager. Doch vergeblich. Die Männer, die er nach Opichquoy fragte, hoben die Schultern bis hinauf zu den Ohren, und auch aus den Frauen bekam er nichts heraus - soweit es ihm überhaupt gelang, eine Frage an sie zu richten. Meist zogen sie sich ein Tuch vors Gesicht und wandten sich ab. Die Kinder kicherten zwar, als sie Opichquoys Namen hörten, doch auch sie liefen weg.

Es blieb Onkel Hampitt nichts anderes übrig, als auf den Abend zu warten. Würde Opichquoy womöglich nochmals auftauchen?

Ungewißheit, Erregung und Erwartung ließen ihn lange nicht einschlafen. Endlich sank er in einen unruhigen, flachen Schlummer. Diesmal wachte er sofort auf, als er fühlte, wie behende Füße lautlos über die ausgestreckt Schlafenden hinwegstiegen, wie eine biegsame Gestalt sich neben ihm ausstreckte und ihn zwei warme Arme umfingen. Es war Opichquoy, er flüsterte ihren Namen, sie nickte, legte aber ihren Zeigefinger auf seine Lippen und erstickte mit ihren Lippen seine Fragen. Sollte sie ihn wieder verlassen - so hatte sich Onkel Hampitt vorgenommen - würde er ihr folgen, koste es was es wolle. Sie umfingen und hielten sich aber mit solcher Leidenschaft und das nicht nur einmal, daß er schließlich ermattet einschlief.

Am Morgen war der Platz neben ihm leer.

»Merkwürdig, ganz eigenartig«, murmelte Hampitt Holbach und bestieg das Kanu, das ihn wieder zu den Fischgründen bringen sollte.

Diesmal fand er eine Stelle, wo die Zander dicht an dicht standen. Er fing fünf, sechs dieser halb- bis einpfündigen Fische, schnitt sorgfältig die Filets heraus, salzte, pfefferte und röstete sie über der Holzkohlenglut; dazu nahm er einige Streifen Speck, Salz, Pfeffer aus seiner Reisetasche, den er auf flachen Steinen sachte anbriet. Er aß langsam, nachdenklich, aber mit gutem Appetit.

Während er danach lautlos paddelnd eine Felsnase umrundete, sah er plötzlich Opichquoy. Sie saß am Ufer, vor ihr hockte ein kleines Mädchen. Opichquoy wühlte mit zwei Händen in ihrem Haar, pickte mit spitzen Fingern hin und wieder ein Läuschen aus dem schwarzen Kinderschopf, steckte das Biest zwischen die Zähne, biß herzhaft drauf und spuckte es aus.

»Opichquoy!« rief Onkel Hampitt freudig überrascht aus. Die Frau drehte den Kopf, stieß einen hellen Schrei aus, packte das Mädchen und verschwand im dichten Busch. »Was ist los, Opichquoy, warum läufst du weg von mir?« rief ihr Onkel Hampitt nach. »Wo rennst du hin?« Mit ein paar schnellen Schlägen war er am Ufer, sprang aus dem Boot, rannte in das Dickicht, suchte und rief immer wieder. Doch vergebens, Opichquoy und das Mädchen blieben verschwunden.

Es blieb ihm nichts anderes übrig, als die folgende Nacht abzuwarten. »Geh mit mir hinaus, dort können wir zusammen sprechen, ich muß einfach mit dir reden«, flüsterte er eindringlich Opichquoy ins Ohr, nachdem sie sich auch in der dritten Nacht an seine Seite gelegt hatte. Doch die junge Frau schüttelte den Kopf, beglückte dafür ihn und sich mit soviel Zärtlichkeit und Leidenschaft, wie sie die Sterne seit Antonius und Kleopatra nicht mehr gesehen hatten. Kein Wunder, daß eines der Kinder im Mushwap zu schreien begann, eines der Weiber böse keifte und der alte Häuptling finstre Verwünschungen ausstieß, aus denen herauszuhören war, schon die Eltern der beiden hätten Unzucht mit Tieren getriebem, worauf das Ungezügelt-Animalische in ihrem Treiben zurückzuführen sei.

»Verdammt«, flüsterte dann auch Onkel Hampitt am Morgen, »verdammt und zugenäht, daß die Vernunft der Leidenschaft immer drei Stunden hinterherhinkt.« Er stahl sich davon, versuchte den vorwurfsvollen Blicken der Mushwap-Bewohner auszuweichen und fuhr mit dem Kanu wieder zum Fischen. Aber an diesem Tag hatte er nicht einmal Angelglück. Er erwischte nur ein paar kleine Barsche, höchstens ein bißchen Futter für die ewig hungrigen Köter im Lager.

Auf dem Rückweg legte er an der Landspitze an, auf der Opichquoy gesessen hatte. Vielleicht traf er dort die irrlichternde Schöne wieder, konnte mit ihr reden, Aufschlüsse gewinnen. Er fand aber nicht die geringste Spur des Indianermädchens, sondern nur ein kleines, schmales Holzpaddel. Er wollte schon achtlos daran vorbeigehen, als ihm die Kerben im Blatt auffielen. Die Einschnitte waren ganz frisch; Onkel Hampitt zählte acht Kerben. Irgendjemand hatte sich die Zeit damit vertrieben, Kerben ins Holz zu schnitzen, womöglich war es gar Opichquoy gewesen. Acht Kerben, was mochte das bedeuten? Nichts besonderes, dachte er - auch wenn sie Opichquoy geschnitten hatte. Doch Moment mal - wie oft hatten sie zusammen ...? Dreimal die erste Nacht, zweimal die zweite, drei- oder gar viermal in der dritten! Onkel Hampitt zählte an den Fingern ab: drei, fünf, acht - oder neun - hier waren acht Kerben, er vergewisserte sich nochmals. Oder war das Ganze ein dummer Zufall?

Sicher war es ein Zufall. Trotzdem wollte er darauf achten, was weiter mit dem Paddel passierte. Obwohl er gegen eine nächtliche Ruhepause nichts einzuwenden gehabt hätte, wäre er doch enttäuscht gewesen, wenn ...

Opichquoy erschien tatsächlich zum vierten Mal. Zwar ließen sie sich diesmal von der Leidenschaft nicht soweit forttragen wie die Nacht zuvor; auch hätte es Onkel Hampitt, nachdem die erste Liebesglut ein wenig abgekühlt war, ganz gerne dabei bewenden lassen. Doch Opichquoy gab sich nicht zufrieden. Sie schmuste und schnurrte, und wenn eine Frau wie Opichquoy es auf ein Dacapo anlegt oder gar auf einem dritten Vorhang besteht, dann hätte auch ein gipserner Säulenheiliger keine Chance, standhaft zu bleiben. Allerdings war Onkel Hampitt danach so müde, daß er nicht einmal den Versuch machte, dem geheimnisvollen, leichfüßigen Nachtfalter zu folgen. Als Opichquoy sich lautlos von seiner Seite weggestohlen hatte, war er - einmal wieder - längst eingeschlafen.

Obwohl eine frische Brise wehte, paddelte er mit dem Kanu hinaus. Er hatte längst gelernt, ein solches Gefährt auch bei Wind zu steuern. Die Pirsch auf das silberne Schuppenwild interessierte ihn diesmal kaum - er lief direkt Opichquoys Landspitze an. Es kostete ihn zwar ein hartes Stück Arbeit, doch er hatte sich in den Kopf gesetzt hinzukommen - und er kam hin.

Außer Atem zog er das Kanu aufs Trockene und suchte nach dem Paddel. Es lehnte wie vordem am Baumstamm - aber mit einem Blick sah Onkel Hampitt, daß es mehr Kerben als am Vortag waren. Er zählte mit fliegendem Atem: drei, sechs, neun, elf! Drei kleine Einschnitte waren hinzugekommen, dreimal war es in der letzten Nacht geschehen. Er überlegte fieberhaft: Hielt es das rote Fräulein ähnlich wie Lohmüllers Ziska zu Hause im Saarland - Onkel Hampitt seufzte ein wenig hilflos, ein wenig schuldbewußt - nur daß sie Kerben ins Paddel statt Striche auf den Bierfilz machte? Oder hatte sie gedankenverloren und in süßer Erinnerung schwelgend selbstvergessen das Holz bearbeitet? So wie andere den Namen der Geliebten in eine Bank oder einen Stamm schnitzen? Doch warum, wohin verschwand das Teufelsweib tagsüber? Wurde sie gefangengehalten? Lauerten ihre Bewacher versteckt im Busch und beobach-

teten ihn? Er warf das Paddel auf die Erde und stapfte wütend zum Kanu zurück. »Wenigstens treibt mich jetzt der Wind zum Lager hin«, knurrte er beim Einsteigen.

Als er im Lager ankam, trat ihm als erster Pitchylago entgegen. Seine Miene war finster, seine Stimme klang, als käme sie aus einer tiefen Gruft:

»No tea«, grollte der Alte. Als ob das nicht jeder schon am Morgen gemerkt hätte! »No tobacco«, fügte er hinzu, mit »no scoutiwoboy« endete er.

»Dann hättet ihr euch alles von Anfang an besser einteilen müssen«, entgegnete Onkel Hampitt kurz angebunden und bückte sich ins Zelt, um eine Tasse Brühe zu trinken, einen Happen Elchfleisch zu essen. Pitchylago, der ihm auf den Fersen gefolgt war, zog den Kessel zu sich herüber. »No tea, no tobacco, no scoutiwoboy, - Jean La Pipe, no eat!« - »Aha«, sagte sich Onkel Hampitt, »daher weht der Wind, aber warte Freundchen, ich bin gerade in Stimmung. Bring mir zuerst Opichquoy, dann reden wir über Tee, Tabak, Whisky ...«

»Opichquoy«, sagte der Häuptling nach einer Pause, »Opichquoy weit weit weg - « er beschrieb mit dem Arm einen unbestimmten Halbkreis, der halb Kanada umfassen mochte. »Ich glaub dir kein Wort, aber wenn du mir sagst, wo sie ist, dann lasse ich mit mir reden. Raw tea - «, er deutete auf die Kessel und Töpfe am Feuer, »raw tea, soviel da reingeht, eine Pfeife - so groß, daß sie ein ganzes Pfund Tabak auf einmal faßt, ein großes Faß scoutiwoboy ...« Der Alte hatte sich gut im Zaum, obwohl ihm wahrscheinlich das Wasser im Munde zusammenlief. Er schluckte und sagte nach einer Weile listig:

»Du - napima - Opichquoy neremoosin«, das bedeutete »Mann und Frau«; »tapikam«, fügte er hinzu. Tapikam heißt zahlen. Er öffnete und schloß die Hände nicht weniger als fünfmal. Das entsprach fünfzig Dollar. Da keifte die schiefmäulige Alte, die unbemerkt im Hintergrund gesessen hatte: »No naran neetana; ningatwaso metana« - »nicht fünfzig, sechzig!« Prompt öffnete und schloß der Häuptling seine Hand sechsmal. »Um Gotteswillen, das hört sich ja nach Brautpreis an - außerdem schlagen sie unter der Hand auf«, entrüstete sich Onkel Hampitt. Verdammt, damit hatte er nun doch nicht gerechnet.

Der Alte fügte unbeeindruckt hinzu: »Tea, tobacco, scoutiwoboy.«

»Du hältst mich wohl für den Baron von Gunschhausen«, bläffte er den Häuptling an. »Wenn das keine verdammte Kuppelei ist - aber wart's ab, Holbachblut ist keine Buttermilch, so schnell steckst du mich nicht in den Sack.« Er dachte eine Weile angestrengt nach.

Der alte Häuptling fuhr fort:»No maskikik - nicht mit dem Medizinmann - mit Father tukumumkiwish!« Er schlug ein Kreuz. Tukumumkiwish heißt heiraten.

Jetzt wurde Onkel Hampitt blaß. Es ging also nicht darum, »à la mode du pays«, nach Landessitte also, eine Zeitlang einfach mit Opichquoy zusammenzuleben, sondern mit Segen und Verpflichtung der Kirche eine regelrechte Ehe zu schließen!

»Du und Opichquoy pechwotech!« Pitchylagos Geste war ebenso international wie eindeutig. »Father wird viel böse sein, pechwotech vor Ehe.« Er schüttelte betrübt den Kopf.

Onkel Hampitt brauchte eine weitere Minute, das alles zu verdauen. Er spürte förmlich, wie sich die Schlinge fester um seinen Hals legte.

»Pechowetch tipaham«, echote die Alte im Hintergrund, auf deutsch: »Jedes Ding - oder jedes Vergnügen - hat seinen Preis«. Onkel Hampitt witterte das Komplott: Es ging darum, ihn an Opichquoy - oder umgekehrt: Opichquoy an ihn - zu verschachern. Die schlitzohrigen Ojibwa hatten ihm Opichquoy untergeschoben, vor aller Augen und Ohren gewissermaßen. Sogar den Pfaffen würden sie mit hineinziehen. Keinen Respekt hatten sie - vor nichts und niemand. Und er, Hampitt

Holbach, sollte den Brautpreis zahlen und auch noch Geschenke verabreichen! Nach der Hochzeit würde er mit leeren Händen dastehen. Man hatte ihn einen Happen von dem Braten kosten lasen und diesen dann wieder weggestellt; hatte eine Art Verlobung auf indianisch auf seine Kosten arrangiert.

»Gib mir deine Pfeife, Pitchylago«, sagte Onkel Hampitt, um erstmal Zeit zu gewinnen.

Sofort kroch die Alte aus dem Hintergrund und hielt ihm auch ihren Kloben auffordernd hin. Grummelnd stopfte Onkel Hampitt beide Pfeifenköpfe. Es blieb ihm eben noch genug Tabak übrig, um sich ebenfalls eine anzuzünden. Dicke blaue Rauchschwaden zogen durch das Mushwap. Es war zwar keine Friedenspfeife, die sie rauchten, doch verschaffte sie Zeit zum Nachdenken. Er mochte es drehen und wenden, wie er wollte: Die große Frage war, wie die Hauptperson Opichquoy zu der Sache stand. Hatte man sie zu dem bösen Spiel gezwungen? Doch das konnte er sich kaum vorstellen - nach all den Nächten, in denen sie ihre Rolle nicht nur gespielt, sondern mit viel Vergnügen gelebt hatte. Opichquoy zu heiraten, wäre eine Lösung - auch wenn es ihm angesichts der Vorstellung von indianischer Verwandtschaft und eines Schocks rotznäsiger, zerlumpter Bälger kalt den Rücken hinunterlief. Andererseits wurde es ihm nicht nur ums Herz weit und warm, wenn er an die Flitterwo-

chen dachte. Aber liebte Opichquoy ihn wirklich, oder gehorchte sie nur einem uralten Instinkt, einer womöglich heidnischen Tradition? Oder gab es ein Tabu, das verbot, daß sich Braut und Bräutigam tagsüber sahen, dafür aber nachts bereits in allen Freuden des mohammedanischen Paradieses schwelgen durften? Fragen über Fragen, aber keine Lösung, während die Pfeifen erbarmungslos herunterbrannten.

»Einfach abhauen!« dachte Onkel Hampitt während der letzten Züge, die er aus dem Kolben saugte. Er sah sich um. Draußen lungerte eine ganze Handvoll Kerle, und einer von ihnen hantierte grinsend zwar, aber unmißverständlich an seiner Flinte. Der Fluchtweg war versperrt. Er hatte nur noch einen Priem, um den Aufschub zu verlängern. Der Priem jedoch sollte als allerletzter Rettungsanker in seinem Hosensack bleiben, solange es eben ging.

Die Alte klopfte als erste ihre Pfeife aus und hielt sie Onkel Hampitt erneut hin. Doch der kehrte seinen Tabaksbeutel nach außen: »Nichts - du siehst, der Tabak ist alle.« Die Frau keifte im Hintergrund. Onkel Hampitt verstand kaum etwas, doch die Worte »contagam« - Krummesser, und »nesa« - töten, glaubte er gleich mehrfach herauszuhören. »Sechzig Dollar«, hub Pitchylago wieder an, »sechzig Dollar, fünf Pfund Tee, fünf Pfund Tabak, eine Gallone Whisky - und eine neue Flinte für Maquawah mahnigan, den Cousin.« - »Und ein Geschenk für den Father!« rief die Alte aus dem Hintergrund. »Und ein Geschenk für den Father«, echote Pitchylago.

»Das wird ja immer verrückter, deren Wünsche kriegen ja mehr Junge als die beste Mutterkatze zu werfen vermag«, knirschte Onkel Hampitt.

»Also«, ergriff er das Wort, »ich habe lange nachgedacht. Wir haben zusammen viel Tee getrunken, viel Fleisch gegessen, haben viele Pfeifen Tabak geraucht. Fleisch war von Ojibwajägern«, er deutete auf den Häuptling, »Tee, Tabak von Jean La Pipe, von Hampitt Holbach.« Er deutete auf sich. Der Alte nickte bedächtig.

»Opichquoy hat mich nachts auf dem Lager gewärmt. Gut. Dann aber ist Opichquoy verschwunden. Vielleicht ist sie inzwischen ertrunken, vielleicht hat sie anderer Mann gestohlen. Solange Opichquoy nicht hier ist, gibt's keinen Cent für Pitchylago. No Opichquoy, - no tobacco, no tea, no scoutiwoboy, no money. Hough, ich habe gesprochen.« Jetzt war es an Pitchylago nachzudenken.

»Bevor weißer Mann kam - alles Ojibwa-Land«, der Alte beschrieb mit der Rechten einen umfassenden Kreisbogen. »Ojibwa Medizin, Ojibwa Schamane, Ojibwa Gesetz, Ojibwa Squaw macht Moccassin. Moccassin schlecht. Moccassin wegwerfen. Squaw macht neuen Moccassin. Moccassin schlecht. Squaw wegwerfen. Ojibwa-Mann zehn Finger«, er streckte seine beiden Hände vor, deutete auf seine Füße, »zehn Zehen. Weißer Mann dreizehn Finger und zwölf Zehen. Hat von allem mehr als roter Mann. Zwei extra Finger zum Geldzählen.«

»Irgendwo hast du wohl recht«, murmelte Onkel Hampitt und wiegte den Kopf, »auch wenn wir nicht mehr Gliedmaßen haben als ihr.«

»Jetzt weißer Mann, weißer Missionar, weiße Timber Company, weißes Land«, fuhr der Alte fort und machte die gleiche umfassende Armbewegung. »Weißes Gesetz: Squaw macht Moccassin. Moccassin schlecht. Moccassin wegwerfen. Squaw bleiben mit Auge, dick und blau. Mann Kratz im Gesicht, Blase am Fuß. Die Sehne des Bogens flattert im Wind.«

»Ich kaufe meine Schuhe beim Schuster«, knurrte Onkel Hampitt.

»Opichquoy hat nicht Moccassin gemacht, aber viel gut adergain ... make love. Nix bezahlen für kein Moccassin, dafür bezahlen für make love. Weißer Mann bezahlen für make love, roter Mann nix bezahlen. Jean La Pipe weißer Mann.«

»Und wenn ich sie nun heirate?«

»Vielleicht sie will, ich denke, sie will. Die Fadenwurzeln ihres Herzens sind schon mit denen deines Herzens verbunden. Jedoch - Opichquoy ist keine Wölfin, die den Hirsch an der Tränke belauert. Sie ist vielmehr das flinke Reh, das ein wenig auf den Luchs wartet, um ihm gleich wieder davonzulaufen. Aber dann Opichquoy schickt nicht mehr Tee, Tabak, scoutiwoboy aus Fort William von Geld für make love. Opichquoy gibt Jean La Pipe alles Geld. Für Pitchylago nix mehr Tee, Tabak, no scoutiwoboy.«

Onkel Hampitt schluckte. »Verdammte Hurerei«, knirschte er. »Gibt es denn in Kanada nichts anderes? Ist denn kein einziges Mädchen da, das es für nichts machte? Einzig und allein aus Spaß an der Freud, wie es zu Hause Brauch und Sitte war? Puritanismus und Beutelschneiderei und nichts dazwischen! Dazu das Wesen, das sie um die kleinste Buddel Schnaps machen ... Dafür ist also der Brautpreis gedacht, um nichts weiter als Jenny Opichquoy auszulösen. Etwas anderes kann das gar nicht

sein.« Oh Amerika, wie bist du doch unbegreiflich! Er fragte den Alten: »Was sagt denn der Missionar, wenn er erfährt, daß es Opichquoy stundenweise macht und sich auch noch dafür bezahlen läßt? Das würde mich mal interessieren! Ihr seid doch alle gute Christen inzwischen!«

»Missionar nix wissen, Opichquoy kommen in Nacht. Opichquoy gehen in Nacht. So wie auch manchmal Missionar. Und in Fort William«, er beugte sich vor und flüsterte: »in Fort William Opichquoy nix Opichquoy; in Fort William Opichquoy ist Red Deer Jenny!«

Onkel Hampitt fiel's wie Schuppen von den Augen: »Verflucht und zugenäht, eigentlich hätte ich wissen müssen, was mit dem Hunderüden passiert, wenn er sich inmitten des Rudels mit einer Wölfin einläßt.«

»Opichquoy takoonan - holt Opichquoy!« rief der Alte nach draußen.

»Sein und Nichtsein, jetzt fällt die Entscheidung!« Onkel Hampitt knirschte mit den Zähnen. Die Frau im Hintergrund schwieg, die Spannung im Zelt knisterte.

Schon nach wenigen Minuten erschien Opichquoy im Eingang des Mushwap. Sie sah weder Onkel Hampitt noch den Häuptling, sie sah auch nicht die Alte an. Trotzig hielt sie ihre Augen gesenkt. Zwei, drei der Männer kamen ebenfalls herein und hockten sich schweigend ums Feuer. Der alte Häuptling betete noch einmal seine Forderungen herunter. Die Männer nickten ernsthaft. Opichquoy schwieg hartnäckig. Onkel Hampitt sah verwirrt zu ihr hinüber: kein Blick, kein Zeichen. Einer der Indianer zog sein schartiges Messer aus der Scheide und hieb es vor sich in die Erde.

»Shotgun wedding«, sagte er. Das heißt, daß der Freier zwei Möglichkeiten hat: - Heirat oder Schrotflinte ... Hier war's ein Messer.

»Ich muß wohl heiraten - oder mein Blut wird die Erde färben ...« murmelte Onkel Hampitt.

Also her mit dem Priem - jetzt kam's darauf auch nicht mehr an. Onkel Hampitt griff blitzschnell das in der Erde steckende Indianermesser - die Indianer erstarrten in einem Augenblick des Schreckens, doch dann lachten alle wie befreit, als Onkel Hampitt in die Hosentasche griff und jedem einen ordentlichen Priem abschnitt. Er hatte Zeit gewonnen, eine günstige Atmosphäre geschaffen. Die Alte in der hintersten Ecke, Opichquoy selbstverständlich - jeder, jede bekam ein Stück ab. Sie kauten wortlos, spuckten braunen Tabaksaft auf die Erde. Onkel Hampitt steckte das Messer genau dahin, wo er es aus der Erde gerissen hatte. Alle sahen ein wenig betreten drein, keiner wußte so recht, wie's weitergehen sollte. Die Verhandlungen waren trotz des knappen Punktsieges für Onkel Hampitt festgefahren.

Da erhob sich Opichquoy, ging auf Onkel Hampitt zu und sagte ruhig: »Du schuldest Jenny Opichquoy zweiundzwanzig Dollar, gib sie mir.«

»Zweiundzwanzig Dollar - wieso das denn?«

Die Indianer redeten aufgeregt gestikulierend in Ojibwa durcheinander. »Takoonan apqay - bring's Paddel!« rief die junge Frau nach draußen. Sie stand jetzt mitten im Zelt, stolz und hochaufgerichtet. Sie nahm dem Jungen das Stück Holz aus der Hand und deutete auf die Kerben:

»Metasso ashy payjik - elf, zähl nach«, sagte sie. Sie gab dem Ältesten das Paddel. Der zählte stumm und bewegte dabei die Lippen.

»Metasso ashy payjik«, bestätigte er, reichte das Paddel zurück.

Jetzt zog Opichquoy das Messer aus der Erde und schnitzte flink elf weitere Kerben in das Blatt.

»Mettasso ashy payjik sakiar - was heißt elfmal in Liebe gemacht«, und dann setzte sie hinzu: »metasso ashy payjik dollar - elf Dollar ... Ninchtana ashy ninch - zusammen zweiundzwanzig Dollar.« Sie hielt Onkel Hampitt die offene Hand hin.

»Eine eigenartige Arithmetik«, dachte der und schluckte erst einmal. Begriff nicht so recht. Die schöne Indianerin erklärte geduldig: »Fort William - you make love - I make two dollar.«

»Ninch - two dollar«, nickten die Männer bestätigend. Onkel Hampitt saß da, perplex mit offenem Mund. Sein rotes Silberrosen-Mädchen, seine indianische Prinzessin machte es für zwei Dollar. Ächzend und kopfschüttelnd zog er einen Zwanziger aus der Tasche, fingerte zusätzlich zwei Münzen heraus, legte sie in Opichquoy Jenny's Hand. Währenddessen starrten die Männer mit offenen Mäulern auf das Geld.

Zum Abschied hatte sich der Häuptling eine Pelzmütze über sein strähniges Haar, eine schwarze Jacke übergezogen, an der handtellergroße Medaillen klimperten, sich in seiner ganzen, nicht unbeträchtlichen Größe aufgerichtet. Seine Erscheinung krönte er mit einem halb würdigen, halb blasierten Gesichtsausdruck - wie es mitunter auch auf den Porträts weißer Nobler zu sehen ist.

»Mögen eure Säbel stumpf werden auf den Schädeln eurer Feinde, Häupling«, sagte Onkel Hampitt zum Abschied, um irgendwas zu sagen, um das Gesicht zu wahren. Der Sachem gab eine Art verhaltenes Grunzen von sich.

»No tea, no tobacco, no scoutiwoboy«, murmelte der alte Häuptling.

Onkel Hampitt hob wortlos die Schultern, legte sein Gepäck im Kanu zurecht und paddelte schweigend davon, während die Indianer gestikulierten und böse Blicke warfen.

Opichquoy rief: »Come again - komm wieder! Besuch mich in Fort William, frag nach Red Deer Jenny!« Sie sah ihm lange nach.

Doch halt, was war das? Es klang wie fernes Geschrei - der Wind trug es vom Lager herüber. Onkel Hampitt legte das Paddel über die Ducht, lauschte. Zweifelsohne Stimmen, zweifelsohne vom Lager her. Das Kanu trieb quer. Er sah, wie sich aus dem Schatten des Ufergehölzes, wie eine Handvoll in einer Pfütze treibender Nußschalen, eine kleine Kanuflottille löste, die sich in seine Richtung bewegte.

Ob sie ihn wohl zurückholen wollten? Waren es Boten Opichquoys? Vielleicht saß sie selbst in einem der Kanus, vielleicht würde sie bald, von Sehnsucht übermannt, mit den Worten an seine Brust sinken: »Verzeih, Geliebter, wenn ich gefehlt, aber meine Tränen werden abwaschen alle Sünden und ich werde wieder vor dir stehen in der Unschuld meiner Jugend.« Vielleicht gehörte sie zu jener unausbalancierten Sorte Mädchen mit den weiten, warmen Herzen, die ihren Geliebten zwar ein Geschenk abverlangen, die aber doppelt und dreifach vergelten. - »Ich sollte ihr verzeihen ...«

Mitten in den schönen Gedanken hinein krachte ein Schuß wie ein Habicht in einen Hühnerhof. Onkel Hampitt fuhr zusammen. Ein Signal? Dann noch einer, ein dritter. Querab vom Boot spritzte eine kleine Fontäne auf. »Mensch, Holbach«, schoß es ihm durch's Hirn, »die wollen dich nicht im Triumph zurückholen, die wollen dir ans Leder. Mars regiert die Stunde - gib Fersengeld!«

Er legte sich ins Zeug. Paddelte, was die Arme hergaben in Richtung Seeabfluß. Doch die Verfolger waren schneller. Sie kamen rasch näher - schossen nicht mehr, sondern paddelten nur noch aus Leibeskräften, so wie die Infanterie beim Bajonettenangriff auch nicht mehr feuert, sondern den Gegner niederrennt und - sticht. Onkel Hampitt drehte den Kopf, die Indianer beugten den Oberkörper tief herunter, um das Paddel ganz weit vorn einsetzen zu können; sie rissen ihre Boote förmlich vorwärts. Sie waren schon so nahe, daß er ihre von der Anstren-

gung - oder war es Mordlust? - verzerrten Gesichtzüge sehen konnte.

Vor ihm ein leises Rauschen. Er hatte das Gefühl, als würde er schneller. Tatsächlich strömte das Wasser jetzt, der See wurde wieder zum Fluß. Von den Fichten sah er nur die Spitzen, es war, als ständen sie mit eingeknickten Knien. Der Strom riß ihn jetzt mit sich fort, ob er wollte oder nicht, das Rauschen schwoll zum Brausen, das Brausen zum drohenden Donnern. Über der Abbruchkante der glatten, wie Anthrazit schimmernden Stromzunge wehten weiße Gischtfahnen, sprangen groteskschaumige Spritzer.

»Verdammt, jetzt sitze ich in der Falle«, überfiel es Onkel Hampitt, »hinter mir die blutdurstigen Wilden, vor mir der tobende, menschenfressende Katarakt. Am Marterpfahl enden oder ersaufen ...«

Ein Gedanke, der einen Augenblick zu lang währte. Der rasende Strom hatte ihm in dieser Sekunde die Entscheidung abgenommen: Er saugte, riß das Boot, ihn, jeder Gegenwehr hohnlachend, in den schäumenden, wirbelnden Katarakt hinein. Der mit dem letzten Mute der Verzweiflung ausgestoßene Holbach-Schrei »Attacke!« war nicht mehr als das Fiepen eines Mäuschens im Löwengebrüll. Es stieß ihm säuerlich aus dem Magen auf ... Dann stürzte er höllentief in Nöcks weißgischtende Kluse, ihm stockte der Atem. Vor seinen Augen war nur noch Wasser, Wasser, das ihn in einem furchtbaren, langen Augenblick übergoß, ihn blendete, doch das federleichte Boot tauchte schwankend aus der nassen Gruft, wurde emporgeschleudert, balancierte eine Sekunde oben auf dem schmalsten Grat der Welle, um sofort wieder hinunterzusausen in einen weißbrodelnden Höllenschlund, wo Nixen und Najaden, Wassertrolle und ihre Huldras, Nöcks und Göcks, wo alle im Süßwasser wohnenden Stieftöchter des alten Meermannes zusammen mit den Seelen der ertrunkenen Ojibwaweiblein eine bis in alle Ewigkeit dauernde, rasende Orgie feiern. Doch sie hielten das Kanu nicht fest, sie stießen es vielmehr weiter, so daß es hoch hinaufflog auf den nächsten Wasserberg, von dem es wie ein abstürzender Förderkorb wieder hinuntersauste ins neuerliche Gebrodel dahinter, für eine Viertelsekunde des Triumphes hinaufgerissen wurde, auf den sofort ein anderer entsetzlicher Tobel folgte, indem Onkel Hampitts Herz sich in schierem Entsetzen zusammenkrampfte ...

Der tobsüchtige Strom hielt für die Länge eines schnellen Gedankens inne, doch nur, um sich rücksichtslos gegen eine Felsbastion zu werfen, an der - Onkel Hampitt erkannte es mit angesichts des Grauens weit aufgerissenen Augen - das Kanu wie eine Seifenblase zerplatzen mußte. Er wehrte sich mit der übermäßigen Kraft der panischen Besessenheit, doch der Fluß hohnlachte nur, riß ihn halb herum; er trieb quer, breitseits auf die dunkle, naßschründige Wand zu, die wie ein mächtiger Schiffsbug in der Flut stand. - Noch eine Sekunde, und das rasende Element würde ihn wie eine Fliege an die Wand klatschen.

Aber was war da: Angesichts des unverrückbaren Hindernisses brandete das Wasser zu neuerlichem Anlauf zurück, der Schwall stoppte das Boot, der Stromzug riß es um Zentimeter an dem schwarzen, feuchtglänzenden Gestein vorbei - ein Alptraum, der weghuschte, wie die letzten Meter einer Tunnelwand, bevor sie den Zug ins Freie entläßt.

Der Fluß zerrte Onkel Hampitt samt dem Boot weiter, schleuderte ihn ein paarmal hinauf und warf ihn hinunter, wirbelte ihn am Rande eines saugenden Strudels herum - spuckte ihn in die Stromzunge zurück, schmiß ihn in flutende Wogen, Brecher, Schwälle, bis sich endlich das Toben im Spiegel eines stillen Sees verlor. Ein See, auf dem das Kanu friedlich wie die Ente auf dem Dorfteich schwamm.

»Ich kann es drehen und wenden, wie ich will«, schrieb Hampitt Holbach danach in sein Tagebuch, »es war eine haarige Geschichte, und ich bin ihr nur mit knapper Not entronnen. Ich werde einfach das Gefühl nicht los, als hätte ich in diesem Stück nur eine Nebenrolle und noch dazu die des Hanswursts gespielt. In Zukunft werde ich mich in Kanada und vor allem vor den Frauen in acht nehmen ... 'Ich rechte mit den Göttern nicht, allein der Frauen Zustand ist beklagenswert', heißt es schon bei Goethe. Aber die Frauen sind sowieso das größte Rätsel, das die Weltgeschichte uns aufgegeben hat. Wie heißt es doch: Sie sind das Paradies der Sinne, das Fegefeuer des Geldbeutels, die Hölle für die Seele - ein Sprichwort, das auf Opichquoy paßt wie kein zweites. Auch die Indianer sehe ich jetzt mit anderen Augen. Sie sind zwar auch Menschen wie du und ich, doch wenn sie dich übers Ohr hauen können, da stellen sie einen armenischen Händler in den Schatten, der seinerseits sieben Juden in den Sack steckt. Ich werde mich auch da vorsehen müssen.

Jetzt muß ich aber bald zusehen, wie ich zu Geld komme. Am besten versuche ich, bei den Holzhauern anzufahren - oder einen Job kriegen, wie das hier heißt. Das bringt mich dann auch auf andere Gedanken!«

Ein Bergmann wird zwar so leicht nicht zum Bauern - doch der Hochwälder ist, bei rechtem Licht besehen, ein geborener Holzfäller. Die Bezeichnung »Knuppenspalter« drückt dies deutlich aus. Der Wald ist ihm vertraut. Wenn es nicht gerade so ein monströser Wald wie der kanadische ist. Trotzdem hatte es Onkel Hampitt nach einer glücklichen Ankunft sehr eilig, sich dem Schutz dieses Waldes anzuvertrauen.

»Dreißig Dollar im Monat; Kost, Logis und zwei Pfund Tabak!« sagte der Clerk. »Die übrige Crew sind Bûcherons - Frankokanadier, rechtschaffene Leute, was ich auch von dir erwarte. Die Vorarbeiter sind wie ich richtige englische Kanadier, versteht sich.«

»Rechtschaffen - das bin ich und französisch kann ich auch ein wenig! Außerdem kenne ich die Burschen. Ich bin ihnen schon einmal über den Weg gelaufen. Einer von ihnen heißt Hyppolithe.« - Der Clerk nickte, wir lassen jetzt zur Abwechslung Onkel Hampitt einmal selbst berichten, so wie es in seinem Tagebuch aufgezeichnet ist:

»Die 'timber crew', eine Art Hauerkolonne, suchte die Bäume aus. Es waren große Weißkiefern, mindestens 100 Fuß hoch. Das waren fünf Mann, drei kreuzten die Bäume an, wie es bei uns der Förster macht, fällten sie aber gleich mit schweren Trummsägen. Die beiden anderen schnitten die Stämme in Längen von zwölf oder von sechzehn Fuß. Dann kamen wieder fünf Mann, die Zuhauer, die schlugen die Stämme zu vierzehn Zoll-Kanthölzern. Fünfzehn Mann kümmerten sich um das Rücken, bauten Rutschen, für die sie Rundhölzer wie Eisenbahnschwellen verlegten, an die sechs Fuß Abstand, über die zogen die Pferde die fertigen Kanthölzer zum Weg, von wo sie dann im Winter mit Schlittengespannen abtransportiert wurden. Die Rundhölzer stapelten wir an der Flußböschung auf oder später auf dem Eis des Flusses - von da werden sie im Frühjahr geflößt.

Die Hecken, die Späne, das alles, was liegenbleibt, das ist eine Schande. Das ist genug Holz, um das halbe Saargebiet mit Hausbrand für den Winter und die Grube Rosseln für fünf Jahre mit Grubenstempeln zu versorgen. Es ist zwar nicht so gut wie unser Buchenholz, aber es ist ja dafür mehr als genug da. Aber ein einziger kleiner Funke in einem trockenen Sommer - und das Ganze macht puff!, und dann heißt es, rette sich wer kann - wenn das mal brennt, dann kann halb China, wo die meisten Menschen leben, seine Kartoffeln in der heißen Asche backen. Auch wird nichts nachgepflanzt. Sie sagen, der Wald sei unerschöpflich. Das mag wohl stimmen - aber die ganz Alten bei uns erzählten und die hatten das schon von ihren Großvätern und Urgroßvätern erzählt bekommen - daß das bei uns ganz früher nicht anders war und heute muß man drei Mark für eine ordentliche Fuhre Hecken bezahlen. Vom Scheitholz einmal gar nicht zu reden!«

»Unser Schlafhaus nennen sie 'Shanty', und das ist ein Blockhaus, vierzig Fuß im Geviert. Die Ritzen zwischen den Stämmen sind mit Moos verstopft, das Dach besteht aus halben, hohlen Stämmen, einer mit der Rundung nach oben, und einer nach unten, wie bei den Dachziegeln. Sie brauchen drei Tage, um ein solches Schlafhaus zu bauen, und es ist grob und mit der Bundaxt zugehauen, aber doch ganz gemütlich. In der Mitte brennt ein ordentliches Feuer, mit dicken, mannslangen, trockenen Knüppeln geschürt, und darüber ist ein breiter, konisch zulaufender Kamin, aus Stämmen gezimmert, so daß die obere Öffnung übers Dach hinaus zieht - man stelle sich vor, ein Kamin aus Holz! Oben ist die Öffnung immer noch acht mal acht, unten dagegen zwölf mal zwölf Fuß groß, und ungefähr sechs Fuß über der Feuerstelle angebracht, die sie 'Caboose' nennen. Das Feuer brennt Tag und Nacht und der Helfer des Kochs, den sie 'diable' oder Deiwel rufen, muß das Feuer schüren. Wenn er nicht aufpaßt und das Holz nicht richtig trocken ist, dann ist der ganze Schuppen voll Qualm und dann tränen uns die Augen wie bei einem Grubenbrand, und es gibt trotzdem keine Wärme. Aber auch wenn das Feuer gut brennt, dann riechen alle schon nach ein paar Tagen eine halbe Meile gegen den Wind und jeder weiß gleich Bescheid, wo du herkommst.

Wir schlafen immer mit zwei Mann auf einer Pritsche, aus dünnen Stämmen gezimmert, und auf einer Matratze aus Tannenzweigen. Das ist das einzige, was im Shanty gut riecht. Die Kerle stinken wie die Böcke. Kein Mensch wäscht sich. Weder morgens noch abends, Kein Mensch zieht sich abends aus. Tagein, tagaus, sonntags und werktags im alten Segen, aber man gewöhnt sich an den Geruch. Nur wenn sie sich die Stiefel von den Füßen reißen, dann ist es schlimmer als beim alten Bach Nickla im Bocksstall. Aber sie sagen: 'Warte bis zum Frühjahr, wenn wir das Holz flößen, dann werden wir sauberer als ein frischgebadetes Wickelkind!'

Man muß höllisch aufpassen, daß der Schlafkamerad nicht einer von den ganz schlimmen Stinkern oder Schnarchern ist. Manche, die wärmen sich gegenseitig und wenn sie sich umdrehen, dann sagen sie 'spoon', was soviel wie 'Löffel' heißt - denn der andere muß sich dann auch umdrehen. Bei uns heißt es ja auch 'löffelchesweise' liegen oder schlafen. Doch wir liegen nicht so mit Männern im Bett, sondern mit Frauen, und das ist ja ganz schön warm und angenehm.

Wichtig ist, daß der Schlafkamerad nicht verheiratet ist. Die Verheirateten haben die vertrackte Angewohnheit, einen Arm und ein Bein über einen zu legen, und man fühlt sich wie ein angebrütetes Ei, auf dem die Glucke sitzt.

Nur das Essen - das ist nicht weit her! Ob die das Sprichwort 'Nur über einem vollen Bauch lächelt ein fröhlich Haupt' noch nie gehört haben? Getrocknete, weiße Bohnen, über Nacht eingeweicht, in einen riesengroßen, gußeisernen Kessel geschüttet, den sie 'cauldron' oder 'chaudière' nennen; Salzfleisch, Zwiebeln hineingeschnitten, ein Liter Melasse (das ist eine Art Rübenkraut, nur aus Zuckerrohr) reingerührt und mit kochendem Wasser aufgefüllt. Da bleibt der Kessel dann stehen im Feuer bis abends. Dazu gibt's Weißbrot und nochmal Salzfleisch, mal Rind, mal Schwein. Das sättigt, wenn man aus dem Wald kommt und hungrig ist - das ist aber auch alles. Das heißt: Das ist nicht alles! Sie lassen Fürze danach, schlimmer als ein Franziskaner zur Bockbierzeit.

Tagaus, tagein: Keine Kartoffeln, keine Blut- oder Leberwurst, kein Wellfleisch, kein Roggenbrot, keine Knödel, kein Sauerkraut und kein einziger Schluck Bier.

Gabeln kennen sie überhaupt nicht. Ein Löffel für die Bohnen, ein Messer fürs Fleisch. Und wie die Kanadier einfahren! Im Schlafhaus auf der Grube, da waren schon ein paar große

Esser, aber die Burschen hier stellen alles in den Schatten, was ich bisher erlebt habe. Wenn es stimmt, was man daheim sagt - 'wie man ißt, so schafft man' - dann gibt es keine besseren Arbeiter unter diesem Himmel.

Aber Ehre, wem Ehre gebührt! Da hätte sich sogar Bach Nikla ein Stück abschneiden können, der mal gesagt hat: 'Geld für Lohnerhöhung haben sie, aber mir ein größeren Schubkarren kaufen, da sind sie zu gurich (geizig)!'

Überhaupt komme ich gut mit ihnen zurecht, wenn auch ihr Französisch sich anhört wie ein Haufen quakender Frösche. Deshalb nennen die Englischen sie auch 'frogs', die 'Frösche'.

Abends, wenn sie mal nicht gleich schlafen, erzählen sie sich Geschichten von Geistern und Gespenstern und vom Heiligen und vom güldigen Deiwel. Da läuft einem schon die Hühnerhaut über den Buckel.

Ihre Vorfahren waren alle große Kanufahrer, die die Boote der Pelzhändler durch ganz Kanada paddelten. Das muß wohl eine herrliche Zeit gewesen sein, aber dafür bin ich wohl zu spät hierhin gekommen.

Eine Geschichte ist, wie die Holzhauer am Samstag abends in ein solches Kanu steigen, und nachdem sie dem Teufel ihre Seelen verschrieben haben, da fliegt das Boot mit den Männern - hui! - durch die Luft und in ein paar Minuten sind sie zu Hause. Am Sonntagabend geht's dann - hui! - wieder zurück ins Lager. Aber immer, wenn sie an einem Kirchturm vorbeiflogen, da gelang es einem, das Kreuz zu berühren und der Gottseibeiuns war mal wieder der Dumme.

Zu Weihnachten blieben wir auch im Camp, und da habe ich mich mit dem Koch zusammengetan, einem gelben, schlitzäugigen, ewig lachenden Chinesen, den sie den 'Himmelssohn' nennen. Wir haben zusammen richtiges Wellfleisch gemacht. Vorher waren ein paar Indianer gekommen und hatten einen Bären gebracht.

Der Koch wußte nicht so recht, was er mit dem Bärenfleisch machen sollte. Ich dachte - so ein Bär, das ist ja nicht viel anders als ein besonders haariges Schwein mit ein wenig längeren und größeren Füßen. Aber: abbrühen, das ging wohl nicht. Also drehten wir die tote Bestie erst einmal auf den Rücken, schlitzten das Fell auf und lösten es vorsichtig ab. Mit der Axt hieb ich das Brustbein auseinander, schnitt die Füße ab, nahm die Innereien heraus - Leber, Herz und Lunge legten wir gleich in Salzwasser. Auch die Därme hoben wir auf und stellten einen

Jungen an, sie mit einem Löffel auszudrücken und auszuwaschen. Für Blutwurst war's leider zu spät - das Blut war geronnen. In dieser Hinsicht unterscheidet sich der Bär nämlich vom Schwein: Dem Schwein schlägt man eins mit der Axt über den Kopf und sticht es dann sofort ab. Wenn man einem Bären aber so nahe kommt, daß man ihm mit der Axt eins über den Schädel geben kann, dann geht die Sache meist umgekehrt aus und der Bär macht aus unsereinem Blutwurst.

In diesem Fall war der Bär glücklicherweise der Gelackmeierte gewesen, und ich löste Schultern und Keulen aus - vielleicht nicht ganz so gut wie Metzgers August - dem ich's an der Groß' Bach gegeben hatte, aber nichts für ungut, schlachten konnte er ja.

Dann kam eine mühselige Arbeit - schlimmer als das Abschaben der Borsten von der Sau: das Fett runterschnibbeln! Das Fett kam zusammen mit den Fleischabfällen in einen Topf. Danach schnitt ich die Koteletts raus - die Filetstücke vom Rücken, die Bauchlappen. Das Fleisch war ein wenig magerer als beim Schwein, aber gut. Und da standen schon ein paar von den Französisch-Kanadiern herum und riefen: 'Oh, quelles belles oreilles de Jésus!' Beim Heiligen Pankratius, was ich da hörte, das war eine Gotteslästerung: 'Was für schöne Christus-Ohren!' Aber, so dachte ich, das ist ihre Verdammnis und nicht meine.

Vorläufig wurde nichts hergegeben, mochte denen das Wasser im Maul zusammenlaufen. Auch nicht der Kopf, auch nicht die Tatzen. Aus denen würde ich, nachdem auch sie gehäutet waren, Schweinskäs' machen - 'Sülze', heißt das wohl - oder müßte man Bärenkäs' dazu sagen?

Am Abend begann das Schlachtfest. An die Schinken, die Koteletts, die Schulterstücke, die Filets, - da ließen wir keinen heran. Diesen Braten hoben wir für den nächsten Sonntag auf, die Schinken zum Räuchern. Heute gab's Wellfleisch, aus den Bauchlappen - keine große Portion für vierzig Mann, aber nach all den Bohnen freut sich der Mensch über sowas wie ein blindes Huhn, das auch mal ein Korn findet. Mit Salz, Zwiebeln, Pfeffer gewürzt, haben wir noch Möhren und Steckrüben und ein paar Kappes-Köpfe hineingeschnitten und mit Maismehl gedickt. Und dann kamen - der Herr sei mir gnädig - die Christus-Ohren! Das gekochte Wellfleisch haben die Französisch-Kanadier ganz dünn geschnitten und in den großen Pfannen noch einmal geröstet, so daß sich die Stücke tatsächlich wie Ohren ringelten. Was aber eher Schweins- als Jesus-Ohren glich - ich habe mich da jedenfalls herausgehalten.

Jetzt kam die Wurst dran. Die Leber, die Lunge und - damit es ein bißchen mehr wurde, die Nieren, das alles haben wir in Salzwasser gekocht, und mit ein paar Resten von dem Wellfleisch, das ich vor den hungrigen Mäulern gerettet hatte, durch den 'Moulin' - den Fleischwolf, gedreht. Wir würzten das Ganze kräftig mit kleingehackten Zwiebeln, Pfeffer, Salz und Majoran und füllten es in die Bärendärme. Das Fett sott schon indessen in einem Topf überm Feuer, und ich schöpfte die Grieben ab. Bärenschmalz, so sagte mein Freund, der Koch, das gäbe die besten und lockersten Torten, die sie hier 'pie' oder 'tarte' nennen. Die Schinken kamen in den Solper (Lake), die Wurst in kochendes Wasser. Ich ließ mich auch nicht erweichen, als der Wurstgeruch die Nase auf's verführerischste kitzelte und sogar den Rauch und den Gestank im Shanty durchdrang. Sie mußten mit der Wurstsuppe vorliebnehmen, waren aber froh, daß mal mehr Augen aus der Brühe raus als rein schauten. Ich habe die Wurstringel dann einen Tag und eine Nacht in den Rauch über die Caboose gehängt - leider gab's dann für jeden nur ein kleines Stück von der Wurst, aber wir hatten ja noch den Schweinskäs. Und auch von dem war der Rest längst in den Schlünden der Holzhauer verschwunden, als die Schinken soweit waren. Auch die Schinken räucherten wir nicht lange, der

Rauch war ohnehin ein bißchen zu warm. Ich jedenfalls kam mir vor, wie Jesus bei der Speisung der fünftausend Hungrigen in der Wüste, nur klappte es nicht mit der wunderbaren Bärenvermehrung. Danach jedenfalls nannten sie mich ‘maître de cuisine’ und brachten mir den größten Respekt entgegen.«

Soweit Onkel Hampitts treffliche Beschreibung eines jener Holzfäller-Camps, in denen sich Kanadas majestätische Fichten, Kiefern und Tannen in Bohlen und Bretter, in Planken und Kanthölzer verwandelten.

Wie es dazu kam, daß er abgelegt - oder, wie man in Amerika sagt, gefeuert - also entlassen wurde, ist eine sehr komplexe Geschichte. Allein meine, des Chronisten Recherchen und die damit verbundenen Umstände würden genug Stoff für eine eigene Story liefern. Doch will ich nicht abschweifen und das Ganze so nacherzählen, wie es aus meinen drei wichtigsten Quellen hervorsprudelte - dem Tagebuch, das in diesem Abschnitt lediglich ein paar fragmentarische Hinweise enthielt, den Unterlagen der Algoma Timber Company und den anfangs nicht immer glaubhaften Erzählungen eines Individuums aus Sault Ste. Marie, die sich jedoch nahtlos und in den Verband passend einfügten wie ein fachmännisch errichtetes Mauerwerk.

Aus einem jeden einleuchtenden Gründen war Alkohol in den Holzfällercamps mit einigen strengen Tabus belegt. Trotzdem gab es immer wieder »Maîtres de Caboose«, Köche, es waren fast immer Chinesen, die im verborgenen aus Bohnen, Melasse, Rosinen, Kartoffeln und Hefe ein abenteuerliches Getränk brauten; ein infernalisch riechendes, abscheulich schmeckendes und nicht viel besser als Jauche aussehendes, schaumiges Gebräu, das sie »Bier« nannten und gegen klingende Münze geschickt rationiert abgaben.

Bohnen, Melasse usw. waren die wichtigsten Bestandteile; das Geheimnis der weiteren Zutaten hüteten die »Braumeister« so gut, daß selbst der Große Gott in seiner Allwissenheit Mühe gehabt hätte, deren Zusammensetzung zu erfahren.

Gewisse Faktoren mußten zusammenkommen, um den Absatz dieses »Bieres« zu gewährleisten: eine monatelange Entbehrung, das Fehlen jeglichen Konkurrenzproduktes, die Versuchung, die alles Verbotene ausübt, die immer knapp bemessene Menge ... Vor allem jedoch die Unerschrockenheit eines »bûcheron«, eines frankokanadischen Holzfällers, dem es nichts ausmachte, wenn der Trank ihm wie ein grollendes Sommergewitter durch Magen und Darm fegte.

»Das schlechteste Bier machte immer schon den besten Kater. Dieses Rizinusöl aber haut durch einen Trauring über sieben Reihen Kappes in eine Flasche«, bemerkt Onkel Hampitt dazu mit seiner üblichen Direktheit.

»Vielleicht ein bißchen schlecht gelaten«, sagte der Mann aus dem Reich der Mitte und blickte schuldbewußt auf seine Schürze, auf der genug Essensreste hingen, um eine, wenn nicht sogar zwei kräftige Suppen für ein halbes Dutzend Leute zu kochen.

»Da hilft nichts, wir müssen das Zeug brennen, Schnaps draus machen.«

»Oh, blennen, ja? Sake ... walmen Plum Blandy, gut, gut«, das Lächeln im pausbäckigen Gesicht unter der hohen, weißen Mütze reichte bis zu den Ohrläppchen.

Also kochten sie den Stoff, sammelten das sich unter einem umgedrehten, mit kaltem Wasser gefüllten Deckel fangende Kondensat und gewannen so den Schnapsrohstoff, in der Fachsprache »Vorlauf« genannt. Dann probierten sie ihre Kreszenz. Der Sohn des Himmels tauchte drei Finger hinein und strich über eine Kerzenflamme. In der dunklen Küche leuchtete einen Augenblick kaltes Elmsfeuer von den hocherhobenen Händen. Dann blies der Chinamann die Flammen weg.

»Gut für Gicht und Leumatismus«, er leckte die Finger genüßlich einzeln ab. Hampitt Holbach dagegen nahm einen kleinen Schluck und knurrte: »Für dieses Tröpfchen brauchst du Magenwände aus feuerfestem Email, Därme aus härtestem Röchlingstahl und Geschmacksnerven wie ein anderthalbbolziges Tau aus Manilahanf ...«

»Manila ...« der Koch drehte verzückt die Augen zum Himmel und strich sich über die Schürze. »Manila ... schöne Stadt, schön, walm, schöne Flauen ...«

»Papperlapapp, wir müssen das Zeug zum zweiten Mal brennen.«

Der Chinese schüttelte zwar den Kopf und meinte, daß das Elixier in seiner Qualität schon so hoch über dem Bier stünde, daß jede weitere Verbesserung ihm womöglich Kraft und Feuer raubte. »Le chien« - der Hund, wie die Frankokanadier sagen, oder »moonshine« - Mondschein, wie die Angelsachsen den Schwarzbrand nennen, würde grundsätzlich nur einmal gebrannt. Hampitt Holbach ließ jedoch keine Einwände gelten, und schließlich tröpfelte ein glasklares Wässerchen in ein Dutzend sorgfältig gespülter Flaschen.

Seagram's Canadian Club, Genever, Dewar's, Beefeater-Gin war auf den zerkratzten Etiketten zu lesen. Davor standen nun die beiden Männer - der eine aus dem Reich der Mitte und der andere aus dem Land der Saar, einträchtig und ergriffen, und betrachteten, wie die vollen Flaschen verhalten leuchteten: in einem warmen, freundlichen Bernstein die einen; grün schimmernd wie ein unergründlicher Waldsee, in dem sich die Nixen tummeln, die anderen; während die dritten, die Beefeater-Flaschen, sich mit der absoluten Klarheit und Unschuld quellreinen Wassers schmückten.

»Jetzt müssen wir uns nur noch ein halbes Jahr im Zaum halten, ihm ein wenig Ruhe gönnen, und dann ist's, wie wenn ein Engelchen einem auf die Zunge pißt«, schmunzelte Onkel Hampitt.

Erschreckt fuhren sie herum. Ein braunes Gesicht mit einem Schopf, struppig wie die Haare eines Wildschweinrückens, schob sich durch die Türöffnung

»Ah, Hyppolithe«, Erleichterung klang aus der Stimme des Küchenchefs. »Komm, willst du mal plobielen ...?«

Es war der Holzfäller, der ihm seinerzeit in Fort William den Schnaps spendiert hatte. Sie begrüßten sich herzlich.

Hyppolithe trug seinen linken Arm in der Schlinge, er war krankgeschrieben, hatte jedoch wegen der Kleinigkeit eines angebrochenen Knochens das Lager nicht verlassen. Es half nichts. Sie mußten ihn wohl ins Vertrauen ziehen, ihn in ihr Geheimnis einweihen, ihm einen ordentlichen Schluck abgeben.

Während sie das Wässerchen in ihren Mündern umherrollten, mit den Zungen schnalzten und Ah's und Oh's ausstießen und das flüssige Feuer ihnen erst den Bauch wärmte und dann bis in die allerletzten Verästelungen der Blutgefäße weiterdrang und überall nichts weiter als Wohlbefinden verbreitete, berieten sie die Frage, wie und wo sie ihren Schatz vor dem gierigen Zugriff der aus dem Wald heimkehrenden Bûcherons verstekken könnten. Nicht wenige von ihnen hatten Nasen, die imstande waren, eine solche Köstlichkeit durch sieben Glaswände zu wittern.

Hyppolithe gab zu bedenken, daß sie in einem halben Jahr alle tot sein könnten, erschlagen von fallenden Stämmen, wie Bastien, erdrückt von einem rutschenden Holzstapel, wie Cecil, ertränkt zwischen den im Fluß treibenden Hölzern, wie Ambrose ... und daß es dann jammerschade sei um die himmlischen Tropfen.

»Seht nur meinen Arm«, rief er aus und hob das schmutzige Gipsmenetekel über seinen borstigen Schopf, »es hätte auch meinen Kopf treffen können - «

»Die Götter brauchen manch guten Trunk bei ihrem Dienst auf dieser Erde. Doch brecht unreif nie die goldnen Himmelsfrüchte«, rezitierte Onkel Hampitt, »und außerdem: von grünen Pflaumen gibt's nur Bauchweh«, und schnitt damit alle Spekulationen ab.

Der Koch nickte ernsthaft. »Eine Flasche unter die Kopfkissen - für Schlaftrunk - leicht ein halbes Jahl - vielleicht.« Da waren es nur noch zehn. Die elfte Flasche war den Probeschlucken zum Opfer gefallen. Die zwölfte »Lamb's Navy« hatte Onkel Hampitt nach einigem Zögern dem Mann aus dem Reich der Mitte gegeben.

»Ich kenne einen Platz, der ist absolut sicher«, flüsterte Hyppolithe am nächsten Tag.

»Sicher vor den anderen, aber auch sicher vor dir selbst?« fragte Hampitt Holbach.

»Wenn du mir noch einen kleinen Schluck gibst«, Hyppolithe hob die gesunde Hand und deutete zwischen den hornschrötigen Daumen und Zeigefinger den Abstand eines Achtel-, höchstens aber eines Viertelzolls an - »und dann werde ich den Ort, an dem wir den Schatz aufbewahren, vergessen bis zum Tage des Jüngsten Gerichtes. Das schwöre ich bei der Ehre meiner Familie. Es gibt da aber noch was anderes ...«

»Auf die Ehre deiner Familie ...« Hampitt Holbach sah ihn zweifelnd an. »Auf deine und meine, auf unsere Familienehre gibt uns keiner was, und deine Treuherzigkeit hilft mir auch nur solange, wie ich dich unter den Augen habe ... aber was ist das andere?«

»Das Versteck?« Hyppolithes Stimme erstarb fast zu einem geheimnisvollen Raunen. »Es ist eine alte Ojibwa-Gruft. Sie ist verhext. Cave du Sorcier nennen sie die Indianer. Es ist ein Grab mit einer besonders starken Medizin. Ich habe es in der Felswand unten am Flußufer zufällig gefunden und wäre froh gewesen, wenn ich meinen Vorwitz bekämpft hätte. Es ist in einer kleinen Höhle über einer Plattform, und die ist mit einem flachen Stein verschlossen. Neugierig wie ich bin, hatte ich den Stein herausgezogen, und da traf es mich fast wie der Schlag: Ich blickte - Heilige Jungfrau steh mir bei! - einem Totenschädel direkt in die hohlen Augen. Dahinter lag ein Lederbeutel mit der Medizin. Ich verschloß die Öffnung sofort wieder und beichtete den Vorfall dem Curé, als ich wieder zu Hause in Sainte Anne des Moulins et Goélettes war. Der Curé trug mir auf, zwölf Litaneien zu Ehren der Allerheiligsten Jungfrau zu beten. Fünf habe ich schon fertig, aber es bleiben immer noch sieben. Aber hier im Camp schlafe ich immer gleich ein, und in Ste. Anne des Moulins et Goélettes, da ist Célina, meine liebe Frau - da komme ich auch nicht dazu. Ach, Célina, wenn ich an Célina denke ... Sieben Kinder hat sie mir geschenkt, drei Töchter und vier Söhne - gib mir noch einen ein, den allerletzten, einen gegen die Sehnsucht ... «

Er trank, rülpste, räusperte sich.

»Gegen die Sehnsucht nehm ich auch einen, denn dagegen hilft nur eine besonders herbe Medizin. Und außerdem hab ich mit den Kerlen, den Ojibwa sowieso noch ein Hühnchen zu rupfen!« Hampitt Holbach dachte mit Wehmut an das Mädchen mit der Silbernen Rose, an Louise aus St. John's, an Lohmüllers Ziska und - wenn auch mit zwiespältigen Gefühlen - an Opichquoy, das häusliche, rote Waldmägdelein. Nachdenklich schwiegen sie eine Weile, tranken den vorläufig allerletzten Schluck, verkorkten die Flasche und machten sich auf den Weg.

»Ich werde dir den Platz zeigen, doch reintun mußt du den 'Liqueur' selber. Mein gebrochener Arm war die erste Warnung der Ojibwa-Geister.« Auch Onkel Hampitt schien das Versteck unheimlich. Aber Angst haben ist eine Sache und Angst zeigen die zweite.

Wie alle Berg- und Seeleute war Onkel Hampitt nicht gänzlich gegen den Aberglauben gefeit. Doch er hoffte, daß der Zauber eher die Rothäute etwas anging und ihm, dem Saarbergmann, einem Fremden, der von weither kam, nichts anhaben könnte. Mit den Frankokanadiern, in deren Adern mehr oder weniger Indianerblut rollte, mochte sich das alles ein wenig anders verhalten.

Zögernd stiegen sie zwischen riesigen, bemoosten Felstrümmern und einzelstehenden, von unten bis oben beasteten, himmelhohen Fichten, die aussahen wie stumm mahnende Friedhofszypressen, in den düsteren Grund der Schlucht hinab.

Der Fluß kam Onkel Hampitt vor wie eine endlose, riesige, schwarz wie nasse Anthrazitkohle schillernde, den sicheren Tod in beredter Lautlosigkeit ankündende und doch geheimnisvoll lockende Schlange, die sich unvermittelt in einem einzi-

gen, sich mächtig aufbäumenden Satz in ein ungezähmtes, weißmähniges, schaumsprühendes Geisterroß verwandelte, das in wilden Sätzen brüllend den Katarakt hinuntertobte. Trotzdem schritt er frisch voran.

»D-d-da-da«, bibberte Hyppolithe und deutete auf einen flachen, plattformähnlichen Felsvorsprung unter der senkrechten Wand. Ein zerklüfteter Riß, der aussah wie eine schlecht verheilte Narbe, verlor sich im Dickicht am oberen Rand der Schlucht.

Hyppolithe umklammerte Hampitt Holbachs Arm. Der ermannte sich: »Trinken wir nochmal einen Schluck und sehen dann weiter.« In hohem Bogen feuerte er die leere Kruke in den Fluß. Da waren es nur noch neun.

»Gib her«, sagte er zu dem wie Espenlaub zitternden Hyppolithe, packte den Sack mit dem klirrenden Glas und stieg entschlossen zur Plattform hinauf. Sie mochte zwei Dutzend Leuten Platz bieten, in der Mitte lagen schwarze Holzkohlen, die Überreste eines Lagerfeuers. »Wenn das keine heidnische Opferstätte ist«, murmelte Hampitt Holbach.

»Hier verehren sie wahrscheinlich immer noch Nanabijou, ihren guten, alten Heidengott oder auch den bösen Windigo, nachdem es mit dem unsrigen nicht so recht klappen will. 'Wir hatten einmal das Land und ihr die Bibel, heute haben wir nur noch die Bibel. Aber die alten Zeiten sind noch lange nicht tot', behaupten die Indianer.«

Aber da bemerkte er auch schon den flachen Stein, der die Höhlung in dem Riß verschloß. Ein Indianer, ein Holzfäller mochte über die Unregelmäßigkeit hinwegsehen, doch nicht ein Bergmann.

»Rück ein wenig zur Seite«, rief er forsch dem Schädel zu, nachdem er den Stein herausgehoben hatte. Er schob den leeren Hirnkasten vorsichtig beiseite, ebenso wie den Lederbeutel dahinter, steckte den Sack mit den Flaschen soweit es ging in die Höhlung.

Jetzt erst gewahrte er in dem Halbdunkel die merkwürdigen, spitz zulaufenden Tüten, die reglos von der Decke hingen. Als er eine von ihnen vorsichtig mit dem ausgestreckten Zeigefinger berührte, zuckte er wie von einem elektrischen Schlag getroffen zusammen. »Beim heiligen Strohsack, was ist denn das schon wieder?« Eine Sekunde später gab er sich selbst aufatmend die Antwort: »Fledermäuse - wie zu Hause im Turmgebälk der alten Kirche.«

Dann tastete seine Hand nochmals im Dunkel, sorgfältig bemüht, weder Schädel, Beutel noch die Fledermäuse zu berühren. Was nicht sein mußte, brauchte nicht zu sein. »Eine Flasche sollten wir noch mitnehmen«, sagte er sich. »Wenn etwas gegen Hokuspokus und Gespensterangst wirkt, dann ist es Schnaps.« Es klirrte leise, als er die Seagram-Flasche herauszog, den Medizinbeutel und den Schädel wie zuvor arrangierte und die Höhlung verschloß.

Jetzt waren es nur noch acht.

»Vor Hyppolithe jedenfalls ist das Versteck sicher, und auch mich müßte schon ein entsetzlicher Durst plagen, bevor ich mich da nochmals heranwage«, dachte er bei sich, als er scheinbar unbeeindruckt pfeifend zu dem wartenden Hyppolythe zurückkehrte.

Auch der tiefe Schluck konnte das flaue Gefühl in Onkel Hampitts Bauch nicht beseitigen, obwohl er sich vorsagte: »Ein Becher Wien - und die bösen Geister flieh'n.« Er fühlte sich unbestimmt frevlig - so wie sich Bonifatius gefühlt haben mochte, nachdem er die Wotaneiche gefällt hatte.

»Die Ojibwas würden eher ihre Hand in ein loderndes Feuer als in diesen Ta-Tabernakel strecken, da bin ich sicher«, stieß Hyppolithe atemlos hervor, als sie den oberen Rand der Schlucht erklommen hatten.

»Himmel, Arsch und Zwirn, mein Gefühl betrügt mich nicht - und wenn sie den Stoff doch finden?« rief Holbach, als ihm eines Abends Hyppolithe zusteckte, daß die Indianer sich zu einem großen Pow-wow und Palaver in der Schlucht versammelt hätten.

»... direkt unter dem Tabernakel haben sie ein Feuer gemacht.«

»Wir müssen hin, der Lohn des monatelangen Wartens steht auf dem Spiel!« rief Onkel Hampitt. Hyppolithe sah ein, daß es keine Möglichkeit gab, sich dem Rettungsunternehmen zu entziehen. Die Holzfäller hätten ein Hirschkalb angeschossen, und deshalb brauchte er auch die zwei Büchsen, die der Koch verwahrte, um dem Tier den Fangschuß zu geben. Er und Hyppolithe würden die Aufgabe übernehmen.

Der Sohn des Himmels lächelte verständnisvoll, zwinkerte mit den Augen und schmunzelte: »Wenn kein Fleisch finden, dann bling Plum Bländy!«

Der Schnee knirschte unter ihren Schritten, die Kälte biß in ihre Gesichter, als sie, die Büchsen in der Armbeuge, in die

Schlucht hinabstiegen. Frostigweiße Atemwölkchen wehten aus ihren Mündern. Die Dämmerung brach herein.

»Wieviele sind es?« fragte Onkel Hampitt.

»Vielzuviele, daß auch nur ein Tropfen übrigbleiben könnte.«

»Sind sie bewaffnet?«

»Ein Ojibwa ohne seine Büchse - das ist wie ein Hemd ohne Hose.«

»Du warst es, der die Idee mit dem Versteck hatte!«

»Vielleicht finden sie's garnicht, und außerdem sind sie gute katholische Christen inzwischen, wie wir auch ...«

»Das bin ich ebenfalls, aber wenn's um einen guten Schnaps geht, hat es nicht viel zu sagen!«

»Da unten«, Hyppolithe deutete auf den Grund der Schlucht. Auf der Plattform hockten an die zwanzig Indianer rund um ein hochloderndes Feuer. Der Widerschein der Flammen tanzte kupferrot über ihre Gesichter. Trotz der Kälte waren sie halbnackt.

»Hohohohiho...« sangen die Indianer.

»Klingt wie bei uns in der Fastenzeit, wenn keine Orgel spielt«, flüsterte Onkel Hampitt.

»Vielleicht schießen wir dicht über ihre Köpfe, und sie laufen weg«, schlug Hyppolithe vor. Hampitt Holbach schüttelte den Kopf.

»Zwei gegen zwanzig, außerdem herrscht Friede zur Zeit, das Kriegsbeil ist begraben. Wir müssen zu einer List greifen, bevor sie ihren Tabernakel aufmachen. Wir müssen Löschwasser heranschaffen, bevor das Haus in hellen Flammen steht. Bedenke doch - zwanzig Mann und acht Flaschen!«

»Also doch schießen?!«

»Nein - nicht!«

Onkel Hampitt überlegte lange. Dann sagte er:

»Ich hab's - geh und renn zurück - renn in den Pferdestall. Erzähle den Fuhrleuten etwas von einem Köder für das Hirschkalb und bring zwei, drei Rüben, die dicksten, die du finden kannst, renn zum Himmelssohn und hol' ein paar Kerzen und schneide unterwegs zwei lange Haselnußstecken.«

»Rüben, Kerzen, Stecken - wie reimt sich das?«

»Red nicht, wirst sehen - wer mit dem Teufel essen will, braucht einen langen Löffel.«

»Hohohohiho...« dröhnten die Indianer unter ihnen.

»Und jetzt höhlen wir die Rüben aus«, befahl Onkel Hampitt, nachdem sein Komplice zurückgekehrt war. »Mach's mir nach.« Er schnitt das Oberteil ab, schabte und kerbte, bis die Rübe wie ein nach oben offener Fußball aussah, mit einer dikken, halbzölligen Hülle. Vorsichtig schnitzten sie danach Augen, Nase, ein Maul mit schrecklich bleckenden Zähnen in die Außenhaut, stellten die Kerze hinein.

»Beeil dich, es geht gleich los da unten!«

Während Hyppolithe unterwegs war, hatte Onkel Hampitt beobachtet, wie die Indianer ihren Gesang unterbrochen und eine Zeremonienpfeife geraucht hatten; er hatte vernommen, wie ihre zuvor eintönige Melodie immer lauter, schriller wurde.

»Hihihöhihihi«, hatte es zuletzt geklungen; dann hatte sich einer von ihnen aus dem Ring gelöst, wohl der Sachem, Medizinmann oder Schamane.

Onkel Hampitt knirschte mit den Zähnen: Der Kerl - das war zweifellos Pitchylago! Er hatte die Teufelsfratze, die Maske für einen Augenblick abgesetzt.

Dem Tanz folgte eine tiefe Trance. Auch die Männer hielten mit den rhythmischen Bewegungen ihres Oberkörpers inne. Das Geschehen dort unten war - Christentum hin, Christentum her - ein heidnisches Ritual zur großen Ehre des bösen Windigo und kleinen Anerkennung für den guten Nanabijou.

»Wenn er jetzt zu sich kommt, dann ist er gegen alle bösen Geister gefeit, dann geht er zum Tabernakel, ich habe gelesen, wie das ist«, erklärte Onkel Hampitt mit leiser Stimme, »und dann passiert das Wunder der wunderbaren Weinvermehrung zu Kanaan auf indianisch, sofern wir ihnen keinen Strich durch die Rechnung machen!«

»Soll ich die Kerze in der Rübe anzünden und sie wie eine Bombe runterwerfen?« fragte Hyppolithe.

»Nein - du gehst auf die dem Tabernakel gegenüberliegende Seite - steckst die Rübe auf die Stangen und feuerst ein paar Schüsse ab. Schreist, rufst, brüllst, heulst - das wird sie ablenken. Ich rette inzwischen unseren Schnaps. Und dann müssen wir unsere Beine in die Hand nehmen.«

»Heilige Mutter Anna, steh mir bei, wenn das gutgeht, die Ojibwa sind bekannt für ihre grausame Marter, laß den Schnaps, ich hab Angst«, wimmerte Hyppolithe.

»Feiges Arschloch - sie sind doch Christen«, zischte Hampitt Holbach, zündete eine Kerze an, stellte sie in die Höhlung. Die unschuldige Feldfrucht verwandelte sich sofort in ein glühendes, zähnebleckendes Gespenst.

»Vielleicht komme ich von oben heran.«

Er deckte das illuminierte Geistergesicht mit seinem Körper ab und stieg in den Riß über dem Indianer. Als er die Flaschen versteckt hatte, da war von oben ein Lichtschein in die Höhle gedrungen. Wenn es ihm gelingen sollte, in diesen Schacht hineinzukommen und das Satanslicht neben den Schädel zu setzen ... Das müßte den abgebrühtesten Schamanen in die Flucht treiben. Aber es mußte schnell gehen.

Direkt unter ihm hatte sich Pitchylago, der Sachem, erhoben, und während alle übrigen in atemloser Stille verharrten, war er auf die Höhlung zugeschritten, hatte den Stein entfernt, hatte unter allerhand Hokuspokus tief, ganz tief in die Höhle gegriffen - und prompt ein im Schein der Flammen wie ein Kleinod funkelndes, längliches Etwas herausgezogen - ganz eindeutig eine der Flaschen!

»Jetzt sind's nur noch sieben!« fuhr es Onkel Hampitt durch den Kopf, und er biß sich auf die Lippen, mit aller Macht den Wunsch unterdrückend, wie ein Racheengel in den Kreis der Indianer hineinzufahren ...

Es ist leider nicht überliefert, was in den Köpfen der Rothäute vorging - insbesonders in dem Hirn Pitchylagos, der einen guten Tropfen so hoch schätzte, als er mit einer wohlgefüllten Flasche in der Hand auf die Plattform hinunterstieg. Während ihn seine Gemeinde, an ein wirkliches Wunder glaubend, mit offenen Mäulern umstand, und ihr Vorbeter jetzt wie in Trance den Pfropfen herauszog, als ihm der köstlich-vertraute Geruch in der Nase kitzelte, da mag er sich wohl vorgekommen sein wie ein christlicher Prediger, der selbstvergessen irgendeinen Heiligen oder gar den Herrn persönlich beschwört und dann ganz perplex sieht, wie dieser ihm und den Gläubigen einen Augenblick später tatsächlich erscheint.

Aber während wir aufgeklärten Weißen alsbald einen Wallfahrtsort um den Ort des Geschehens gebaut hätten, handelten die Indianer realistischer. Sie mögen sich zwar auch am Ohrläppchen gezwickt und in den Hintern gekniffen haben, ob das alles nicht nur ein Traum war - aber als der Schamane den ersten tiefen Schluck tat und ein wonniglich gedehntes »Ahh« seiner Kehle entfuhr, da mag der schlitzohrige Alte einen Augenblick überlegt haben, wie er dieses gänzlich unerwartete, echte Himmels- oder auch Höllengeschenk zu seinem Vorteil nutzen könnte; etwas, was unter anderen Voraussetzungen auch der zweite Gedanke eines jeden realdenkenden christlichen Predigers gewesen wäre.

Doch da zeigten die noch mit einem Bein tief im Heidentum steckenden Schäflein nicht den geringsten Respekt, sondern entrissen ihm kurzerhand die Flasche, um ihrerseits das Wunder zu schmecken.

Sofort entstand ein Tumult, den sowohl Onkel Hampitt wie auch der Schamane jeder auf seine Art nutzte.

Der Weiße zwängte erst die Rübe mit dem glühenden Satansgesicht, dann sich selbst kopfüber in den Schacht über der Höhle; der Indianer nahte rasch von unten und griff tief in die Kluse, ohne sich von Schädel, Fledermäusen, Medizin oder den blekkenden Zähnen des leuchtenden Schimärenrübenkopfes beeindrucken zu lassen. Prompt ertastete er die nächste Flasche, ergriff sie - aber es gelang ihm vorerst nicht, die Buddel ins Freie zu ziehen, weil im selben Augenblick Onkel Hampitt zugriff und festhielt. Er drehte überrascht sein Gesicht in Richtung Höhle und erstarrte bei dem Anblick eines höllischen Bildes, wie er es entsetzlicher noch nicht gesehen hatte:

Das war nicht der vertraute, harmlose Totenschädel, sondern ein anderer, ein von innen her gefährlich glimmender, maskenartiger, satansgelber Kopf; da war noch etwas, was ihm die bereits sicher in seinem Besitz geglaubte Flasche wieder zu entwinden trachtete und dann - dann sah er mit weitaufgerissenen Augen das Haupt, das von der Decke baumelte, mit dem keuchenden Mund, den zum Höhlenboden hängenden Haaren, den statt herab- hinaufwippenden Schnurrbartenden.

Trotzdem hielt er fest, und es gelang ihm um ein Haar, dem Kobold oder was immer es auch sein mochte, die Flasche zu entwinden.

Diese teuflische Fratze, die ihm irgendwann schon einmal im Traum erschienen sein mußte ... Sie erinnerte ihn an jemanden, an irgendein Bleichgesicht.

Als die kopfuntenhängende Fratze ihn jedoch mit seinem Namen, mit »Pitchylago« anbrüllte, da brach sein Widerstand zusammen, da stieß er solch einen markerschütternden Schrei aus, daß er sogar die lärmenden, sich um den letzten Rest des Schnapses balgenden Indianer zum Verstummen und Erstarren brachte.

Vorsichtig kamen sie zur Höhle, drängten sich vor den Eingang. Auf die Kanaan-Euphorie folgte mit einem einzigen Schlag das nackte Entsetzen: Sie gewahrten nicht nur den in der Dunkelheit glühenden Dämonenkopf, sondern noch ein von Fledermäusen umflattertes, von der Decke hängendes Haupt, aus dessen Maul Geschrei und Verwünschungen in einer bis dahin nie gehörten Sprache tönten. Es war ein furchtbarer, brüllender Satan, der sie anspuckte und dessen Krallen ihnen Dreck in die Gesichter warfen.

Es war Onkel Hampitt, wie die Leser, aber nicht die Indianer wissen, der sich kopfüber in den Schacht gezwängt hatte und nicht mehr vor noch zurückkonnte und in seiner grenzenlosen Wut die Indianer aufs gröbste und saarländisch beschimpfte: »Ihr Saupänz, Lazzeroner, Dippenpflicker, Saubeidel und Krimmelschisser!« So schrie er die Indianer an, die bei rechtem Licht besehen ja auch nichts dafür konnten.

Trotz alledem wäre es ihm schlecht ergangen - hätte sich nicht endlich Hyppolithe ermannt und unten vom Flußufer die beiden Büchsen abgeschossen, ein furchtbar hallendes Geheul angestimmt und den in neuerlichem Schrecken herumfahrenden Indianern ein zweites erleuchtetes Lemurengesicht präsentiert, was diese endgültig wie der Wind die Spreu in alle Richtungen auseinandertrieb.

»Es war schlimmer als seinerzeit die Schlagwetterexplosion auf Rosseln. Aber dem alten Kuppler hab ich's gezeigt!« triumphierte Hampitt Holbach, als sie endlich auf den Holzklötzen in der Küche des Himmelssohnes die Flasche kreisen ließen.

»Wie-wieviel sind jetzt noch da?« lallte Hyppolithe.

»Noch drei -« antwortete Onkel Hampitt.

»Nur noch dleimal Plum Bländy ...« Der Himmelssohn wiegte den Kopf, »müssen bald wieder blennen ...«

Doch dazu sollte es nicht mehr kommen. Der Clerk bestellte Hyppolithe in den Verschlag, der ihm als Büro diente. Dort präsentierte er ihm einen Brief seiner Frau Célina an die Company. Mühsam buchstabierend las Hyppolithe mit stummen Lippenbewegungen, die einzelnen Worte mit den Fingern verfolgend:

Wie es denn nur sein könne, daß im letzten Jahr einige der Bûcherons 160 oder gar 180 Dollar auf den Küchentisch legten,

wenn sie im Frühjahr zu ihren Familien zurückkehrten - andere, wie ihr Hyppolithe, jedoch nur knapp fünfzig? Und wie sie da wohl die nackte Not von ihren sieben Kindern und sich selbst abwenden sollte?

Hyppolithe erbleichte und blickte den Clerk mit weitaufgerissenen Augen an.

In einem umfassenden Geständnis in der Reue- Beichte-, Buße-Kette sah er die einzige Chance, sein Los zu mildern. Obwohl er weder den Himmelssohn noch Hampitt Holbach denunzieren wollte, verhaspelte Hyppolithe sich dermaßen in Widersprüche, daß der Clerk ihn mit ein paar geschickten Fangfragen zur Preisgabe seiner Komplicen brachte.

»Wir haben noch einige ähnliche Briefe erhalten und sind der Angelegenheit nachgegangen. Hier ist die Aufstellung der Dependance von Pinkertons Detektei über deine Ausgaben in Fort William.«

»All right,« sagte er bleich, aber gefaßt. »Meine Papiere, mein Geld!« und wankte - ein gebrochener Mann - hinaus.

»Verdammtnochmal, Hotel, Buddel, Mamsell, Bordell - das ist alles Teufelswerk; mir schmeckt das beste, frischeste Bier nicht mehr«, murmelte Hyppolithe beim Frühstück in Fort William. Obwohl der Umtrunk mit einem Fäßchen Bier im trauten Familienkreise englischsprachiger Kollegen nur ein blasser Abklatsch dessen gewesen war, was Pinkertons Detektei so akkurat aufgezeichnet hatte.

»Célina, meine liebe Frau, wird mir etwas zu sagen haben, wogegen die Posaunen des Jüngsten Gerichtes wie eine Kinderflöte klingen, die du dir aus einem Haselnußstecken schnitzt.« Onkel Hampitt schaute nachdenklich, spuckte aus, schnitt sich einen Priem von der Tabaksrolle und schob ihn in den Mund.

»Denk immer dran, Hyppolithe«, sagte er, »vierundzwanzig Stunden Paradies mußt du mit sechs Monaten Fegefeuer büßen, wenn du verheiratet bist.« Dann griff er in die Tasche, zog eine 50 Dollar-Note heraus und schob sie Hyppolithe hin. »Hier, das ist Geld für deine Kinder ...«

Der Himmelssohn lächelte ergriffen: »Auch fünfzig von mich - für Célina, kauf Stlumpfbändel und Hut mit Stlaußfedel. Dann sieht Célina aus wie eine Lady und ist zu Hyppolithe lieb wie eine Lady!«

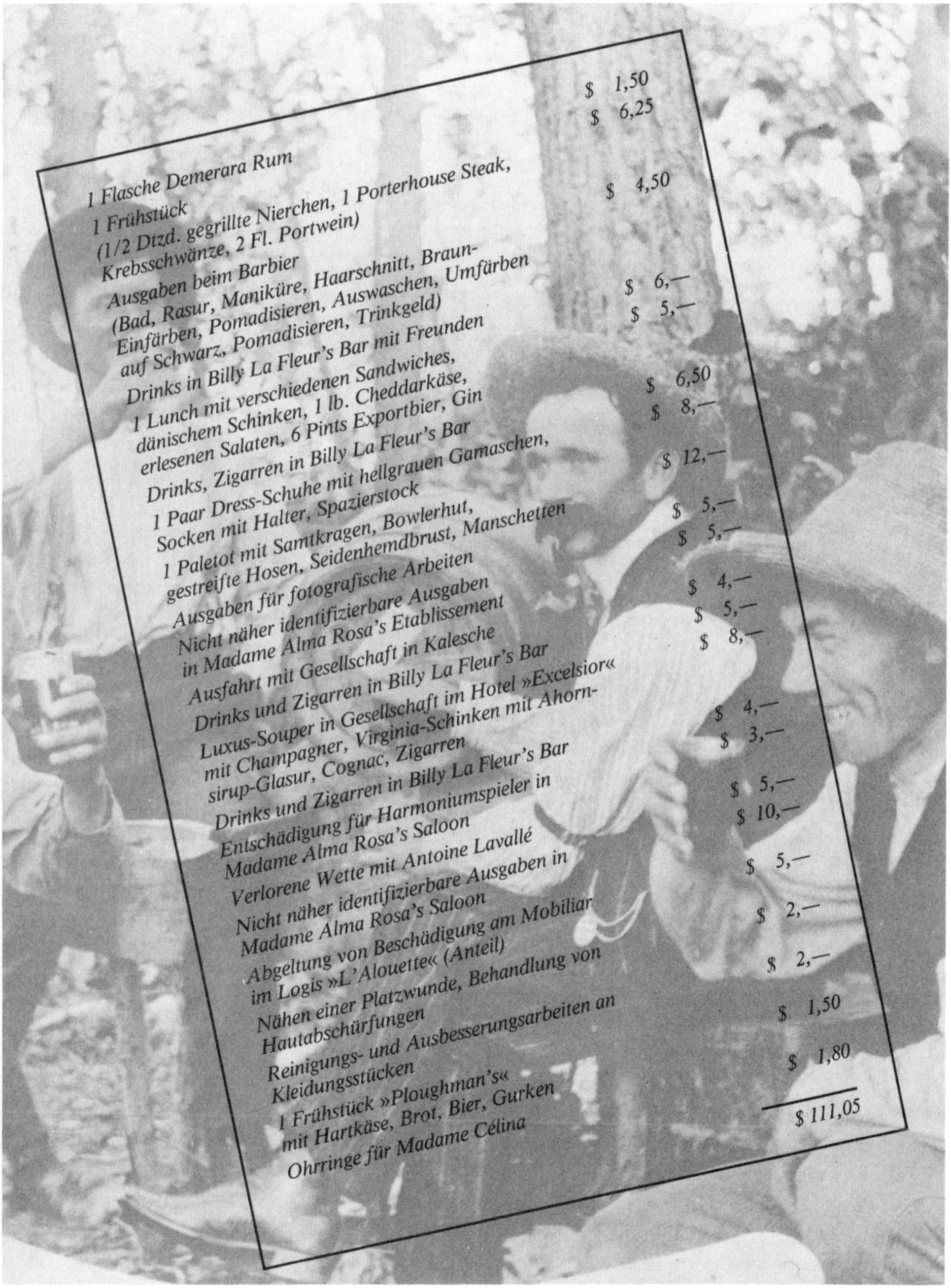

1 Flasche Demerara Rum	$ 1,50
1 Frühstück (1/2 Dtzd. gegrillte Nierchen, 1 Porterhouse Steak, Krebsschwänze, 2 Fl. Portwein)	$ 6,25
Ausgaben beim Barbier (Bad, Rasur, Maniküre, Haarschnitt, Braun-Einfärben, Pomadisieren, Auswaschen, Umfärben auf Schwarz, Pomadisieren, Trinkgeld)	$ 4,50
Drinks in Billy La Fleur's Bar mit Freunden	$ 6,—
1 Lunch mit verschiedenen Sandwiches, dänischem Schinken, 1 lb. Cheddarkäse, erlesenen Salaten, 6 Pints Exportbier, Gin	$ 5,—
Drinks, Zigarren in Billy La Fleur's Bar	$ 6,50
1 Paar Dress-Schuhe mit hellgrauen Gamaschen, Socken mit Halter, Spazierstock	$ 8,—
1 Paletot mit Samtkragen, Bowlerhut, gestreifte Hosen, Seidenhemdbrust, Manschetten	$ 12,—
Ausgaben für fotografische Arbeiten	$ 5,—
Nicht näher identifizierbare Ausgaben in Madame Alma Rosa's Etablissement	$ 5,—
Ausfahrt mit Gesellschaft in Kalesche	$ 4,—
Drinks und Zigarren in Billy La Fleur's Bar	$ 5,—
Luxus-Souper in Gesellschaft im Hotel »Excelsior« mit Champagner, Virginia-Schinken mit Ahornsirup-Glasur, Cognac, Zigarren	$ 8,—
Drinks und Zigarren in Billy La Fleur's Bar	$ 4,—
Entschädigung für Harmoniumspieler in Madame Alma Rosa's Saloon	$ 3,—
Verlorene Wette mit Antoine Lavallé	$ 5,—
Nicht näher identifizierbare Ausgaben in Madame Alma Rosa's Saloon	$ 10,—
Abgeltung von Beschädigung am Mobiliar im Logis »L'Alouette« (Anteil)	$ 5,—
Nähen einer Platzwunde, Behandlung von Hautabschürfungen	$ 2,—
Reinigungs- und Ausbesserungsarbeiten an Kleidungsstücken	$ 2,—
1 Frühstück »Ploughman's« mit Hartkäse, Brot, Bier, Gurken	$ 1,50
Ohrringe für Madame Célina	$ 1,80
	$ 111,05

Hyppolithe stürzten die Tränen der Rührung aus den Augen. »Wohl dem, der Freunde hat«, rief er mit erstickter Stimme, den Bergmann und den Koch gleichzeitig umarmend.

»Ob auch Panzer und Waffen wäre,
das Weib niemals sie entfalte ...
Indessen macht süß sie des Mannes Speise,
schön seine Kleidung
fliedlich seine Wohnung
und flöhlich sein Tun ...«

zitierte, bevor sie sich endgültig trennten, der weise Chinese den großen Laotse, wenn auch etwas abgewandelt.

Das wären schöne Worte, passend um ein Buch zu beenden. Doch soweit ist es noch nicht ganz, denn da steht noch eine letzte Eintragung in Hampitt Holbachs Tagebuch, und die lautet:

»Weil's nicht anders ist, als es ist, fahre ich jetzt nach Harrisbourgh.«

Das ist im Tagebuch einfach so hingeschrieben, so wie einer schreibt, wenn einer seinen Cousin ein paar Dörfer weiter besuchen will.

Welches Harrisbourgh ist's denn, Onkel Hampitt, verdammtnochmal? Nach Harrisbourgh in Nordamerika zu fahren, das ist, wie wenn einer in Deutschland Neustadt als sein Reiseziel angibt, soviele gibt's davon! Ich finde es einfach nicht in Ordnung, daß du mich, vor allen Dingen aber die Leserinnen und Leser, einfach hängenläßt. Da sind noch zu viele ungeklärte Dinge: der Kopf auf der Mauer, von dem der Kleinbauer gesprochen hat, das Gold, das Silberrosenmädchen.

Sei es, wie es sei. Doch so, Onkelchen, so lautlos lasse ich dich nicht im Weltgeschehen untertauchen. Ein Holbach, wie er sich auch dreht und wendet, hinterläßt immer und überall seine Spuren. Beim nächsten Besuch im Saarland, in Nunkirchen, werde ich irgendwo, sei es in Salm's Saloon, bei Tante Trina, bei Latzen Peter oder im Gasthof zum Bahnhof das Ariadne-Fädchen wiederaufnehmen, werde das Knäuel aufdröseln, das mich zu dir hinführt.

Und ich habe da auch schon eine ganz bestimmte Ahnung, wo ich anfangen muß. Schließlich bin ich selbst ein Holbach, und deshalb ist auch mein Blut alles andere als Buttermilch!

Bis auf bald ...

Canada,
including that part later named
ONTARIO
Exhibiting the adjacent countries
and Indian Nations.
NEW SOUTH WAL
or
RUPERT'S LAN
Christinaux L. or
L. Pisgotagami
Albany
Comptoire de Henley
Henley Factory 1760
KRIS named also CHRISTINAUX or KILISTINOS
1755
Bounds of Hudson's Bay by the Treaty of Utrecht
Limits of Canada from Bellins carte 1755
Nation des Monsons
1779
MONSONIS
1755
The Iroquois or Six Nations having extirpated the Antient Eries who inhabited the Countries about L. Erie about 100 years ago (1660), they have retained that Lake ever since as their right and Property
LAC DES BOIS
or Lake of the Woods
NATION of the BEAR
1769
Northern Bounds of New England by Charter Nov. 3 1620, extending to the South Sea's, Jno Mitchell 1755
Flat Lake
Long Lakes
Lac Alimipigon
or Lake Alemipigon
or Lake St Anne
Lake Tecamamiouen
or
Lac de la Pluye
or
Rain Lake
Fort St Pierre
Carrying Place
L. Sefa Kinaga
Grand Portage
Poste de Camanestigouia
Ft Kamenestigouya
or the 3 Rivers
Baye du Tonnere
I. Philipeau
Minong I.
or I. Royale
Upper Lake
or
LAKE SUPERIO
or
Lac Superieur
I. Royal
or I. Philippeaux
or I. Minang
Kiaouan Pt
Pointe de Kioueouanan
I. des 12 Apostres
12 Apostles
St Michel
B. St Charles
1755 Seat of the
O U T A W
THAYENDANEGEA (Joseph Brant, 1742-1807)
Mohawk Indian Chief, educated in Lebanon,
Connecticut. Fought with the British
during the Revolutionary War, making
daring raids into rebel territory.
After the war, led his tribe to the
Grand River Valley (Ouse River), where
he settled on some 500,000 acres of
land purchased by the Crown from
the Mississaugas. (After an
original by G. Romney.)
The Lake or St Louis R.
or St Leues
St James R.
1755 Seat of the
EASTERN SIOUX
Mississippi
Wellins or
Illinois mostly inclined to the French at the Treaty of Utrecht & to the English at that of Aix la Chapelle.
L. Pepin or Pepin Lake
R. St Croix or Croix R.
Fleuve St Louis
River
LOUISIANA
"LOYALISTS DRAWING LOTS
FOR THE LAND"
The Crown rewarded British, Swiss and
Hessian troops and provincial militia,
officers and men, with recently-surveyed
land on the north shore of St. Lawrence
River, Bay of Quinte, Niagara
Peninsula and Detroit River.
Lots were drawn by chance,
up to 1,000 acres for officers,
100 acres for enlisted men,
50 acres for wives and each child.
(After a watercolour by
C.W. Jefferys, Government
of Ontario Collection).
EASTERN WHITE PINE
Originally the most abundant tree
in these lands from Cataraqui
west to Fort Detroit. Normally
grew 100 feet tall and 3 feet
across. Some early pines
were 250 feet tall and
6 feet wide. Used by
early settlers for
ships' masts, cabins, trim an
sawmills for export abro
Cones take two
years to mature.
PAYS DES
RENARDS
Octagros
Fort Otchagras
WYNEBAYGAS
LES SAKIS
Puans Bay or
Baye des Puants
Long Point
CAPTAIN MATTHEW ELLIOTT'S HOUSE,
Detroit River below Amherstburg, 'well and soundly
built' in 1784. A host of upright studs supported heavy
cross-beams. Sheathed and plastered inside, it was
covered with clapboard outside. Fireplaces were dressed
stone and brick in alternate courses.
Riv. des Renards
Lac Kitchigaming ou de S. François
Mission de S. François Xavier 1755
Ouisconsing R.
Portage
Oatagamis or Foxes
Fort S. Nicholas destroyed
Ancien Fort François de S. Nicolas
Ancien le Sueur
Vill. Prairie des Chiens
Tefsiers
R. au Parisien
"CANOTS DE MAITRE",
carried French and British alike
into the interior, to establish
trapping territories, trading
and missionary posts, and forts.
Length approximately 36 feet,
made of birch bark, could carry
up to three tons.
Portage des Chenes
Port Chicagou
Village de Miamis 1755
Village de Pouteotamis 1755
Fort St Joseph
LAKE M
West Longitude from London
VIRGINIA